ERWISCHT

Kalter Fall

Wahre Kriminalgeschichten von den Detektiven, die es gelöst haben

von

BRAD SCHLERF

GOTCHA: Kalter Fall

Brad Schlerf Houston, TX BradSchlerf.com

Herausgegeben von
Gotchabooks Publishing
9803 Hwy 242 Ste 200-242
Conroe, Texas 77385
Gotchabooks.org

ISBN: 979-8-9887887-5-1 (Taschenbuch)
ISBN: 979-8-9887887-4-4 (eBook)

TRU00200
TRU00200

MENGENKÄUFE: Schulen, Unternehmen, Berufsgruppen, Vereine und andere Organisationen haben möglicherweise Anspruch auf Sonderkonditionen, wenn sie Mengen dieses Titels bestellen. Zur Information, info@eliteonlinepublishing.com

Dieses Buch wird in den Vereinigten Staaten von Amerika gedruckt.

INHALTSVERZEICH

Weitere Informationen
und Serienaktualisierungen
finden Sie unter
BradSchlerf.com

WIDMUNG

An alle meine Brüder in Blau und Camo: Lasst nicht zu, dass die Schrecken der Welt, die wir sehen und durchwühlen müssen, eure Natur bestimmen.

Wir müssen dies tun, damit unsere Lieben und der Rest von Amerika sie nicht in ihrem Vorgarten sehen müssen.

Ich habe 30 Jahre gebraucht, um einige dieser Geschichten zu schreiben und für meine Familie wird es das erste Mal sein, dass einige von ihnen Geschichten hören, über die ich nicht sprechen würde.

Ich war auf der ganzen Welt und bin fest davon überzeugt, dass wir im großartigsten Land der Welt leben. Ich bin stolz darauf, es sowohl beim US-Militär als auch als Polizeibeamter verteidigt zu haben und werde dies bis zu meinem letzten Atemzug tun.

Bleibt stark, meine Brüder.

VORWORT

Wir hoffen, dass dieses Buch Ihnen hilft, ein Verständnis und eine Perspektive darüber zu gewinnen, was unsere Militärund Strafverfolgungsbeamten tun an einem bestimmten Tag durchgehen. Ein scharfsinniger und geistreicher Mann aus Florida, dessen ganzes Leben der Gemeinschaft und dem Dienst gewidmet war. Sein Wunsch, dazu beizutragen, die Welt zu einem besseren Ort zu machen, veranlasste ihn, sich dem US-Militär anzuschließen, was ihn im Zuge des Krieges Tod und Zerstörung aussetzte und zeigte, wie wahrer Hass aussieht. Er setzte sein Leben als Strafverfolgungsbeamter fort, nur um das inhärente Böse darin zu erkennen, was Menschen aus Gier und dem Streben nach Macht einander antun.

WIDMUNG

Erwischt – Cold Case

Dies ist der erste Teil einer Serie mit drei Büchern, die den Leser durch die wahren Verbrechen und Ereignisse von Detective Brad Schlerf führt. Während sich Brads Karriere weiterentwickelt, entwickeln sich auch die in diesem Buch vorgestellten Cold Cases, welche die Verbrechen einer kriminellen Familie über einen Zeitraum von 20 Jahren umfasst. Detective Schlerf porträtiert sich in dem Buch unter seinem echten Undercover-Namen aus seiner Zeit bei der Drogenfahndung. Alle Verbrechen in diesem Buch sind real, die Namen der Charaktere wurden geändert, um das Privatleben der Beamten zu schützen und den Kriminellen keine Anerkennung zu geben.

„*Cold Case*" führt den Leser durch das Trauma des Todes und die Angst, dass der Fall ein Cold Case wird. Hinweise für den Fall finden sich in den meisten Fällen an unerwarteten Orten, manchmal kommen sie aus dem Nichts.

Seien Sie versichert, wir werden diese Verbrechen aufklären und Sie, den Leser, bei der weiteren Entwicklung des Falles mitnehmen.

KAPITEL 1
LEBEN

Im Januar 1992 war der kalte Winterwind in der kleinen Amish-Stadt Yoder, Kansas, eine schöne Abwechslung von der Hitze, die in dem überfüllten Raum herrschte. Für die Abschlussfeier im Kansas Law Enforcement Center gekleidet, warteten die Polizeibeamten gespannt. Die Luft im Raum war voller Vorfreude und Unterhaltungen. Unter ihnen saß Brad White ruhig in seiner Uniform, die perfekt für die Abschlussfeier geeignet war, mit blonden Haaren und scharfsinnigen blauen Augen mit welchen er die energiegeladene Szene um ihn herum musterte. Obwohl sein Gesicht stoisch blieb, war auch er voller Aufregung, welche mit dem Beginn etwas Neuem und der Hoffnung für die Zukunft einhergeht.

Er warf einen Blick auf seine Uhr und sah, dass die Zeremonie gleich beginnen sollte. Er warf einen Blick über seine Schulter, um hinter ihm sitzend seine alten Mitbewohner, James Christian und Dennis Wolf, zu bemerken. Alle drei fuhren in den letzten Monaten gemeinsam von Junction City und Grandview Plaza, Kansas, zur Akademie, um an ihren Kursen teilzunehmen. Sie harmonierten gut zusammen mit ihrem militärischen Hintergrund und es entwickelte sich bald eine lebenslange Freundschaft. James, ein Army Ranger, Dennis, ein Militärpolizist und Brad in der Army Aviation.

Die lebhafte Unterhaltung zwischen Kadetten und Gästen verstummte, als der Kommissar der Akademie zum Podium ging, um die Zeremonie zu beginnen. Jedes Auge im Raum beobachtete den Kommissar, während seine heisere Stimme den kleinen Raum mit Dankesworten an die neuesten Kadetten für ihren Dienst in den verschiedenen Städten in ganz Kansas erfüllte.

Als Brad über den neuen Dienst nachdachte, den er bald absolvieren würde, erinnerte er sich daran, wie er die Schulen „Advanced Aircraft Training", „Air Assault" und „Airborne" bestanden hatte.

In seiner Begeisterung für Aufregung und Nervenkitzel fügte er, vor seinem ersten Einsatz, seiner Uniform drei Paar Flügel hinzu. Jetzt hatte er seine Tarnuniform für die blaue Uniform eingetauscht. Nach dem Wüstensturm und seiner Ankunft an seinem letzten Dienstort Fort Riley, war er bereit, sich niederzulassen und mit seiner Frau Petra, mit der er drei Jahre lang verheiratet war, auf dem Land zu leben. Sein Job, innerhalb welchem er an Flugzeugen für das Militär arbeitete, verlangte, dass er aus der wunderschönen, friedlichen Landschaft von Kansas wegzog und sich für ein neues Schicksal entscheiden musste. Er wusste, dass er seinem Land weiterhin dienen wollte, indem er der Gemeinschaft diente und so war er hier, ein Mann in Blau und bereit, auf neue Weise zu helfen. Als der Kommissar seine Rede beendete, erhoben sich Brad und die wenigen anderen Kadetten in der ersten Reihe, um die Ehrungen für ihre Bestleistung in der Ausbildungsklasse entgegenzunehmen. Bei einer fitten Körpergröße von 1,75 m blickte Brad mit seinen kristallblauen Augen ohne Anzeichen von Nervosität nach vorn. Er stieg die Treppe zur Bühne hinauf und begrüßte den Bürgermeister von Junction City.

„*Herzlichen Glückwunsch, Officer White*“, sagte der Bürgermeister, als Brad ihm die Hand schüttelte, und mit einem kurzen „*Danke, Sir*“ stand Brad wieder vor seinem zugewiesenen Platz.

Er war es gewohnt, sich in unangenehmen Situationen aufzuhalten aber nachdem er auf die Bühne gegangen war, war es im Raum etwas wärmer und er war bereit für etwas frische Luft. Als der letzte geehrte Kadett seinen Platz erreichte, stand der Rest der Abschlussklasse aus Junction City auf. Die Stimme des Bürgermeisters erklang noch einmal durch den Raum: „*Bitte heben Sie Ihre rechte Hand zum Eid und wiederholen Sie die Worte*”.

Jeder Beamte im Raum stand in diesem Moment etwas größer und Brads Begeisterung für diese neue Karriere und Zukunft wuchs noch mehr, als er wiederholte: „*Ich schwöre feierlich, dass ich die Verfassung und die Gesetze der Vereinigten Staaten, die Verfassung, und Gesetze des Bundesstaates Kansas schützen und meine Pflichten als Beamter der Junction City Municipality gewissenhaft erfüllen werde.*“ Der Bürgermeister schloss

Die Abschlussfeier mit einem tiefen, heiseren *„Herzlichen Glückwunsch, an die neuen Beamten des Junction City Police Department*“, und die Freunde und Familie im Publikum standen auf und applaudierten, während die neuen Beamten feierlich ihre Mützen in die Luft warfen.

5 MONATE SPÄTER

Brad verbrachte die Monate nach seinem Abschluss damit, zusammen mit seinem Ausbildungsoffizier Jeff Giles Informationen zu sammeln und sich mit den Grundlagen von Junction City vertraut zu machen. Es dauerte nicht lange, bis Jeff erkannte, dass Brad in der Lage war, den Kopf gesenkt zu halten und sich problemlos unter die Mitglieder der Gemeinschaft zu mischen, indem er sich an die Namen und Gesichter derer erinnerte, denen er begegnete und mit denen er interagierte. Brad lernte die Gegend schnell kennen und machte sich oft Notizen und Jeff wusste, dass Brad die Kraft hatte, ein großartiger Polizist zu sein aber ein Neuling im Straßenverkehr war.

Während ihrer Schicht an einem späten Abend im Mai saßen die beiden in ihrem Streifenwagen, während die grellen Straßenlaternen in der schwarzen Nacht leuchteten. Jeff nippte schweigend an seinem Kaffee und beobachtete den nächtlichen Verkehr auf der Washington Street, während Brad langsam nach seinem Notizblock griff, um die Notizen

Der letzten paar Tage durchzugehen. Bevor Brad sich zu sehr in seine Arbeit vertiefen konnte, fragte Jeff: *„Was hat dich dazu gebracht, Polizist zu werden, White?“*

Brad klappte sein Notizbuch zu und legte seinen Stift nieder und lachte schnaufend. *„Ehrlich gesagt genieße ich es einfach, der Gute zu sein.“* Jeff lachte tief.

Brad fuhr fort: *„Als ich davor im Krieg war, habe ich Dinge gesehen, die mich auf diese Karriere vorbereitet haben. Als ich in einer Gegend aufwuchs, in der es immer noch ein gewisses Maß an Rassentrennung gab, wurde mir deutlich, dass es auf der Welt viel Hass gibt. Ich bin mit den Werten der Menschheit aufgewachsen und möchte, dass die Welt ein besserer Ort wird. Ich möchte dazu beitragen, dass es ein besserer Ort wird.“* Jeff nickte verständnisvoll. Er hatte auch das Schlimmste der Menschheit gesehen aber auch er wusste, dass es besser sein könnte.

„Was ist mit ...“? Als Brad die Frage erwiderte, unterbrach die Leitstelle das ruhige Gespräch mit einem lauten Alarmton über Funk und erregte sekundenschnell die Aufmerksamkeit der Beamten.

„Code Blue“, ertönte eine weibliche Stimme über das Funkgerät und als Jeff nach dem Funkgerät griff, um zu antworten, ertönte die weibliche Stimme erneut: *„Code Blue, Kleinkind.“*

Jeff nickte Brad kurz zu, der anfing, sich anzuschnallen, und antwortete: „240 PD

unterwegs." Jeff schaltete die Lichter und Sirenen ein und der Streifenwagen fuhr zu der in der Zentrale angegebenen Adresse los. Bald befanden sie sich auf der Grant Avenue, einem

Straßenabschnitt zwischen Junction City und der Militärbasis Fort Riley und konnten in der Ferne einen weiteren Streifenwagen und einen Krankenwagen sehen. Jeff murmelte leise einen Fluch, schüttelte den Kopf und sagte: *„Dein erster Code Blue und dann ist es ein Kleinkind. Normalerweise werden diese medizinischen Notrufe von der Rettungswagenbesatzung bearbeitet aber wir alle reagieren, wenn es ein Code Blue ist."*

Brad schaute durch die Windschutzscheibe, während die Bäume vorbeizogen und in seinem Kopf kamen Fragmente der Erinnerungen eines Soldaten zum Vorschein. Dies wäre nicht das erste albtraumhafte Erlebnis, das er sehen würde und in dieser Branche würde es sicherlich nicht das Letzte sein. Unschuldige Zivilisten und Kinder lagen tot zu seinen Füßen, die Kosten des Krieges, würden manche sagen aber er konnte sich an das Gefühl der Machtlosigkeit erinnern und jetzt würde er tun können, was er konnte, um zu helfen. Brad löste seinen Sicherheitsgurt, als Jeff zum Wohnwagen fuhr und in der Nähe des Krankenwagens parkte.

Als Jeff sich auf den Weg zum Krankenwagen machte, begann Brad sofort, die Umgebung abzusuchen und nach irgendetwas Ungewöhnlichem zu suchen.

Brad bemerkte, wie ein Mann, mitte zwanzig, mit einem anderen Beamten in der Nähe des Wohnwagens sprach und wie die hilflose Mutter zusammengekauert und schluchzend auf der

Treppe saß. Brad schaute sich im Wohnwagenpark um und bemerkte ein paar Leute, die im aufgehenden Sonnenlicht versuchten, einen Blick darauf zu erhaschen, was vor sich ging. Der Morgen wurde wärmer, als Brad auf die schluchzende Mutter zuging, das Gras unter seinen Stiefeln knirschte, als er über den Rasen zur Kiesauffahrt ging. Er näherte sich der schluchzenden Frau, ihre braunen Augen begegneten seinen blauen mitfühlenden und ihr Schluchzen verstärkte sich, Wimperntusche vermischt mit Tränen lief über ihr rotes Gesicht, umrahmt von krausem kastanienbraunem Haar. *„Bitte stellen Sie sicher, dass es meinem Baby gut geht!!“*

„Mein Partner überprüft das gerade, Ma'am. Warum gehen wir nicht hinein, während wir auf ein Update warten? Ich würde Ihnen gerne ein paar Fragen stellen“, sagte Brad, während er die Frau die Treppe hinauf begleitete.

Brad öffnete die Vordertür des Wohnwagens, um sie hineinzuführen, wobei er mit seinen Stiefeln Müll und Kleidung aus dem Weg schob, um einen kleinen Weg durch das Wohnzimmer freizumachen. Die Fliegengittertür öffnete sich und zeigte Jeff den Mann aus der Einfahrt, der sofort zu der schluchzenden Brünette geht und versucht, sie zu trösten, indem er seufzt: *„Oh, Amanda.“*

Jeff wendet sich an Brad: *„Das ist Gavin Johnson.“* Brad beginnt, Notizen auf seinen Block zu schreiben und Jeff wendet sich an Gavin: *„Sir,* *sind Sie der Vater?*“ Gavin schüttelt den Kopf und senkt seinen Blick. Amanda sagt unter Tränen: *„Ich habe ihn vor ein paar Monaten im Hollywood Club getroffen.*“ Brad macht sich weiterhin Notizen und geht davon aus, dass sie wahrscheinlich im örtlichen Stripclub arbeitet.

„Waren Sie diejenige, die das Baby gefunden hat, Ma'am?“ Sagte Jeff, aber Gavin hob den Kopf und sagte: *„Nein, ich habe es gefunden. Ich hörte das Baby weinen und wachte auf. Amanda hatte eine lange Nacht also ließ ich sie schlafen. Als ich nach dem Baby sehen wollte, war es am Ersticken. Ich habe sofort die Sanitäter gerufen und versucht, dem Baby zu helfen und als ihr ankamt, habe ich endlich den Penny rausgeholt.*“

Brad machte sich weiterhin Notizen und sah sich im Raum um. Auf der Anrichte lag eine halb aufgegessene Banane mit Schale, auf dem Boden lag eine leere Brottüte, die offensichtlich nicht im Mülleimer landete und neben dem Kühlschrank lag ungewaschene Wäsche.

Als Brad mit den Notizen fertig war, fügte Gavin hinzu: *„Ich habe mein Bestes gegeben, um sie zu retten. Ich hoffe nur, dass es ihr gut geht.“* Brad blickte von seinen Notizen auf und studierte Gavins Verhalten, als sie hörten, dass die Trage von den Sanitätern angehoben und hineingetragen wurde.

Sie traten aus dem Weg und sahen zu, wie sie sich um das kleine Bündel unter dem weißen Laken kümmerten, während Amandas Schluchzen hysterisch wurde, als sie „*mein Baby!*“ schrie. Der Rettungssanitäter schaute zu Amanda und sagte: „*Wir bringen sie jetzt ins Krankenhaus. Es bleibt nicht viel Zeit. Wir müssen gehen.*"

Als sie das kleine Baby in den Krankenwagen hoben, konnte Brad sehen, wie sich ihre kleinen Lippen violett verfärbten, während sich ihr Brustkorb schnell hob und senkte und versuchte, Luft zu holen, was ihm nicht gelang. Er half Amanda neben ihrer Tochter in den Krankenwagen. Plötzlich stürmte Gavin zur Tür und wurde von den Sanitätern angehalten. „*Es kann nur eine Person bei uns mitfahren. Wir können nicht mehr Leute zulassen.*“

„*Er wird mit uns fahren*“, sagte Brad, als sie anfingen, die Türen zu schließen und dann fuhr der Krankenwagen los und hinterließ eine Lichterkette und das Geräusch der Sirenen verklang, während sie auf das Krankenhaus zurasten. Jeff und Brad gingen voran zum Streifenwagen, während Gavin dicht hinter ihnen folgte und sich auf den Rücksitz des Streifenwagens setzte, als sie ihre Reise

zum Krankenhaus begannen. Beide Beamten schwiegen einen Moment, während sie die schwarze, bedrohliche Nacht genossen, die eine traurige Wendung genommen hatte, die diesem Kind möglicherweise das Leben kosten könnte.

Brad wandte sich an Gavin und fragte: „*Wann haben Sie das Baby gefunden?*“

„Vor etwa einer halben Stunde. Ich habe Amanda gesagt, dass das unordentliche Haus eine Gefahr für das Baby darstellt. Sie hat das Baby so sehr geliebt“, antwortete Gavin.

Brad zog eine Augenbraue hoch. *„Was meinen Sie mit dem unordentlichen Haus? Ich dachte, es wäre ein Penny, der sie am Atmen hinderte?“*

Gavin verstummte und sein Gesicht wurde ausdruckslos. Er wandte sich an Brad und sagte selbstbewusst: *„Ja, es war ein Penny.*“

Brad nickt langsam und wirft einen kurzen Blick auf diesen Ausbildungsoffizier, der Gavin aus dem Rückspiegel ansieht. Als während der Fahrt wieder Stille herrschte, starrte Brad durch die Windschutzscheibe und sah die hellen Lichter des Krankenhauses vor sich auftauchen. Jeff machte sich schnell daran, den Streifenwagen zu parken, und die drei gingen zügig hinein, Gavin voran.

Als sie das Gebäude betraten, sahen sie Amandas kleine Gestalt. Sie blickte auf, als sie das Geräusch ihrer sich nähernden Schritte hörte. Wimperntusche lief über ihr zartes Gesicht und ihre traurigen braunen Augen waren rot und geschwollen vom Weinen. Sie fing wieder an zu weinen, als sie ihren Freund und die Beamten sah. Gavin nahm sie sofort in seine Arme, den Kopf an ihre Brust gedrückt, während sie weiter weinte und betete, dass es ihrem Kind gut ginge.

Brad und Jeff standen in der Ferne, als der Arzt durch die Nottür kommt, um mit der besorgten Mutter zu sprechen und obwohl sie zu weit weg waren, um es zu hören, wussten sie, dass das Baby es nicht geschafft hatte. Ein Kopfschütteln des Arztes löste sofort ein schmerzerfülltes Geräusch aus, welches durch den gesamten Flur tönte, als Amandas Welt zusammenbrach und auseinanderfiel.

Giles ging zurück zum Streifenwagen und fragte Brad: „Also, was denkst du?“

„Es sieht nach einem unglücklichen Unfall aus. Gavin scheint seltsam, obwohl der Rettungsdienst einen Penny aus der Kehle des Babys geborgen hat. Von hier aus können wir nichts tun“, sagte Brad.

Jeff nickte zustimmend, stieg ins Auto und startete es. Brad gesellte sich zu ihm, als das Auto aufheulend zum Leben erwachte, und bald waren sie wieder auf der Straße, die orangefarbenen

Lichter wichen nun der aufgehenden Sonne und dem Ende ihrer Schicht.

Als an diesem Morgen die Sonne durch das Fenster seines Landhauses zu scheinen begann, dachte Brad über die Schwierigkeiten der Nacht nach. Der Tod des Kindes wurde als Unfall eingestuft aber tief in seinem Inneren hatte er das Gefühl, dass hinter der Geschichte mehr steckte. Er schaute aus dem Fenster und seufzte, wohl wissend, dass er noch viel über den Beruf eines Polizisten lernen musste. Was er nicht wusste war, wie wichtig dieser eine Vorfall für einen zukünftigen Fall sein würde. Er würde diesen Fall später, viel später, noch einmal aufgreifen, wenn nur jemand davon gewusst hätte.

KAPITEL 2
DER NÄCHSTE FALL

Am Ende des Jahres war Brad auf dem besten Weg, seine Karriere voranzutreiben, trotz des Nervenkitzels, sich für das Konzept der Gerechtigkeit einzusetzen, welcher gerade erst begonnen hatte. Der Fall des Babys mit dem herausgefallenen Penny wurde abgeschlossen und als Unfall gewertet und Brad widmete sich anderen Fällen.

Jeff erkannte die Fähigkeit seines Partners, komplizierte Fälle zu bearbeiten und so wurde Brad dem Überwachungsteam der Drogen-Task Force zugewiesen. Da er neu in der Abteilung war und auf dem Land lebte, war er in der Stadt praktisch unbekannt. Er hatte die Fähigkeit, sich auf der Straße unsichtbar zu machen, was ihm den nötigen Einfluss verschaffte, um in die Undercover-Arbeit einzusteigen. Er begann in kleinen Rollen und arbeitete in einem heruntergekommenen Wohnhaus in der Gegend, während er Fotos von den Spielern im Park machte und die Aktivität dokumentierte. Dank seiner scharfen Beobachtungen verschaffte er sich schließlich häufiger Positionen in Fällen der Drug Task Force. Bald half er aktiv in Betäubungsmittelfällen mit. Brad hatte viele Stunden hart daran gearbeitet, die nachrichtendienstlichen Aspekte der Anrufverfolgung zu erlernen und zu verstehen, wie man Anrufer identifiziert, sie auf PenLink zu verfolgt und herausfindet, wie sie in die kriminellen Rätsel passen.

Während Brads Einsätzen für die Gerechtigkeit und der Suche nach den Wahrheiten entdeckte er auch eine Vorliebe für das Adrenalin, das die Festnahme von Verdächtigen mit sich bringt. Seine Zeit bei der Polizei hatte ihm auf der Straße einen Spitznamen eingebracht. Die Banden, Händler und Kriminellen gaben den Beamten Straßennamen, von denen bekannt war, dass sie den Geschäftsfluss störten. In einer bestimmten Schicht verfolgte Brad ein bekanntes Gangmitglied zu Fuß und während er versuchte, das Widerstand leistende Gangmitglied auf der Motorhaube des nicht gekennzeichneten Autos festzuhalten, liefen die Dinge nicht wie geplant.

Brad wusste nicht, dass sein Auto von örtlichen Insassen, die versuchten, als Treuhänder Pluspunkte zu verdienen, einer Inspektion unterzogen worden war. Als Brad also das Gangmitglied auf der Motorhaube festhalten wollte, rutschte der junge Mann quer über die Haube und fiel auf der anderen Seite des Wagens zu Boden. Andere Bandenmitglieder in der Gegend, die Zeuge des Vorfalls waren, bezeichneten ihn fortan als „Chuck Norris“ und der Name blieb an Brad noch eine ganze Weile haften. Die Tage vergingen schnell und seine Leidenschaft für seinen neuen Beruf wuchs immer weiter, während er neue Aspekte seiner Karriere kennenlernte und seine Fähigkeiten und seinen Ruf als guten Polizisten weiter ausbaute.

In einer verschneiten Nacht, als er während der Weihnachtszeit auf Patrouille war, genoss Brad einen seltenen Moment. In seiner Pause bekam er ein paar zusätzliche Minuten Zeit, um mit seiner Frau etwas zu Abend zu essen. Im Leben eines Polizisten kann ein einziger Anruf die Stimmung von einem freudigen, friedlichen Abendessen zu einer Stimmung voller Dringlichkeit verändern. Der störende Alarmton veränderte Brads Verhalten sofort von entspannt zu dem eines Beamten, der wieder im Dienst ist. Seine Frau wusste, dass der gemeinsame Abend vorbei war, was sich bald bestätigte.

Brad sagte: *„230 PD unterwegs.“* Als er aus der Tür ging, um zum Auto zu gehen, gab er seiner Frau einen Abschiedskuss und versuchte, die Enttäuschung im Gesicht seiner Frau nicht anzusehen, als er in den Streifenwagen stieg.

„Irgendwelche weiteren Details?“, fragte er den Disponenten, als er aus der Einfahrt fuhr.

„Eine Frau rief aus einem anderen Bundesstaat an. Ihre Tochter ist mit einem Soldaten verheiratet, und sie stritten sich, während sie mit ihr telefonierte. Die Leitung wurde unterbrochen, und jetzt können sie sie nicht mehr erreichen.“

„Das kann nicht gut sein", sagte Brad zu sich selbst im Auto, schüttelte den Kopf und fuhr auf die Straße. Ironischerweise hatte er noch vor wenigen Minuten versucht, den Frieden seiner Familie zu genießen und jetzt steuerte er auf einen häuslichen Streit zu. Die Weihnachtslichter funkelten durch die Dunkelheit und Brad dachte daran, dass der Frieden in seiner Familie ebenfalls ein Funkeln in der Dunkelheit war, während er versuchte seine Gedanken zu ordnen und zu der von der Leitstelle angegebenen Adresse fuhr.

Er hielt vor dem Haus, wo es relativ ruhig war. Als er die Gegend auf ungewöhnliche Dinge überprüfte, ging er zum Haus und bemerkte Weihnachtsdekorationen entlang der ruhigen Wohnstraße. Es schien nichts Außergewöhnliches zu sein. Brad näherte sich dem kleinen Haus: Ein alter Militärbungalow, der aus dem Zweiten Weltkrieg übrig geblieben war, welcher in der Gegend gebaut wurde, um eine Wohngemeinschaft zu gründen. Der Bungalow hatte zwei

kleine Fenster auf beiden Seiten der Tür und kein Lebenszeichen darin. Er konnte den Schein der Lichter des Weihnachtsbaums durch das Glas der Fenstern funkeln sehen, hörte aber drinnen nichts als Stille. Er klopfte an die Tür und lauschte aufmerksam auf Anzeichen von Aktivität im Haus, aber er hörte nur Stille.

Brad versuchte sein Glück erneut, dieses Mal klopfte ein solider Polizist an die Haustür. Endlich konnte er das Geräusch von Schritten auf einem Holzboden hören. Die Schritte gingen an der Tür vorbei in den Raum links von der Tür und dann zurück zur Tür.

Nach einer Minute öffnete sich die Tür leicht. Durch die kleine Öffnung ragte das Gesicht eines Mannes mit militärisch geschnittenem braunem Haar und grünen Augen hervor, das Brad sofort besorgt in die Augen blickte. Brad warf einen Blick an dem Mann vorbei, als er die Tür öffnete, und obwohl die Öffnung weniger als 7 cm breit war, sah er eine zierliche Brünette am anderen Ende des Hauses stehen, die Augen vor Angst weit aufgerissen.

"Kann ich Ihnen helfen?", fragte der Soldat und versuchte, Brads Aufmerksamkeit wieder auf ihn im Türrahmen zu lenken.

„Ma'am, geht es Ihnen gut?“, fragte Brad und ignorierte den Soldaten vor ihm. Alles verfiel in Zeitlupe, als die Frau schrie: *„Er hat eine Waffe hinter der Tür!“*

Brads Gedanken wurden sofort aktiv. Mit einem Adrenalinstoß bewegte er seine Hand zu seiner Waffe an seiner Seite. Der Mann machte Anstalten, die Tür vor Brads Gesicht zu schließen, aber Brad war schneller. Er lehnte sich gegen die Tür und stellte seinen Fuß in den Türrahmen, um zu verhindern, dass sie sich schloss. Brad korrigierte seinen Körper und richtete seine Dienstwaffe auf den einzigen Teil des Mannes, den er sehen konnte: sein Gesicht. Ihre Blicke trafen sich und die Spannung zwischen den beiden Männern war spürbar, als Brad seine Fassung sammelte und Anweisungen zur Deeskalation der Situation gab.

„Legen Sie die Waffe mit zwei Fingern am Lauf langsam auf den Boden, die Hände vom Abzug entfernt."

Brads Intensität war so stark, dass es schien, als würde die Zeit still stehen. Er bemerkte, wie die Spannung seiner eigenen Waffe nachließ, als er langsam die Finger vom Abzug entfernte. Es schien sich noch weiter zu verlangsamen, bis er sah, wie ihm der Lauf der Schrotflinte mit zwei Fingern gereicht wurde, wie er es ihm befohlen hatte. Mit seiner linken Hand ergriff Brad die Schrotflinte, steckte seine Waffe mit der rechten Hand ins Holster und drückte mit der Schulter die Tür auf.

„Stellen Sie sich zur Wand und legen Sie die Hände auf den Kopf", befahl er, als er das Haus betrat und die Schrotflinte sicherstellte. Er konnte die kleine Frau jetzt deutlicher sehen, konnte aber keine körperlichen Anzeichen von Verletzungen erkennen. Er fragte erneut, ob es ihr gut ginge, um seine Beobachtungen zu bestätigen. *„Ja, wir haben nur gestritten"*, sagte sie leise und blickte nach unten.

Das Rauschen von Brads Funkgerät ertönte, und die Leitstelle ertönte: „PD an 230, Überprüfung." Dabei handelte es sich um eine Überprüfung der Leitstelle, um sicherzustellen, dass die Situation unter Kontrolle war, da Brad nicht mitgeteilt hatte, ob er die Bewohner kontaktiert hatte. Brad antwortete: „10-4“ und leitete die Informationen dann an die Leitstelle weiter. Diese antwortete, dass der 1. Sergeant des Soldaten kontaktiert worden sei und auf dem Weg sei, den Soldaten zurück zu seinem Einsatzort zu bringen.

Brad entlud die dem Soldaten abgenommene Waffe, brach den Einzelschussverschluss auf und eine gelbe Patrone, die aus der Schrotflinte geschleudert wurde, schlug auf dem Boden auf und rollte auf den beleuchteten Baum zu. Brad schüttelte den Kopf, sah den Soldaten an und sagte zu ihm: „Das Militär kann jetzt mit Ihnen fertig werden“, wobei er seine Hände auf dem Rücken verschränkte.

Brad verhaftete ihn nicht, da es weder Verletzungen noch Anzeichen körperlicher Gewalt gab und der Soldat die Waffe nie auf ihn richtete oder damit drohte, sie zu benutzen. Er konnte nur geduldig am Haus warten, bis die Befehlskette kam, um den Soldaten abzuholen, als sein Blick auf einen Schatten in den Lichtern des Weihnachtsbaums fiel.

Brads Herz sank zu Boden, als er sah, wie langsam hinter dem Baum ein kleines Mädchen, nicht älter als drei Jahre, aus dem Licht auftauchte. Sie griff nach unten, hob die ausgeworfene Patrone vom Boden auf und sah ihre Mutter mit ängstlichen Augen und zitternden Lippen an. Dann näherte sie sich ihrer Mutter mit einer großen Umarmung. Noch einmal fragte Brad, ob es beiden gut gehe, während die Frau weinte und ihr kleines Mädchen aufhob.

„Ja Dankeschön," sagte sie, während sie schluchzte, ihre Tochter hin und her wiegte und sie fest umklammerte.

Brad richtete seine Aufmerksamkeit wieder auf den Soldaten und sagte: *„Ich hätte dich direkt vor den Augen deines kleinen Mädchens erschießen können.“*

In dieser Nacht, als die Befehlskette des Soldaten ihn wieder auf seinen Posten geführt hatte, wurde ihm die bittere Realität seines Jobs erst richtig bewusst, und ihm wurde klar dass dies wahrscheinlich nicht das einzige Mal sein würde, dass so etwas passieren würde.

Im Laufe seiner Karriere zeigte sich in seinem Privatleben zunehmend die Belastung, die die Realität eines Polizistenlebens mit sich bringt. Jede Entscheidung, die er traf, hatte nicht nur Auswirkungen auf ihn, sondern auch auf das Leben seiner Frau. Obwohl es ihm widerstrebte, die Einzelheiten der Schrecken, die er miterlebt hatte, preiszugeben, war sie dennoch nicht zufrieden mit dem Risiko, das er eingegangen war.

„Es ist zu gefährlich," würde Petra sagen, nur um auf seine Entschlossenheit und adrenalingeladene Befriedigung zu treffen, dass er das Richtige tun würde. Obwohl er den Nervenkitzel der Verfolgungsjagd und der Ergreifung von neuen Fällen genoss, erinnerte er sich immer wieder daran, dass er dabei war, die Welt zu einem besseren Ort zu machen. Die Szene mit dem Soldaten und seiner Frau vergaß er nie. Die Angst in den Augen der Tochter blieb ihm in Erinnerung und er wusste, dass er weiterhin Menschen helfen wollte. Dieser Job verlangte von ihm nichts, was er nicht schon einmal erlebt hatte. Risikosituationen und sein eigenes Leben zu riskieren waren etwas, das er während seines Militärdienstes Tag für Tag erlebte, doch das hier war irgendwie anders.

Nach diesen Gesprächen mit seiner Frau dachte er oft an seine Zeit in der Armee und obwohl es ihm so vorkam, als wäre sie so lange her, waren es doch erst ein paar Jahre. Seine Gedanken wanderten immer noch zurück zu Nächten in schlammigen Wegen, mit Zeltreihen und dem Geruch von Schmutz und Verzweiflung. Manchmal hallten die hallenden Geräusche von Raketen durch seine Ohren und transportierten ihn zurück in die Wüste, anstatt nach Hause zu seiner Frau.

Es gab Zeiten, in denen der Tod zu nahe gekommen war. Brad erinnerte sich an einen Vorfall in Dhahran während eines täglichen Raketenalarms. Er erinnerte sich deutlich daran, wie er während seines Aufenthaltes im

Sammellager seine Chemieausrüstung anzog, als der Alarm ertönte. Augenblicke später wurde das Lagerhaus, in dem er sich befand, vom Nachhall einer Explosion erschüttert. Dieser war nah, und obwohl es mitten am Tag war, war der Himmel dunkel vor Staub und ein seltsamer neuer Geruch lag in der Luft, als Trümmer auf das Blechdach des Lagerhauses fielen.

Soldaten rannten aus dem Lagerhaus, in dem sie die Flugzeuge zusammenbauten, um sie für den Flug zu ihren Kampflagern vorzubereiten. Sie stellten fest, dass eine Patriot-Rakete eine weitere Scud-Rakete abgeschossen hatte, und nun regneten Raketenteile auf sie herab, da sich die explodierte Rakete

direkt über dem Kopf befand, als sie zerstört wurde. Bei dieser Gelegenheit musste er einen jungen Soldaten zurück ins Haus zerren, nachdem dieser ausgeflippt war und begonnen hatte, seine M16 in den Himmel auf die Raketen über ihm abzufeuern.

Das Chaos des Tages blieb in seinem Kopf und obwohl noch nie jemand über den Vorfall gesprochen hatte, hielten sie durch. Er versicherte seiner Frau weiterhin, dass es ihm gut gehen würde, wenn er aus Albträumen aufwachen würde. Sie hatte ihn während seiner Einsätze beim Militär gesehen aber sie kannte wirklich nicht das Ausmaß von allem, was in der Wüste passiert war.

Hätte Petra gewusst, dass dort viel Schlimmeres passiert war und dass noch mehr auf sie zukam, wäre sie sofort geflohen.

Brad erfüllte seine Patrouillenaufgaben weiterhin hervorragend und wurde oft mit Undercover-Rollen beauftragt. Als das DARE-Programm ins Leben gerufen wurde, widmete er sich der Interaktion mit Kindern in der Gemeinde und sprach mit ihnen über Drogenprävention. Mithilfe seiner Fähigkeit, sich in die potenziellen Bandenmitglieder hineinzuversetzen, konnte er Einblicke in die Dealer in der Gegend gewinnen, Wege finden, sich mit deren Situation auseinanderzusetzen und herausfinden, aus welcher Motivation sie sich für ihren Lebensstil entschieden hatten. Er entdeckte, dass viele Gangmitglieder das

Gefühl der „Familienzugehörigkeit“ zu einer Organisation brauchten. Das hielt sie mit der Gruppe verbunden.

Während seiner Arbeit mit den Kindern und DARE-Beamten wurde er eines Tages in das Büro des Chefs gerufen. Brad ging wirklich perplex auf das Büro zu. In das Büro des Chefs gerufen zu werden, war nie eine gute Sache aber als er den Chef begrüßte, wurde seine Besorgnis durch Neugier ersetzt, als der Chef ihn anlächelte.

„Sie fragen sich sicher, warum ich Sie heute hier her gebeten habe. Ich höre gute Nachrichten über Ihre bisherige Zeit hier

bei uns. Ihre Gedächtnisfähigkeiten haben sich in der Abteilung als sehr nützlich erwiesen und ich höre nur Tolles darüber, wie hart Sie arbeiten. Der Sergeant von der Drogenfahndung erklärte, dass Sie sich die örtlichen jugendlichen Straftäter, Treffpunkte, Fahrzeuge und die Personen, mit denen sie in Verbindung stehen, auswendig gelernt haben. Er sagte, sie scheinen zu singen, wenn man sie nach ihrer Identifizierung fragt, da sie so oft falsche Namen nennen.“

Der Chef bedeutete Brad, Platz zu nehmen und folgte dann seinem Beispiel. *„Danke, Sir“*, antwortete Brad. *„Ja, sie wissen nicht, was sie denken sollen, wenn ich ihnen sage, dass ich ihrer Großmutter erzählen werde, was sie vorhaben, oder vielleicht den Eltern ihrer Freundin.“*

Der Chief hob seine Hand und unterbrach Brad. Brad wiederum beobachtete ihn aufmerksam und wollte unbedingt wissen, wohin das führen würde, obwohl er nicht lange warten musste

„Wir haben deinen Dienstauftrag geändert, White.“

Brads Gesicht blieb dasselbe, und er wartete schweigend darauf, dass der Chef ihm die Einzelheiten mitteilte und er sah zu, wie ein geprägtes büroübergreifendes Dokument auf dem Briefkopf der offiziellen Polizei auf dem Tisch landete und ihm zugeschoben wurde.

Der Chef fuhr fort: *„Nach sorgfältiger Prüfung glauben wir, dass Sie am besten für die Position des Gang Intelligence Officer der Abteilung geeignet sind und wir haben es offiziell gemacht. Für diese neue Position müssen Sie die Banden in der Gegend aufspüren und identifizieren und ihre Bewegungen verstehen. Da Ihre Arbeit in Ihrem aktuellen Auftrag vorbildlich war, erwarten wir* *das gleiche Engagement für diesen neuen Auftrag.“*

Ein dumpfer Schlag ertönte, als ein dicker Ordner auf dem Schreibtisch landete. *„Dieser Ordner enthält die erste Gruppe.“*

Brad öffnete das Dokument, überflog die Schwarzweißfotos und blätterte dabei durch Bilder von Kindern, von denen einige jünger als dreizehn Jahre waren. Brad blieb stehen, ging zurück zur ersten Seite und starrte auf das Bild des kleinen Teenagers. Der Junge war nicht älter als 15, aber seine tiefbraunen Augen starrten ihn mit viel mehr Alter an, als sein Gesicht erkennen ließ.

Der Chef fuhr fort: *„Es ist gefährlich aber wir wollen die Zahl der Bandenmitglieder verringern, insbesondere in Schulen. Sind Sie bereit für die neue Aufgabe?“*

Brads Augen verweilten weiterhin auf dem Foto und der Chef fügte hinzu: *„Er wurde wegen Mord verhaftet*

und befindet sich derzeit in der Jugendstrafanstalt.“

"Ich werde es tun", Brad antwortete, als er aufstand, um dem Chief die Hand zu schütteln. Als er die Tür hinter sich schloss, hörte er den Chef sagen: *„Viel Glück.“*

In den nächsten Jahren nahm seine Karriere mehrere Wendungen. Er musste gegen mehrere, teils viel zu junge Bandenmitglieder aussagen. Er konnte sich auch über den Erfolg bei der Lösung mehrerer Fälle freuen, was sich jedoch negativ auf den beruflichen Erfolg auswirkte. Jetzt saß er allein in seiner Wohnung und starrte auf das Bild seiner zweijährigen Tochter Anne, wunderschön mit den braunen Haaren seiner Frau und seinen durchdringenden blauen Augen. Er seufzte traurig und dachte über die Entfernung zwischen ihnen nach. Wie es bei den meisten Ehepartnern von Polizeibeamten der Fall ist, konnte sie die Stunden und die ständige Sorge nicht ertragen, und seit der Scheidung war ein Jahr vergangen aber er spürte immer noch ein Loch in seinem Leben.

Anstatt zu schmollen, setzte er seinen entschlossenen Karriereweg ohne seine Frau fort, um den Nervenkitzel zu genießen, Verbrechen zu bekämpfen und Gerechtigkeit zu finden. Obwohl dies nicht der Weg zum Erfolg war, wobei er ursprünglich hoffte dass dies der Fall sein würde, wusste er, dass er sich auf dem richtigen kurvenreichen Weg befand, für den er mit seinen Fähigkeiten bestimmt war. Seine tadellose Teamarbeit mit Beamten, Lehrern und Staatsanwälten während seiner Zeit als Gang-

Geheimdienstoffizier hatte genau wie beabsichtigt zu einem erheblichen Rückgang offen aktiver Gangmitglieder im Schulsystem geführt und Brad hatte schließlich das Gefühl, bereit für den nächsten Schritt zu sein. Aufgrund der jüngsten Veränderungen in seinem Privatleben begann er sich selbstgefällig zu fühlen und suchte nach anderen Möglichkeiten, seinen Ehrgeiz mit einem Adrenalinstoß zu entfachen.

Am 19. April 1995 wurde Brad erneut in das Büro des Chefs gerufen. Sobald er den Raum betrat, spürte er die Dringlichkeit und Anspannung in der Luft. Er richtete sich vollständig auf, als er zu zwei Männern blickte, die in einer Ecke des Raumes standen, beide in einem Anzug und einer Krawatte trugen, die einen Hauch von Autorität ausstrahlten.

Der Chef sah von seinem Schreibtisch zu ihm auf und stand auf. *„White, ich möchte Ihnen die Agenten Miller und Jones vom FBI vorstellen.“*

Als die Männer Brad die Hand schüttelten, fuhr der Chef fort: *„Sie haben einen Verdächtigen für den Bombenanschlag, der sich gerade in Oklahoma City ereignet hat, und sie brauchen unsere Hilfe. Ich weise Sie ihnen zu.*

Sie fungieren als Verbindungsmann, der ihnen hilft, sich in unserer Stadt zurechtzufinden und jede benötigte Hilfe zu koordinieren.“

Timothy McVeigh, der bereits wegen Geschwindigkeitsüberschreitung ohne Nummernschild und dem Tragen einer versteckten Waffe im Gefängnis saß, war schließlich für den Tod von über 168 Erwachsenen und Kindern bei dem Bombenanschlag in Oklahoma City verantwortlich.

Brad wurde von den Agenten über McVeighs Verbindung zu Junction City informiert. Sie wussten, dass sie ihre Ermittlungen mit McVeighs Bewegungen im Vorfeld der Explosion beginnen mussten und herausfinden mussten mit wem er Kontakt hatte, um festzustellen, ob es weitere Bomben oder Ziele gab. Sie mussten sicher sein, dass dies nirgendwo anders passieren würde.

Brad und die Agenten des FBI erfuhren bald, dass McVeigh die selbstgemachte Bombe gebaut hatte, indem er sie aus einer Zündschnur aus Dünger, Dieselkraftstoff und anderen Materialien herstellte, die er während seiner Zeit in Fort Riley von örtlichen Unternehmen in Junction City erworben hatte. Der Mietlastwagen, in dem die Bombe untergebracht war, wurde ebenfalls von einem örtlichen Unternehmen gemietet und der Plan schien von einem örtlichen Motel aus koordiniert zu werden.

Als Brad sich die Aufnahmen des schrecklichen Bombenanschlags ansah, erinnerte er sich an seine Zeit beim Militär.

Die Bombenangriffe, die Zerstörung und das Chaos waren traurig und so viele Leben wurden an diesem Tag unwiderruflich verändert. Brad wusste, dass er seine Fähigkeiten weiterhin einsetzen musste, um sicherzustellen, dass er alles tun konnte, was in seiner Macht stand, um die Welt ein bisschen besser zu machen.

Seine Arbeit mit dem FBI im OKC-Bombenanschlagsfall hatte ihm einen Ruf für Details eingebracht, den er in den nächsten Jahren beim Junction City PD weiter ausbaute. Als er eines Nachts verdeckt in einem Country Club arbeitete, fand er die Liebe seines Lebens. Sie tanzte in Rocky-Jeans mit braunem Haar und aufgeregten blauen Augen. Er war fasziniert und konnte einfach nicht wegschauen

„Ihr Name ist Marie“, sagte der Barkeeper der seinem Blick gefolgt war.

„Ich habe nicht gefragt“, antwortete Brad.

Lachend sagte der Barkeeper: *„Wenn du so starrst, siehst du aus wie ein Idiot.“*

Brad lachte und nippte geduldig an seinem Getränk. Schon bald hatte er die Gelegenheit, auf sie zuzugehen und schon bald hatte er die ganze Nacht damit verbracht, mit ihr zu reden und zu lachen, wie er es noch nie zuvor getan hatte.

„Marie ist ein wunderschöner“, sagte Brad, als sie sich lachend an ihn lehnte.

Sie lächelte und flüsterte schüchtern: *„Das ist nicht mein richtiger Name.“*

Brads Ermittlungssinn kam zum Vorschein. Hat der Barkeeper ihm den falschen Namen gegeben? Sie war doch keine Stripperin, die einen falschen

Namen hatte, oder? Nein, sie war viel zu stolz und schien nur im Club zu sein, um zu tanzen und die Musik zu genießen.

Maries freudige und schelmische Augen trafen auf seinen wachsamen und aufrichtigen Blick. *„Du könntest meinen richtigen Namen nicht herausfinden, weil ich mein ganzes Leben lang meinen Spitznamen verwendet habe, den mir meine Eltern gegeben haben. Aber ich werde einen Deal mit dir machen. Wenn du meinen Namen erraten kannst, gehe ich mit dir aus.“*

Mit einem Augenzwinkern trank sie ihr Getränk aus und Brad konnte nur starren, als sie wegging.

Brad wusste, dass Marie etwas Besonderes war, und er wusste, dass sie an ihm interessiert war – was ein großes Plus war.

Obwohl sich Marie sicher war, dass Brad ihren Namen nie herausfinden würde, wusste sie nicht, dass er ein Geheimdienstoffizier war.

Es dauerte nicht lange, bis Brad das Date mit Marie bekam, so wie sie es ausgehandelt hatten, indem er ihren richtigen Namen herausfand. Schließlich war er daran interessiert, alle Informationen herauszufinden, die er brauchte, um Fälle aufzuklären. Ihre Beziehung verlief von diesem Zeitpunkt an reibungslos aber Brad wusste natürlich aus Erfahrung, welche Auswirkungen seine gewählte Karriere auf Beziehungen hatte.

Seine Arbeit bei JCPD verschaffte Brad das Wachstum und die Erfahrung, die er brauchte, um als Beamter voranzukommen und half Marie gleichzeitig zu verstehen, wie eine romantische Beziehung mit einem Polizisten wirklich war.

Zu Beginn ihrer Beziehung bat Brad Marie, ihn in einem der schönen Wohnviertel der Stadt abzusetzen, damit er zu Fuß zur Arbeit gehen könne. Er arbeitete in einem Haus, das offenbar für den Bau mit Brettern vernagelt war aber er hatte es als Täuschungsbüro genutzt, während er gegen einige möglicherweise korrupte Beamte, Anwälte und vielleicht sogar einen Richter ermittelte. Es gab nur drei Leute, die wussten, was Brad tat.

Seine Kollegen wurden darüber informiert, dass er sich im Disziplinarurlaub befinde. Ihnen wurde gesagt, dass er kürzlich eine Verhaftung vorgenommen hatte, bei der die Person etwas zusammengeschlagen worden war und „Chuck Norris" unter einer Disziplinaruntersuchung stand. Es entsprach zwar nicht annähernd der Wahrheit aber angesichts seiner spürbaren Abwesenheit bei der Polizei war es glaubwürdig.

Die Ermittlungen hatten eine Wendung genommen: zwei Anwälte bei denen festgestellt wurde, dass sie Kokain süchtig sind, bei Drogenbeschlagnahmungen Geld verloren gegangen ist, ein Polizist, der einem Dealer vor einer Razzia möglicherweise einen Tipp gegeben hat und ein Richter, der mittendrin war. Es war ein riesiger Fall, und Brad war sich nicht sicher, worauf er sich da eingelassen hatte. Er verfolgte die Gespräche zwischen den Händlern, den Anwälten und dem Beamten aber eines war sicher: Für einige Menschen würde es kein gutes Ende nehmen.

Ein paar Wochen später überreichte Brad Marie einen Umschlag mit dem Namen und der Adresse eines KBI-Agenten auf der Vorderseite und seine Anweisungen erschreckten sie zu Tode.

Er blickte in ihre wunderschönen blauen Augen, als er ihr den braunen Umschlag in die kleine Hand legte. „Nimm diesen Umschlag und bewahre ihn an einem sicheren Ort auf. Wenn ich nach diesem Wochenende nicht nach Hause komme oder dich nicht anrufe, bringe ihn zur Adresse auf dem Umschlag." Er gab ihr einen Abschiedskuss und machte sich an die Arbeit.

Er kam nach einem langen Wochenende nach Hause und Marie hatte keine Ahnung, wo er gewesen war. Sie wartete ein wenig und fragte nach dem Umschlag und ob alles in Ordnung sei. Brad versicherte ihr nur, dass alles in Ordnung sei, und sie gingen ihrem Tag nach.

Ein paar kurze Nächte später wurde er in die Staatsanwaltschaft gerufen. Brad fand es seltsam, da sie normalerweise nachts nicht arbeiten. Die Haare standen ihm im Nacken, als er in der mondlosen Nacht über den Parkplatz ging und dem Grillengezwitscher draußen lauschte. Als er sich dem Eingang des Gebäudes näherte, bemerkte er den Polizeichef, der auf der anderen Seite der Glastüren stand.

Der Chief stand trotz der späten Stunde in seinem dunklen Anzug aufrecht da und sagte: „Wir haben ein Problem, White, der von Ihnen identifizierte Anwalt der Drug Task Force wurde erschossen."

Brads Gesichtsausdruck veränderte sich sofort zu Besorgnis und der Chief fuhr fort. „Er wird überleben, aber irgendetwas scheint nicht zu stimmen."

Brad hörte aufmerksam zu, während der Chef weitere Informationen weitergab. Der Anwalt war nur wenige Stunden zuvor auf einer Landstraße in der Nähe von Riley, Kansas, erschossen worden. Das Auto wurde mit mehreren Schüssen in der Motorhaube und Windschutzscheibe gefunden und der Fahrer wurde mit einem Krankenwagen ins Krankenhaus gebracht. KBI-Agenten interviewten ihn während ihres Gesprächs in einem privaten Krankenzimmer.

Sie erfuhren bald, dass der verletzte Anwalt tatsächlich Geld aus den Drogenbeschlagnahmungen abschöpfte. Aufgrund seiner Kokainsucht schloss er Geschäfte mit den Dealern ab, die eigentlich verhaftet werden sollten. Zwei Händler hatten die Schießerei auf das Auto des Anwalts inszeniert und es wurde als versuchter HIT gemeldet. Um es realistisch erscheinen zu lassen, könnte es sich um einen Unfall gehandelt haben, oder vielleicht war es wirklich ein Versuch, den Anwalt zum Schweigen zu bringen aber die Schüsse waren bis auf einen Schuss auf die gesamte Windschutzscheibe gerichtet. Dieser eine Schuss war ein direkter Schuss in den Bereich des Fahrers und der Anwalt wurde getroffen. Ein Einschussloch in seiner Jacke und ein weiteres in der Brieftasche, die er in seiner Tasche trug, zeigten den Weg. Die Patrone, eine 22, steckte im Abzeichen und verhinderte erstaunlicherweise, dass die Kugel ihn tödlich in der Brust traf.

Normalerweise erhält ein Anwalt keinen Ausweis, aber der Anwalt der Task Force war so oft an Tatorten, dass er darauf bestand, einen Ausweis zu haben, um sich offizieller zu machen. Ob dies Zufall war oder Teil eines langfristigen Plans, wird niemand erfahren, aber so oder so machte es ihm Angst und es dauerte nicht lange, bis er anfing zu reden. Er veröffentlichte die Namen aller beteiligten Personen und ihre Rolle, wobei alle Teile zusammenpassten.

Brad war erfreut, als er erfuhr, dass der Beamte und der Richter keine Ahnung von der Komplexität der Diebstähle und des Drogenkonsums zu haben schienen und am Ende wurden sie von jeglicher Beteiligung an dem Verbrechen freigesprochen. Anschließend wurde den Anwälten die Zulassung entzogen und sie arbeiten derzeit als Privatanwälte ohne Zulassung im Bundesstaat Kansas.

Als Brads Privatleben zu blühen begann, arbeitete er mit einem neuen Partner zusammen, der besser bekannt war als „Smokey“, weil er immer eine Zigarette in der Hand hatte.

Mit einem warmen Lächeln und freundlichen braunen Augen, war Smokey ein erfahrener Offizier mit Hintergrund bei der Militärpolizei, der über alles informiert war. Er hatte ein Gespür dafür, mit der Jugend und anderen zu sprechen, mit einer zugänglichen Energie, die es den Menschen ermöglichte, sich ihm zu öffnen. Brad brauchte ein wenig Beobachtungszeit, um sein Geheimnis zu erfahren. Smokey weigerte sich, die Leute herabzuwürdigen. Im Gegensatz zu vielen anderen Polizisten ging Smokey auf Augenhöhe mit den Menschen um. Er behandelte jeden gleich und obwohl er

Sanft, verständnisvoll und einfühlsam war, hatte er eine tiefe, raue Stimme, die immer noch fest war und fast Respekt einflößte. Brad lernte diese Zuhörfähigkeit auch, um seine Kommunikation mit den Menschen in der Gemeinde zu verbessern und erinnerte sich an Smokeys Stimme, die ihm sagte: *„Halt einfach die Klappe und hör zu.“*

Obwohl Brad es hasste, in Smokeys Auto zu fahren, weil er rauchte, wusste er, dass Smokey einer der außergewöhnlichsten Beamten war, mit denen man Anrufe am besten beantworten konnte. Wenn man mit Smokey telefonierten, wusste man, dass die Situation angemessen deeskaliert werden würde, wenn sich nichts änderte, was andere Reaktionstaktiken benötigte.

Im Frühsommer 1995 stand Brad auf und begann vor seiner Schicht mit seiner gewohnten Routine. Als er sich auf die Arbeit vorbereitete, konnte er nicht anders, als dieses Gefühl der Vorahnung zu spüren, das ihn umgab. Die Luft fühlte sich dick und schwer an und in der Tiefe hing ein zunehmendes Gefühl der Angst. Brad war besorgt und hoffte, dass er darauf vorbereitet sein würde, was auch immer es sein mochte. Aber als er bei der Arbeit ankam, schien sich das Gefühl zu verstärken, es lag eine feierliche Atmosphäre in der Luft, keine fröhliche Begrüßung, der Chef war nicht in seinem Büro und, was am wichtigsten war, Smokey hatte nicht seine normale Schachtel Donuts für die Jungs im Revier auf dem Schreibtisch liegen lassen.

Brad ging zu seinem Schreibtisch aber als er sich setzte, kam sein Kumpel Dennis mit ernstem Gesicht auf ihn zu und sagte: *„Es ist Smokey.“*

Er wusste, dass dies die Angst war, die er in seinem Magen verspürte, bevor er ins Büro kam. Bevor er fragen konnte, was passiert sei, sagte Dennis: *„Er ist heute Morgen nicht zur Arbeit erschienen also haben wir einen Beamten zu ihm nach Hause geschickt, um nach ihm zu sehen. Wir haben ihn heute Morgen tot aufgefunden, sie glauben, es war ein Schlaganfall.“*

Brads Herz sank tief in seinen Magen und er drehte sich zu Smokeys leerem Sitz um, der normalerweise von Rauch umgeben war und um den herum das raue Lachen von Smokey zu hören war. Jetzt war es nur noch ein schwarzes Loch, nur die klaffende Abwesenheit seines Freundes und Mentors und er wusste, dass dieses Loch nie wieder wie zuvor gefüllt werden würde.

Der Trauerzug fand am nächsten Tag statt. Beamte mit dem schwarzen Band auf ihrem Abzeichen trugen seinen Sarg über das leuchtend grüne Gras. Mit seiner Verlobten Marie am Arm wurde Brad bei der Beerdigung voller Beamter, die über ihre Moral und die Kosten des Jobs nachdachten, mit dem eindringlichen Klang von Dudelsäcken vertraut gemacht.

Brad hielt seine Gefühle im Zaum, als er zusah, wie der Sarg seines Mentors in die Erde versenkt und mit militärischen Ehren begraben wurde. Ein Beamter nach dem anderen, der Smokey kannte, kam voller Emotionen und erzählte mit seinen letzten Worten an seinen Bruder in Blau, wie Smokey ihr Leben berührt hatte. Die Prozession endete mit Dudelsäcken und 21 Salutschüssen.

Nach Smokeys Beerdigung schwieg Marie fast zwei Tage lang. Ihre Hochzeit würde bald stattfinden und dies war das erste Mal, dass sie aus erster Hand sah, wie gefährlich der Job ihres zukünftigen Mannes war. Sie begann darüber nachzudenken, wie das Leben als Ehefrau eines Polizisten wirklich aussehen würde. Sie hatte zwei eigene Kinder, an die sie denken musste, und sie hätte nie gedacht, dass sie sich in einer Million Jahren in einen Soldaten oder einen Polizisten verlieben würde und sie hatte beides in einem Mann. War sie bereit für die Herausforderung? Um eine dauerhafte Beziehung zu einem Polizisten zu haben, bedarf es eines ausgeprägten Verständnisses und die Fähigkeit, mit dem Ballast umzugehen, der mit dieser Karriere einherging.

Der Tag der Hochzeit rückte näher. Marie und Brad haben geschworen, einander für immer und ewig zu bewahren. So wie Brad ihre beiden Kinder Lee und Joy als seine eigenen akzeptierte, akzeptierte Marie Anne

(aus Brads früherer Ehe) als ihre eigene und sie wurden eine neue Familie.

Sein Privatleben wurde schließlich so, wie er es sich vorgestellt hatte, mit seiner großartigen Familie an seiner Seite. Das Leben gab ihm endlich die Balance, die er in seinem Privat- und Berufsleben suchte.

Kurz darauf erhielt Brad ein Angebot von der Polizei des Riley County. Er war bereit, in einer neuen beruflichen Rolle in die nächste Phase seines Lebens überzugehen. Er nahm die Herausforderung energisch an.

KAPITEL 3
DER AUFBAU EINER KARRIERE

Brads Arbeit beim RCPD begann wie bei jedem anderen neu eingestellten Beamten. Er hatte Erfahrung auf dem Buckel aber er musste seinen Beitrag in der neuen Abteilung leisten, bevor er aufsteigen konnte. Er war bereit, diese Rolle mit der gleichen Leidenschaft und Entschlossenheit zu übernehmen wie zuvor. Er war bereit, seinen Beitrag zu leisten und zu beweisen, dass er für den nächsten Schritt in seiner Karriere bereit war

Am Morgen seiner ersten Schicht wurde er erneut zu einer Besprechung in das Büro des Direktors gerufen. Der Direktor ähnelte einem Häuptling, wurde jedoch von einem Anwaltsgremium und nicht von der Bevölkerung des Kreises gewählt. Der Direktor, ein Mann Ende 60 mit leicht zerknittertem Anzug, blickte Brad mit hochgezogener weißer Augenbraue an, als er das Büro betrat.

„Guten Morgen, Sir, Officer Brad White, ich melde mich wie gewünscht." Der Direktor stand auf und schüttelte ihm die Hand.

„Ja, White. Es ist schön, Sie an Bord zu haben. Nehmen Sie Platz."

Brad saß aufmerksam auf dem Stuhl vor dem Schreibtisch, nachdem der Direktor sich auf seinen Stuhl gesetzt hatte. Der Direktor begann mit einer kurzen Einführung, bevor er darauf einging, was von Brad in dieser Abteilung erwartet wird.

„Also werde ich auf Patrouille sein?“, stellte Brad klar, als der Direktor fertig war. Brad hatte es auf den Posten des Detectives abgesehen und das RCPD wusste dies. Er war voll und ganz dafür, seinen Beitrag zu leisten, er respektierte den Prozess aber er wollte nicht lange auf Patrouille bleiben, wenn er etwas dagegen tun konnte.

„Erstmal ja. Wir vermitteln Ihnen einen erfahrenen Officer, Art Johnston.“ Der Direktor nickte jemandem durch das Fenster zu und die Tür öffnete sich und bald kam ein großer, fitter Mann in einer frischen Uniform herein, nickte Brad zu und blieb dann an der Tür stehen.

„Brad, ich möchte Ihnen Ihren Ausbildungsofficer Art Johnston vorstellen“, sagte der Direktor und nachdem sich die Männer die Hände geschüttelt und sich kennengelernt hatten, wurde Brad über seine neue Rolle informiert und er und sein neuer Partner machten sich auf den Weg, um sich mit der Patrouillenabteilung vertraut zu machen.

Brad erfuhr, dass Art ein ganz netter Kerl war jedoch hatte er eine sehr verbitterte Einstellung gegenüber der Politik, die mit der Strafverfolgung verbunden ist. Brad, jetzt in einer viel größeren Behörde, wurde auch bald klar, dass die meisten Menschen nicht verstehen, wie die Polizei nach jeder Tat und jedem Wort, das sie sagen, beurteilt wird.

Der Mangel an Mobiltelefonen führte zu dieser Zeit dazu, dass im Gegensatz zu heutigen Beschwerden kaum oder gar keine Aufnahmen von Situationen gemacht wurden. Bei den Beschwerden handelte es sich häufig um körperliche Beschwerden über die Anwendung von Gewalt oder die mangelnde Freundlichkeit der Beamten. Die Polizei galt automatisch als schuldig, bis bewiesen wurde, dass sie nicht für die Tat verantwortlich war oder bis sie aus ihrer Perspektive ihr Handeln rechtfertigten. Die meisten dieser Beschwerden endeten damit, dass der Beamte gezwungen wurde, einen beliebigen Tag ohne Bezahlung frei zu nehmen oder verdienten Urlaub zu nutzen, um die freie Zeit zu überbrücken. Es war eine große Verantwortung, sich von den Beschwerdebriefen fernzuhalten und dies führte zu einer Disziplinierung der Truppe, die sicherstellt, dass der von ihnen erwartete Verhaltenskodex eingehalten wird. Aus diesem Grund wurde Art von der Verwaltung mehrmals ermahnt.

Typischerweise dauert Brads Erstausbildung einige Monate, mit einem Test am Ende jedes Ausbildungsabschnitts, um sicherzustellen, dass der neue Rekrut für die selbstständige Tätigkeit qualifiziert ist. Die Rekruten mussten sich auf Landesgesetze, Stadt- und Gemeindegesetze, Kreisverordnungen sowie den Einsatz des Gewaltkontinuums, geografischer Orientierungspunkte und Karten testen. Brad hielt sich immer für einen Mann der Moral aber er forderte das System heraus und verlangte, das Training nach nur zwei Wochen abzubrechen.

Brad wandte sich nach seinen Tests an Art: *„Tut mir leid, Art, aber das ist alles, was ich ertragen kann. Ich muss alleine unterwegs sein und die Fälle auf meine Weise bearbeiten“*, sagte er, als er wegging.

Brad hatte Schwierigkeiten, sich in der Stadt Manhattan, Kansas, zurechtzufinden, da diese dreimal so groß war wie Junction City. RCPD war einzigartig, da sich die Städte im Landkreis zusammengeschlossen hatten und beschlossen hatten, anstelle kleinerer Abteilungen eine landesweite Polizeibehörde zu bilden. Damit war die Riley County Police Department die erste konsolidierte und akkreditierte Polizeibehörde im Bundesstaat Kansas.

Neben der Patrouillenarbeit in einer viel größeren Stadt hatte er auch kleinere Städte und ländliche Gebiete zu seinem Einsatz. Brad war aufgeregt und ehrgeizig und bereit, sein neues Territorium zu erobern.

Brad hatte ursprünglich versucht, die Gebiete zu kartieren, aber angesichts der überwältigenden Größenunterschiede entschied er sich, den größten Teil des geografischen Schwerpunkts zu überspringen und ging zu etwas über, das ihm viel besser gefiel. Bald stellte er fest, dass er die Menschen in den Kleinstädten, den Trubel und die Hektik Manhattans vorzog und er meldete sich oft freiwillig für Patrouilleneinsätze in den kleinen umliegenden Städten Ogden, Riley und Leonardville.

Das Tempo, das er bei JCPD begonnen hatte, übertrug sich bald auf Riley County und er war nicht nur mit den Arbeitsaufgaben zufrieden, sondern wollte auch mit der Gemeinschaft interagieren.

Dafür wurde er geboren. Er stieg oft aus seinem Streifenwagen, spazierte durch die kleinen Viertel und spielte mit den Kindern Basketball. Familien luden ihn zu Grillpartys und Zusammenkünften ein. Er nutzte die Community-Strategie, die er von Smokey gelernt hatte, um mehr darüber zu erfahren, wer in Schwierigkeiten geriet, ohne die Polizei einzuschalten.

Bald begann Brad eine neue Schicht unter einem neuen Sergeant mit dem Verhalten eines alten

Landjungen zu arbeiten, SGT Joe Beck. Joe war Smokey sehr ähnlich. Er war wegen seiner ruhigen Art im Umgang mit Menschen beliebt und respektiert. Er gewann neues Vertrauen zu Joe und Brad lernte immer mehr daraus, wie er mit Situationen umging und mit Menschen sprach.

Brad wurde 1998 erneut mit der harten Realität der Gefahren seines Jobs konfrontiert, als er eine Kneipenschlägerei beendete, bei der Joe eine Bierflasche an den Kopf schlug. Obwohl es ihm gut ging und er den Rest seiner Schicht weitermachen konnte, wurde Joe wenige Tage später tot in seinem Landhaus aufgefunden, einen Stiefel an seinem Fuß, halb bereit für die Arbeit. Später stellte sich heraus, dass er auf dem Weg zur Arbeit einem Schlaganfall erlag. Niemand wusste wirklich, ob es an natürlichen Ursachen lag oder an der Bierflasche, die ein paar Tage zuvor an den Kopf gestoßen war.

Er hatte den Tod schon einmal gesehen, und er würde den Tod wieder sehen aber als es ein Bruder in Blau war, konnte er die wahre Härte der Gefahren seines Jobs nur schwer aus seinem Kopf verbannen. Er versuchte es in die Ecke zu schieben, wie eine kleine Kiste in seinem Hinterkopf, die im Dienst verschlossen blieb. Die Erinnerungen an einen verlorenen Freund, einen Mentor, die Gedanken an Moral blieben manchmal dort, in dieser Kiste im Hinterkopf, bedeckt mit Spinnweben, weil er sie so lange zurückgedrängt hatte.

Seit Smokeys Tod ist es nun wieder geöffnet und seine Sorgen überschwemmten ihn erneut. Er musste an seine Frau und seine Kinder zu Hause denken. Sie brauchten ihn und er war entschlossen, weiterzumachen.

Kurz nach Joes Tod begab er sich erneut auf die Jagd nach dem Adrenalin, das die Festnahme von Verdächtigen mit sich bringt.

Er und ein Kollege, Troy, stellten sich täglich einer Herausforderung und wer den größten Fall vorbringen konnte oder die meisten Verhaftungen in einer einzigen Schicht hatte, gewann. Brad und Troy würden sich eine Liste der ausstehenden Haftbefehle in den ihnen zugewiesenen Gebieten besorgen und sich dann auf die Suche machen. Die Haftbefehlsabteilung war dafür verantwortlich, sie tagsüber zu finden und den Beamten Informationen zu geben, damit sie nachts nach ihnen suchen konnten. Wenn die Schicht, abgesehen von regelmäßigen Anrufen, ruhig war, machten sich Troy und Brad auf den Weg und holten jeweils zwei bis vier Leute mit ausstehenden Haftbefehlen ab. Bald wurde Brad klar, dass es ihm einen großen Fall bescheren würde, wenn er den Ereignissen auf der Straße Aufmerksamkeit schenkte. Ein besonderer Vorfall in einer ländlichen Gegend brachte ihn ins Blickfeld der Ermittlungsabteilung.

(Kansas wilde Marihuanafelder)

Wildes Marihuana wuchs in allen Gegenden der Umgebung. Die Eisenbahnschienen des Landes wurden zerstört, und Drogendealer aus der ganzen Welt kamen in diese Gebiete, um die wilden Marihuana-Knospen zu pflücken. Sie würden das Grabenkraut zum Mischen mit ihrem regulären Produkt verwenden, um ihren Ertrag und ihre Gewinnspanne zu erhöhen. Zu viel Gras würde die Leute eher krank als high machen, aber hier ging es nur um Profit.

Brad war in der Nähe des Einkaufszentrums in Manhattan auf Patrouille gewesen, als sein Blick auf ein schwarzes Auto mit einem Papieranhänger fiel, das Musik in die stille Stille des Morgens dröhnte. Manhattan hatte eine Verordnung gegen laute Musik erlassen und Brad geriet in Alarmbereitschaft, als er dem Fahrzeug folgte. Darin befanden sich ein junger männlicher Fahrer und zwei junge weibliche Passagiere. Als er hinter dem schwarzen Auto herfuhr, schien etwas mit dem Papieranhänger nicht zu stimmen und es schien, als ob das Datum geändert worden wäre. Brad schaltete sein Rot- und Blaulicht an und wies das Auto an, am Eingang des Parkplatzes des Einkaufszentrums anzuhalten, um Verkehrsbehinderungen zu vermeiden. Brad stieg langsam aus seinem Streifenwagen und näherte sich dem Fahrzeug. Er bemerkte zerkratzte Farbe an der Stoßstange und eine Delle an der Beifahrertür, als wäre der Fahrer kein sehr vorsichtiger Fahrer. Er näherte sich der Fahrerseite und bedeutete dem Mann, das Fenster herunterzukurbeln.

Bevor Brad anfangen konnte, nach einem Führerschein und einer Registrierung zu fragen, wurde er vom überwältigenden Marihuana-Geruch begrüßt, der aus dem Auto drang. Er trat sofort zurück und legte instinktiv seine Hand auf sein Holster. *„Bitte steigen Sie aus dem Fahrzeug, Sir.“*

Brad trat langsam von dem Fahrzeug zurück, als der Fahrer ausstieg, wobei eine selbstgedrehte Zigarette auf den Boden fiel. Brad sagte: *„Gehen Sie langsam hinaus und legen Sie Ihre Hände auf Ihren Kopf.“*

Er hielt den Fahrer fest, groß und dürr. Sein weißes, übergroßes Hemd stank nach Marihuana und Brad setzte ihn auf den Bordstein, um mit den Passagieren fortzufahren. Als er sich dem Fahrzeug wieder näherte, bemerkte er, dass die beiden Teenager-Mädchen nicht älter als sechzehn Jahre waren. Sie sahen verängstigt und leicht desorientiert aus und schienen keinen Bezug zur Situation zu haben. Er entfernte sie aus dem Fahrzeug und setzte sie auf den Bordstein, damit er das Fahrzeug durchsuchen konnte. Außer dem, was dem Fahrer direkt vor die Füße fiel, befanden sich im Fahrzeug keinerlei Utensilien.

Nachdem die Mädchen identifiziert worden waren, wurden sie freigelassen aber Brad begleitete den Fahrer zum Bezirksgefängnis, um den Buchungsprozess durchzuführen. Der Fahrer änderte jedes Mal, wenn Brad nach seinem fehlenden Führerschein fragte, seine Informationen und änderte seine Geschichte und sogar seinen Namen. Bald darauf traf ein Detective ein, der den Fall übernahm und Brad konnte wieder seinen Pflichten nachgehen.

Sobald Brad in sein Auto stieg, entschied er, dass die beste Vorgehensweise darin bestünde, zum Ort der Festnahme zurückzukehren, bevor der Abschleppwagen das Auto wegbrachte. Brad sah das Auto sofort

Er hielt am Eingang, dankbar, dass sie das Auto noch nicht abgeschleppt hatten. Er machte eine zweite Durchsuchung des Fahrzeugs, als etwas seine Aufmerksamkeit erregte: ein College-Ausweis der Kansas State University unter dem Beifahrersitz. Der Vormittag war fortgeschritten und mit der Zeit war es in der Gegend immer belebter geworden aber Brad versuchte, den Lärm der Käufer und Autos um ihn herum auszublenden, zog den Ausweis mit seiner

Pinzette heraus und untersuchte ihn im Licht. Er steckte die Beweise in eine Tasche und bat die Leitstelle, die Karte zu prüfen. Dabei stellte er fest, dass der Ausweis vor einiger Zeit als gestohlen gemeldet worden war und beschloss, zum Fahrer im Gefängnis zurückzukehren.

Als er das Revier erreichte, begab sich Brad schnurstracks in den Verhörbereich, um zu sehen, ob er den Detective finden konnte. Als er um die Ecke bog, sah er den jungen Mann im dunklen Anzug von vorhin vor einer Tür stehen und einige Unterlagen ausfüllen.

„Entschuldigen Sie, Detective, ich bin Officer White", sagte Brad, als er näher kam.

Entschlossen schüttelte er dem Detective die Hand und antwortete: *„Ich erinnere mich, ich bin Detective Rich Fleck."*

„Haben Sie schon herausgefunden, wer er ist?", fragte Brad und überreichte dem Detektiv den Ausweis in der Beweismitteltasche.

„Das habe ich in seinem Auto gefunden, unter dem Sitz. Er wurde gestohlen, ein Student hat es vor einiger Zeit gemeldet."

Die scharfen grünen Augen des Detectives studierten den Ausweis und die Falten zwischen seinen dunklen Brauen vertieften sich.

„Hmmm ... In letzter Zeit gab es in Aggieville eine Zunahme der Berichte über verlorene und gestohlene Ausweise." Brads Geist stellte sich

sofort das vielbeschäftigte Paar vor Häuserblocks außerhalb der Kansas State University, die eine Vielzahl von Bars, Restaurants und Geschäften beherbergten.

„Stört es Sie, wenn ich mit dem Verdächtigen spreche, Detective?“, fragte Brad.

Der Detektiv zuckte mit den Schultern und öffnete die Tür und Brad betrat den schlichten Raum. Seine blaue Streifenuniform wirkte neben dem mattschwarzen Anzug des Detective fast hell. Der Detective folgte ihm nicht in den Verhörraum.

Brad hörte das leise Klicken des Riegels, als sich die Tür schloss. Brad blickte den jungen Mann aus dem Auto an, der gebeugt auf dem Stuhl saß und kleiner und jünger aussah als zuvor. Blutunterlaufene goldbraune Augen huschten durch sein struppiges braunes Haar, als er versuchte, Brad ruhig anzusehen. Der junge Mann schien etwas tiefer auf Plastikstuhl zu kauern, gefesselte Hände auf seinem Schoß. Brad saß dem Verdächtigen gegenüber und ignorierte den Blick des Detectives hinter der Glasscheibe, der ihn beobachtete, als er begann, den Verdächtigen zu verhören. Der junge Mann log weiterhin über seinen Namen und seine Informationen und das Einzige, was Brad überhaupt für wahr hielt, war, dass er aus Corpus Christi, Texas, in diese Gegend gezogen war.

„Nun, wenn Sie mir keine Informationen liefern können, die ich überprüfen kann, werde ich Ihre Fingerabdrücke nehmen“, erklärte Brad, während er sich einen Tintenstempel und eine

Druckkarte schnappte. Nachdem Brad die Fingerabdrücke des Mannes aufgenommen hatte, wies er ihn an, dort zu bleiben und ging dem wartenden Detektiv vor der Tür entgegen.

Sie schickten die Abdrücke umgehend zur Überprüfung an das Corpus Christi Police Department in Texas und erhielten ein gefaxtes Foto, das bei der CCPD gespeichert war. Das Bild half nicht viel, da das Faxgerät an der Stelle, an der das Bild hätte sein sollen, einen Klecks erzeugt hatte.

Brad kehrte zurück, um den Verdächtigen weiter zu verhören. Der Verdächtige bestand auf den Namen, welcher er ihm genannt hatte, auch wenn er mit seinen gefesselten Händen auf dem zerkratzten Tisch vor ihm herumzappelte und klopfte.

„Es ist mein Name und ich kann es beweisen“, sagte er, als er seine gefesselten Hände hinter seinen Kopf streckte und begann, sein übergroßes Hemd hinten hochzuziehen.

„Ich habe es auf meinen Rücken tätowiert.“

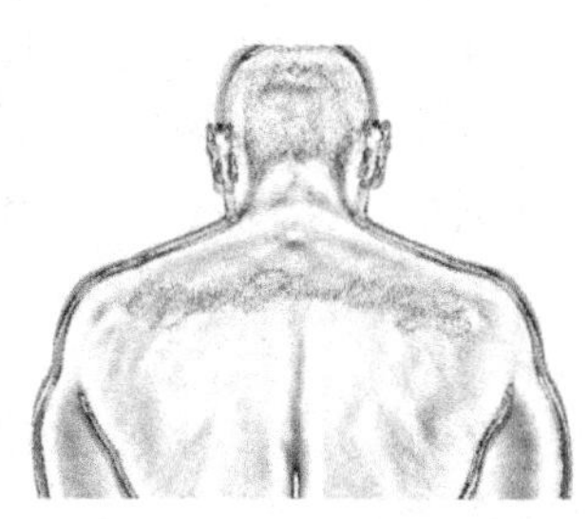

Brad stand auf und ging hinter den Mann und der Name war in großen Blockbuchstaben auf seinem oberen Rücken zu lesen. Brad holte sein kleines Notizbuch und seinen Stift heraus und machte sich Notizen, um sie mit Detective Fleck zu teilen.

Tage später stellten sie fest, dass es sich bei dem Verdächtigen, den Brad in dem Fahrzeug festgenommen hatte, um ein Bandenmitglied in Texas handelte, das verdächtigt wurde, Drogen nach Nebraska hin und her zu schmuggeln. Detective Fleck lud Brad ein, gemeinsam mit ihm an den Spuren zu arbeiten und bald konnten sie Mitglieder der Bande ausfindig machen, die als Türsteher in den örtlichen Bars arbeiteten. Sie würden den Studenten, die die Bars besuchen, die Ausweise stehlen und gefälschte Identitäten erstellen

Brad und Detective Fleck arbeiteten weiter an allen beteiligten Hinweisen, doch am Ende endete die Sache in einer Sackgasse. Nach ein paar Tagen stellten sie fest, dass Bandenmitglieder die gestohlenen Identitäten nutzten, um Bankkonten einzurichten, Autos zu mieten, Wohnungen zu leasen und an Lagerräume zu gelangen. Brad beschäftigte sich weiterhin mit dem Schleifstein des Falles und stellte fest, dass eine der Lagereinheiten mit einer der gestohlenen Identitäten in Verbindung gebracht wurde.

Vorfreude erfüllte die Atmosphäre im Auto, als Brad mit Detective Fleck zum Lagerraum fuhr, wohl wissend, dass dies ein großer Durchbruch in dem Fall sein würde. Als sie sich Zugang zur Einheit verschafften und die Tür öffneten, entdeckten sie große Mengen Methamphetamin und Marihuana, die zwischen Texas und den nördlichen Bundesstaaten transportiert wurden.

Es war nicht einfach, der gesamten Operation ein Ende zu setzen aber Brad arbeitete weiterhin fleißig mit Detective Fleck zusammen, um den Job zu Ende zu bringen. Es gelang ihnen schließlich, in mehreren Bundesstaaten überzeugende Argumente gegen alle Bandenmitglieder vorzubringen und die gesamte Pipeline zu schließen, als sie fertig war.

Die harte Arbeit und die schnelle Auffassungsgabe, die Brad während der Ermittlungen an den Tag legte, verschafften ihm den nötigen Fuß in die Tür, den er brauchte, um den nächsten Schritt in seiner Karriere zu machen. Nach ein paar Jahren gelang es ihm, Ermittlungen im Bereich Wirtschaftskriminalität einzuleiten.

Schließlich fand er etwas, das ihn mehr begeisterte als die Verbrechen. Er entdeckte die Kriminalitätsanalytik durch Technologieforschung. Brad liebte es, Fakten aufzudecken und anhand unbestreitbarer Papierspuren Hinweise zu formulieren. Seit 1983 war er weiterhin fasziniert von Computern und lernte immer mehr über Codierung/Programmierung, je mehr sie Teil der Welt wurde. Bald erhielt Brad eine Rolle als eine der ersten High-Tech-Kriminalermittlungseinheiten des Staates.

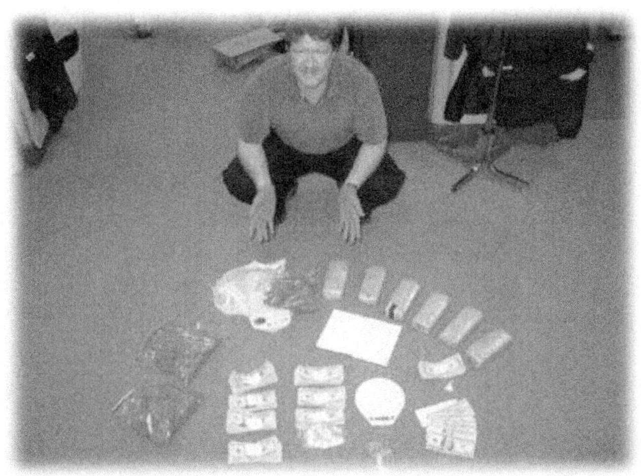

Das Ende des Jahres 1999 brachte Brad viele großartige Möglichkeiten und die Erfüllung, die er sowohl in seinem Privat- als auch in seinem Berufsleben suchte. Er arbeitete mit dem Regional Computer Forensics Lab in Kansas City zusammen, einem großartigen Team aus Ermittlern und Computertechnikern. Gemeinsam erstellten sie Protokolle für die Sammlung von Beweisen und die Untersuchung von Verbrechen in diesem neuen Bereich, den sie Internet nannten.

KAPITEL 4
DER TOD VON OLIVE STUMPP

Im Winter herrscht hier Ruhe, doch wenn man sich mitten in der verschneiten Stille befindet, herrscht oft ein Gefühl düsterer Finsternis. Die Bäume sind kahl, die Tiere sind ruhig, die Menschen sind vor der Kälte geschützt und die Welt ist ohne jegliche normale Lebendigkeit, mit schwarzen und weißen Decken ohne jegliches Lebenszeichen. Vielleicht war die Aufregung des Ganzen der Grund dafür, dass der tiefste Winter eine Welle von Verbrechen in den Bezirk gebracht hatte, aber eines war sicher: Es handelte sich nicht nur um Bagatelldelikte, sondern um einige der abscheulichsten Verbrechen, die in der Geschichte des Bezirks verzeichnet wurden.

Marvin Stumpp war Busfahrer im Schulbezirk Leonardville, Kansas. Um 06:37 Uhr, an einem verschneiten Dezembermorgen, rollte sich Marvin aus seinem warmen Bett neben seiner schlafenden Frau küsste sie schnell auf die Stirn, deckte ihren rosa geblümten Pyjama mit der Decke zu und machte sich dann für die Arbeit in der bitteren Kälte des Kansas-Winters bereit. Er balancierte seinen Kaffee in einer Hand, während er mit der anderen den Riegel seiner Hintertür verriegelte und lächelte über die Weihnachtsbeleuchtung, die durch das Fenster der Vordertür schien. Er freute sich auf die bald beginnenden Schulferien, damit er mit seiner Frau ausschlafen konnte.

Marvin knirschte durch den Schnee, startete den Schulbus und wartete ein paar Minuten, bis alles warm war, bevor er sich auf den Weg machte, um seine Kinder für den Tag abzuholen. Langsam und stetig, sagte er sich aber es bestand kein Grund, zurückzufallen. Er musste um 8:15 Uhr zurück sein, um Olive abzuholen, damit er sie zur Arbeit bei der Bank bringen konnte. Er machte ein paar Stopps und begrüßte unterwegs die Kinder. Seine Frau hatte sich vor Kurzem einer Knieoperation unterzogen und hatte noch immer Schwierigkeiten, sich fortzubewegen. Es gefiel ihm nicht, dass sie alleine zur Arbeit fuhr aber sie freute sich darauf, zurückzukommen.

Sie war oft schon auf halbem Weg zur Tür, um ihn zu begrüßen, wenn er von der Route zurückkam und ihr lächelndes Gesicht strahlte durch dasselbe Glasfenster, durch das er heute Morgen gelächelt hatte.

Als er kurz vor 08.15 Uhr nach Hause kam, warf er einen Blick durch das Türfenster, sah aber nicht das schöne Gesicht seiner Frau. Er stieg aus dem Bus, um zu sehen, ob sie fast fertig war und drehte seinen Kopf gegen den harten, stechenden Wind, der ihm ins Gesicht wehte. Er verzog das Gesicht, als er die Schuhabdrücke sah, die vom Feld bis zum Haus kamen und wollte dann die Tür aufschließen, als er feststellte, dass sie bereits aufgeschlossen war.

Als er die Fliesen im Vorraum betrat, wusste er, dass etwas nicht stimmte. Im Haus war es zu ruhig, wenn man bedachte, wie weit draußen auf dem Land sie lebten. Unangekündigte Gäste tauchen normalerweise nicht einfach auf. Sein Herz begann vor Angst zu hüpfen, er machte sich Sorgen, ob Olive gestürzt sein könnte.

„Olive", rief er.

Im Haus war es immer noch unheimlich still, nur das Summen der Heizung war im Hintergrund zu hören. Er ging durch das Haus, schaute in die Zimmer und rief ihren Namen aber sie war nirgends zu finden. Vielleicht musste sie heute früher zur Arbeit und er vergaß es. Hat einer ihrer Kollegen sie abgeholt?

Er eilte zum Telefon auf der Küchentheke und rief die Bank in der Stadt an. Sie würde eine Nachricht hinterlassen haben, wenn sich ihr Zeitplan geändert hätte und er musste sicher sein.

„Leonardville Bank", antwortete eine sanfte Frauenstimme. *„Ist Olive Stumpp bereits auf der Arbeit?"*, fragte Marvin. *„Nein, Sir"*, antwortete die sanfte Stimme.

„Sind Sie sich sicher?", fragte er und wurde von Sekunde zu Sekunde trauriger.

„Ja, Sir, sie ist die letzte Person, auf die wir heute warten." Marvin dankte der sanften Stimme und legte den Hörer auf.

Als er sich umdrehte, um noch einmal durch das Haus zu gehen, blieb sein Blick an der Kellertür hängen, die nicht ganz verschlossen war. Er wusste, dass sie im Allgemeinen nicht alleine dorthin gehen würde, da sie sich gerade einer Knieoperation unterzogen hatte und Treppen nicht erlaubt waren.

Er öffnete die Tür und wurde von kühler, stiller Dunkelheit empfangen. *„Olive?“*

Noch keine Antwort. Seine Augen waren nicht an die Dunkelheit gewöhnt. Marvin erinnerte sich an das Licht über ihm und zog an der Schnur.

Als er das Licht anschaltete, wäre er fast gestürzt, als er seine Frau auf einem Haufen am Boden des Betonbodens im Keller liegen sah, ein Schatten um sie herum. Ihr Gesicht sah nicht richtig aus und es sah nicht so aus, als würde sie atmen. Oh Gott, was hatte sie getan?, dachte er, als er sie erreichte und seine Hand auf ihren Mund legte, um zu sehen, ob sie atmete. Da war so viel Blut, dass er Hilfe holen musste und so schnell er konnte rannte er die Betontreppe wieder hinauf, schnappte sich das Telefon und wählte an diesem kalten Dezembermorgen im Jahr 1999 die Notrufnummer 911.

Eine sanfte Frauenstimme sagt in die Telefonleitung:

„911, was ist Ihr Notfall?“

„Ja, oh Gott, Marvin, Marvin Stumpp. Ich brauche Hilfe, oh bitte, bitte, ich glaube, meine Frau ist gestürzt. Ich weiß nicht. Ich glaube nicht, dass sie atmet.“

Die weibliche Stimme am anderen Ende der Leitung ist jetzt eindringlicher: *„Sir, sehen Sie, ob Sie einen Puls finden können. Wie lautet die Adresse dort? Wo sind Sie gerade?"*

Marvin Stumpp antwortete: *„Sie ist im Keller, bei uns zu Hause, da ist so viel Blut, oh Gott, da ist zu viel Blut, sie atmet nicht. Bitte beeilen Sie sich!"*

Officer Quinton, ein hochrangiger Beamter, der in der Gegend von North County lebte, wurde zur Residenz der Stumpps geschickt. Officer Quinton machte an diesem Tag seine Runde und fuhr durch die Stille der Wohnstraßen und bestaunte die Ruhe, die sich an diesem kalten, verschneiten Tag verbirgt. Es war ein ruhiger Morgen in einem Vorort der Stadt, und Officer Quinton war gerade bei der Durchfahrtsstraße vorbeigekommen, um einen heißen Kaffee zu trinken, um die Kälte zu vertreiben, die ihm in die Knochen gekrochen war. Sobald er jedoch in der Autoschlange an der Reihe war, erwachte das Funkgerät zum Leben und der Disponent gab die Einzelheiten für den Anruf bekannt.

Officer Quinton war mit der Nachbarschaft vertraut, da er oft in den kleinen Städten im Norden zur Arbeit eingesetzt wurde. Er lernte viele der dort lebenden Menschen kennen und es half ihm, über das Geschehen in der Gegend auf dem Laufenden zu bleiben, um vorbereitet und informiert zu sein. Als er die Adresse der Stumpps hörte, beschleunigte er schnell sein Tempo und raste mit dem Geräusch seiner Sirene zum Bauernhaus, um seine Sorge um das ältere Paar zu übertönen.

Er kannte die Adresse, da ihn viele Anwohner oft frühmorgens in den malerischen Straßen begrüßten, wenn Marvin Stumpp die Kinder zur Schule fuhr.

Als Officer Quinton das Haus erreichte, war der Krankenwagen noch nicht eingetroffen und alles schien zu ruhig zu sein. Er konnte etwas in der Luft spüren;

ein Gefühl des Verlustes umgab das Haus. Er stieg aus dem warmen Streifenwagen in die eiskalte Winterluft und zog mit seinen behandschuhten Händen seinen Mantel etwas enger, während er auf das Haus zuging. Seine schwarzen Arbeitsstiefel knirschten durch den gefrorenen Schnee und als er die Hintertür erreichte, flog sie auf und vor ihm stand ein offensichtlich verstörter Mann, dessen Gesicht blass war und dessen Stirn sich vor Sorge über dunkelgrauen Augenbrauen legte.

„Ich glaube, sie ist tot“, sagte Marvin mit brüchiger Stimme.

Officer Quinton beobachtete sein Gesicht und die Trauer war in den braunen, tränengefüllten Augen deutlich zu erkennen. Er nickte und ließ sich von ihm führen.

„Es hat wie jeder andere Tag begonnen. Ich habe ihr unzählige Male gesagt, sie solle nicht ohne mich nach unten gehen. Sie wurde am Knie operiert und konnte sich alleine nicht mehr gut fortbewegen.“ Marvin schien mit sich selbst zu reden , um die Stille mit dem Einzigen zu füllen, über das er sprechen konnte: die Ereignisse dieses Morgens.

„Es ging ihr einfach... ihr ging es gut, sie schlief, als ich ging. Ich weiß nicht, warum sie jemals ... in den Keller gehen sollte.“ Seine Schultern zitterten und sein Kopf hing nach unten.

Faltige Hände bedeckten sein Gesicht, als seine Stimme beim letzten Wort brach. Die Fassade, die er baute, dass alles gut werden würde, brach auf, als sie die Kellertür erreichten. Marvin streckte langsam die Hand aus und drehte den Messingknopf zu den Holzstufen, die in den Keller darunter führten. Die beiden Männer gingen einer nach dem anderen die Stufen hinunter, und der Blutgestank um sie herum wurde immer dichter, je näher sie dem nun kalten Körper kamen.

Als sie schließlich das Ende der Treppe erreichten, sah Officer Quinton sie. Olive Stumpp lag mit dem Gesicht nach oben, umgeben von einer Lache purpurnen Blutes und der Riss in Marvins Fassade vertiefte sich und verschwand dann, als er auf dem Gesicht des Beamten die Bestätigung des Todes seiner Frau las.

Marvin erzählte Officer Quinton von dem Morgen, bis er 911 gewählt hatte. „Das nächste, woran ich mich erinnere, ist, dass Sie an die Tür geklopft haben. Ich wusste nicht, was ich sonst tun sollte. Ich war einfach nur...hier..."

Officer Quinton nickte mitfühlend und legte tröstend seine behandschuhte Hand sanft auf die Schulter des älteren Herrn.

Dann richtete er seine Aufmerksamkeit auf den Grund, wofür er dort war: der blasse, leblose Körper auf dem kalten Betonboden. Das Blut, das sich um sie herum sammelte

War erstarrt, der Geruch war ekelerregend, obwohl Officer Quinton keinerlei Anzeichen dafür zeigte, dass er ihn störte. Sein Gesicht war ausdruckslos, abgesehen von der Traurigkeit, die direkt hinter seinen Augen saß, als er seine Handschuhe auswechselte und sich vorsichtig neben sie hockte. Seine behandschuhten Hände umfassten ihr blasses, steifes Handgelenk und versuchten, den Puls zu ertasten, der wahrscheinlich schon seit einiger Zeit gestoppt war. Er betrachtete das dunkle Blut und die blassgraue Farbe ihres Gesichts, alles deutete darauf hin, dass sie wahrscheinlich schon seit einiger Zeit auf dem Boden lag und bei ihrem Sturz ihren Verletzungen erlegen war.

Officer Quinton richtete sich wieder auf seine vollen 1,80 m auf, ging auf Marvin zu: *„Der Krankenwagen ist unterwegs"*, und drehte sich wieder zu Olive um.

Sie lag auf dem harten Betonboden. Ihre Beine waren in einer unnatürlichen Position ein Bein unter das andere gebeugt, bekleidet mit einer schwarzen Stretchhose, der grüne Weihnachtspullover war hinten nun blutgetränkt.

„Ich weiß nicht, warum sie hier unten sein sollte oder warum sie diese Hosen tragen würde.“ Marvin murmelte scheinbar zu niemandem.

Quinton drehte sich um und sah ihn fragend an. *„Was meinen Sie?"* Neugierig hob er eine dunkelgraue Augenbraue.

„Olive trägt diese Hose nur, wenn jemand an der Tür ist. Sie würde niemals im Pyjama die Tür öffnen.“ Marvin schüttelte verwirrt den Kopf.

Obwohl sie möglicherweise die Treppe hinuntergefallen ist, ist es möglich, dass sie vor dem Unfall jemanden an der Tür getroffen hat. Officer Quinton fand es seltsam aber es schien keinen anderen Hinweis darauf zu geben, dass eine andere Person hier war, die er sehen konnte. Er kniete noch einmal neben der Leiche und griff nach dem Stift, den er in seiner Hemdtasche aufbewahrte. Er konnte nicht viel tun, da er kein Rettungssanitäter war, aber er benutzte seinen Stift und neigte ihren Kopf leicht, um besser sehen zu können.

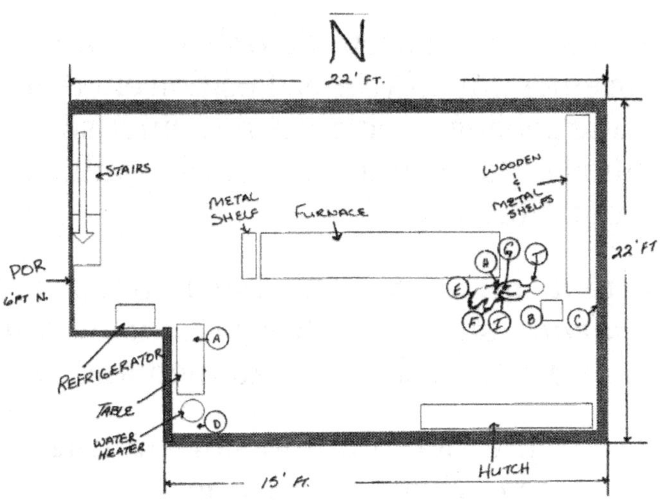

Es dauerte nicht lange, bis das Haus voller medizinischer Mitarbeiter war. Die Sirenen hallten wider in die Luft, als sie in die Einfahrt eindrangen und die Gelassenheit raubten, die ein Wintermorgen auf dem Land in verzweifelter Dunkelheit mit sich bringt. Als ein zweiter Beamter eintraf, um Officer Quinton bei der Führung von Marvin zu helfen, zeichneten sich Schock und Trauer in seinem Gesicht ab, als er draußen war, um den Tatort für die ankommende Hilfe freizumachen.

Das medizinische Personal schwärmte um das Haus herum, ähnlich wie Fliegen, die von Toten angelockt werden. Zu diesem Zeitpunkt war der Tod unbeaufsichtigt und zufällig, es musste jedoch die Ursache bestätigt werden. Obwohl es so aussah, als wäre es ein Sturz gewesen, der Olive das Leben kostete, mussten sie feststellen, ob es sich dabei um verdächtige Umstände handelte.

Marvin saß in der Kälte, die Decke um ihn herum war völlig nutzlos. Für ihn schien es, als käme die Kälte von innen nach außen. Er schaute hinaus und obwohl um ihn herum viel Betrieb herrschte, sah er nichts, bis die Sanitäter mit der Trage herauskamen, seine Frau unter dem strahlend weißen Laken.

„Wohin bringen Sie sie?“, fragte er Officer Quinton keuchend.

„In die Krankenhäuser zum Röntgen. Es wird uns eine vorläufige Erklärung darüber geben, was passiert ist.“

Marvin sagte nichts, den Blick auf den Krankenwagen gerichtet, der von der Hintertür wegfuhr und die lange Auffahrt hinunterfuhr. Officer Quinton bat schnell einen der Beamten, die vor Ort aufgetaucht waren, ein Auge auf den verzweifelten Marvin zu haben und ging hinein. Er ging in den Keller und sah sich ein letztes Mal um, als wäre es ein Tatort, jedoch hinterließ der hohle, leere Raum nichts, was darauf hindeutete, dass es sich nicht um einen Unfall handelte. Nachdem alle gegangen waren, ging auch er nach oben, um zu sehen, was noch erledigt werden musste.

Officer Quinton machte sich auf den Weg zum Mercy Hospital und ließ einen Officer bei Marvin zurück. Er kam kurz nach dem Krankenwagen im Krankenhaus an und wurde von einem Arzt empfangen, als er die Notaufnahme betrat, um zu sehen, was sie erfahren hatten. Es war ein ruhiger

Morgen in der Notaufnahme. Normalerweise standen im Wartezimmer Schlangen voller Kranker und schreiender Kinder. Diesmal wurde ihm Schweigen entgegengebracht. Sie konnten Olive direkt vom Krankenwagen in einen Untersuchungsraum bringen. Ein Arzt kam aus dem Zimmer und sah schnell, wie sich Officer Quinton durch die Notaufnahme arbeitete.

„Officer", rief der Arzt. „Sind Sie wegen Olive Stumpp hier? Das Röntgenbild zeigte, dass eine Kugel in ihrem Kopf steckte."

Geschockt rief Officer Quinton die Notrufzentrale am Telefon des Krankenhauses an. *„Lassen Sie nicht zu, dass Officer Harlow den Tatort räumt. Wir haben einen Mord."*

Da sie dachten, es sei ein Unfall gewesen, verließen alle im Krankenhaus die Familie, um mit ihrer Trauer umzugehen und die Bestattungsvorbereitungen zu planen.

Officer Quinton sprang schnell in seinen Crown Victoria und begann auf dem Schnee zu rutschen, wobei er fast die Kontrolle verlor. Er sagte sich, er solle sich „beruhigen", um die Kontrolle wiederzuerlangen und zum 20 Minuten entfernten Tatort in der Landschaft von Leonardville zurückzukehren.

Als die Schuhe des Offiziers durch das Eis knirschten näherte er sich dem ranghöheren Beamten Harlow. Er nahm ihn beiseite und erklärte ihm, was man im Krankenhaus erfahren hatte. Marvin saß benommen auf der Motorhaube eines

Streifenwagens und Officer Quinton wollte nicht, dass er dieses Gespräch mithörte.

„Wir haben gerade aus dem Krankenhaus erfahren, dass in ihrem Kopf eine Kugel gefunden wurde. Wie konnten wir die Beweise dafür übersehen, dass es sich hier um einen Mord handelte?“, fragte er unbeholfen.

Sie wussten, dass keine Zeit für Auseinandersetzungen war, da es sich nun um eine Mordermittlung handelte und sich alles geändert hatte, seit der trauernde Ehemann Marvin ganz oben auf der Verdächtigenliste stand.

Sie mussten diese Ermittlungen durchführen, ohne Verdacht zu erregen, bis die Ermittler eintrafen.

Da Officer Quinton als erster vor Ort war und bereits eine Beziehung zu Marvin aufgebaut hatte, hielten sie es für angebrachter, dass Officer Quinton ihn befragte.

Er fragte zunächst, ob im Haus Waffen aufbewahrt würden und Marvin führte die Polizei ins Wohnzimmer, wo er ein 22er-Gewehr hinter der Couch aufbewahrte. Officer Quinton untersuchte die Waffe und bemerkte dann die verbrauchte Patrone, die in der Kammer zurückgeblieben war. Als er kurz daran schnüffelte, gab es keinen Hinweis darauf, dass es sich um einen kürzlich erfolgten Schuss handelte. An dieser Stelle

übergab er die Waffe Officer Harlow zur Katalogisierung als Beweismittel.

„Okay, Marvin. Haben Sie beim Betreten des Hauses etwas Ungewöhnliches gesehen? Fehlt etwas? Etwas Wertvolles?“

Marvins Benommenheit verwandelte sich in Verwirrung und die Falten über seinen dunklen Augenbrauen vertieften sich. *„Ich... nein... warum? Ich dachte, Olive wäre gefallen. Was ist los?*" Sein Verdacht wuchs, je mehr die Sekunden vergingen.

„Wir müssen sicher sein, was passiert ist, deshalb spielen wir jedes mögliche Szenario durch“, sagte Officer Quinton und versuchte, Marvin zu beruhigen.

Marvin beruhigte sich, bis er plötzlich aufblickte und die zunehmende Aktivität an der Tür bemerkte. Er eilte zur Tür und schrie: *„STOP!“*

Sofort erstarrten alle und blickten neugierig auf Marvin, der über die Auffahrt stolperte. Marvin wandte sich an Officer Quinton und erklärte ihm die Fußabdrücke, die er heute Morgen gesehen hatte. Er führte den Beamten zusammen mit Detective Rhino, der gerade angekommen war, zu den unbekannten Fußspuren.

„Sie waren da drüben", sagte er und zeigte auf den Bereich, der zur Baumgrenze am Rande des Grundstücks führte. Es waren eindeutig frische Abdrücke im Schnee zu sehen, die durch das kalte Wetter und den bedeckten Himmel festgefroren waren.

Marvin ging dann durch das Haus zurück, wo sie noch einmal die Fragen zu den fehlenden Gegenständen wiederholten. Marvin versuchte, darüber nachzudenken aber das Chaos des Tages und die Ungewissheit, was mit Olive passiert war, forderten seinen Tribut. Der Detective ließ ihm Zeit und ließ ihn von Zimmer zu Zimmer gehen, um nachzusehen, bis er schließlich sah, dass eine seiner Schubladen offen war. Er eilte dorthin und stellte fest, dass seine alte braune Brieftasche nicht darin war.

„Was war da drin?", fragte Detective Rhino und kritzelte auf seinem Notizblock.

„Es könnten etwa 100 Dollar darin sein, und in einer zweiten Brieftasche befanden sich zwei 2-Dollar-Scheine. Es lag offen in der Schublade", sagte Marvin.

Der Detektiv nickte und das Team wandte seine Aufmerksamkeit wieder dem Tatort zu. Mit den neuen Erkenntnissen über eine Schusswunde ging das Team nun noch gründlicher vor. Die Dunkelheit im Keller machte es schwierig. Die Wände waren gesäumt von Regalen, jede Reihe gefüllt mit Gläsern oder Dosen mit konservierten Lebensmitteln, um einen Sturm zu überstehen, der mit der Y2K-Hysterie in naher Zukunft erwartet wurde.

Detective Rhino von der CSI-Abteilung hatte inzwischen den Tatort übernommen und bis zur Veröffentlichung der Autopsie Berichte mussten sie sich mit den ihnen zur Verfügung stehenden Informationen auseinandersetzen. Er kehrte zum Fundort der Leiche zurück und machte sich Notizen für den Bericht, den er später einreichen musste.

„Mrs. Stumpp lag mit den Füßen am nächsten an den Stufen, die in den Keller führten, als würde sie beim Sturz auf die Stufen blicken.“ Detective Rhino schrieb diese Informationen auf, während er sich Notizen machte. Dann schaute er sich in der Gegend um und entdeckte rechts von der Treppe ein altes hölzernes Waschbecken und einen Tisch, auf dem sich einige Gegenstände befanden. Dort fand er eine Patronenhülse für eine 9-mm-Waffe. Bei einer sorgfältigen Durchsuchung des schwach beleuchteten, vollgestopften Kellers wurde eine zweite Patronenhülse gefunden, die sich in einem Umkreis von 60 cm um Olives Kopf befunden hätte, wenn sie noch dort gewesen wäre. An der

Wand gegenüber der Treppe befand sich eine etwa 1,20 Meter hohe Markierung, die mit einer Abprallspur übereinstimmte. Ermittler fotografierten, untersuchten und notierten jedes kleinste Detail des Tatorts, einschließlich der Fußabdrücke draußen die aufgrund der sinkenden arktischen Gefriertemperaturen zu einer perfekten Form gefroren waren.

Einer der Detectives kniete neben dem Abdruck und schob seine Brille über den Nasenrücken, während er den Abdruck betrachtete. Einige Elemente des Fußabdrucks waren verloren gegangen, was umfassende Informationen über den Verdächtigen hätte liefern können. Ungeachtet dessen gab es immer noch Aspekte der Schuhe, die die Aufmerksamkeit des Detectives zu erregen schienen und er rief Detective Rhino an, um mit ihm die Einzelheiten des Fußabdrucks zu besprechen.

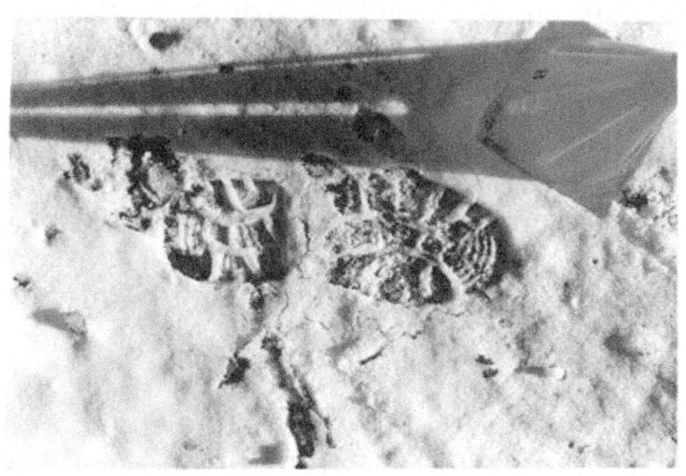

Sie knieten nebeneinander und betrachteten den Fußabdruck, während der Detektiv erklärte: *„Es sieht aus wie ein Wanderstiefel, und wenn Sie da*

hinschauen ...", sagte er und zeigte auf die Mitte des Abdrucks. „*..Dort*

ist ein kleines Banner, auf dem etwas geschrieben stand, aber ich kann nichts erkennen."

Genau wie beim Zahnarzt, wenn man sich die Zähne formen lässt, verwendeten die Ermittler Zahnabdrücke, um den Abdruck in den verwesenden Schnee zu gießen, als die Hitze des Tages auf sie zukam. Mit dem Casting-Set konnten sie sich das Banner auf dem Druck genauer ansehen.

„Sehen Sie! Daneben steht die Nummer 8."

Detective Rhino beugte sich vor und betrachtete den Abdruck des Schuhs genauer. Er erkannte den Abdruck von irgendwoher, konnte ihn aber nicht genau einordnen. Viel später im Verlauf der Untersuchung ergab eine detaillierte Suche nach Anbietern, dass es sich bei dem Stiefel um ein Unikat handelte. Die Detectives gingen von Geschäft zu Geschäft und suchten nach dem Profilmuster und dem Banner, die zum Stiefelaufdruck passten. Größe 8 war klein. Suchten sie eine Frau oder ein Kind?

Schließlich ergab die Suche eine Antwort: Es handelte sich bei dem Stiefel um einen Stiefel der Marke Northwest Territories, der von K-Mart vertrieben wurde. Aber wann wurde er verkauft und wer hat ihn gekauft? Es gibt nur einen K-Mart in der Gegend aber da man keine Ahnung hat, wann die Stiefel verkauft wurden, kann die Durchsuchung der Ladenunterlagen ewig dauern und die Videoüberwachung ist wahrscheinlich auch falsch.

Später nutzten Detektive diese Form, um ein Musterpaar der Stiefel zu finden. Sie zeigten die Form potenziellen Zeugen und fertigten Plakate an, in denen sie die Öffentlichkeit aufforderten, Informationen mitzuteilen, wenn sie jemanden kannten, der einen ähnlichen Stiefel trug.

Vor Ort trafen die Ermittler die notwendigen Vorkehrungen und beendeten ihre Arbeit mit der Beweisaufnahme, ohne zu wissen, was zu diesem Zeitpunkt der Ermittlungen wichtig war. Detective Rhino stand da und schaute sich auf der Leinwand um, während die Linie des gelben Polizeiabsperrbands lautstark im frischen Winterwind flatterte. *„Wir müssen uns beschäftigen“*, rief er.

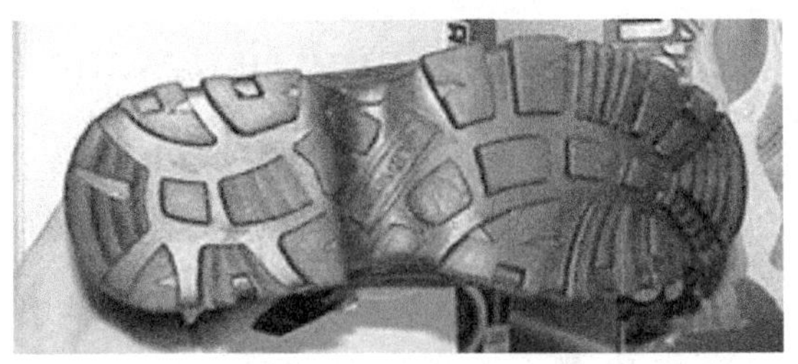

Ermittler stellten fest, dass jemand das Stumpp-Grundstück betreten hatte und offenbar an einer kleinen Baumreihe entlang nach Norden gegangen war. Anschließend ging die Person hinter dem Stumpp-Propantank, der sich östlich des Hauses befand, auf und ab.

Detective Rhino ging zu dem fast 1,80 Meter hohen Panzer hinüber und schaute auf die Spuren hinab, die zur Südtür führten. Die Markierungen schienen sich teilweise auf der Veranda zu befinden, bevor sie sich nach unten und rundherum zur Westseite des Hauses bewegten und am Nordeingang endeten. Beim Verlassen der Nordtür führten die Spuren nach Norden aus dem Hof hinaus über ein schneebedecktes Feld.

Detective Rhino sah sich um und beobachtete den Schnee, der erneut in dicken, lautlosen Flocken aus dem grauen und trüben Himmel fiel. Er wusste, dass sie die Bewegungen verfolgen mussten, bevor der Schnee die Spuren bedeckte und weitere Beweise zerstörte. Sie mussten den Bereich sofort abdecken. Detective Rhino versammelte sein Team, um den Weg durch das Feld zu verfolgen.

Die bedrohlichen Gefühle den ganzen Tag über schienen weiterzumachen, während sie sich in der kalten Luft durcharbeiteten. Die Leute, die an dem Fall arbeiteten, verspürten ein starkes Beschützerbedürfnis für ihre Familien zu Hause und sie wussten einfach nicht, ob es an der Kälte des Winters lag oder an der Angst vor diesem unbekannten Mann auf freiem Fuß. Das Unbekannte in dem Fall hatte eine Angst geweckt und die Motivation verstärkt, für die Sicherheit der Gemeinschaft zu sorgen.

Die Beamten folgten weiterhin dem Weg der Fußabdrücke, überquerten Baumreihen, Zäune, Büsche und sahen in Gesichter, die vom eiskalten Wind gerötet waren. Irgendwann änderten die Spuren ihre Richtung. Der Verdächtige hatte begonnen, von der Barton Road nach Westen zu gehen und dabei durch das Feld in Richtung eines

Pflegeheimes zu laufen und dann lösten sich die Fußabdrücke in der Alembic Road.

Am Vormittag herrschte deutlich mehr Verkehr, gemischt mit dem Dröhnen der vorbeifahrenden Motoren. Der Wind verstärkte sich und hallte über das Gebiet hinweg. Die Polizei bemerkte, dass die Spuren verworren waren, konnte aber dem markanten Muster über mehrere Felder folgen und landete schließlich auf der Ostseite der Stadt beim Golfclub. Leider waren die Spuren nicht mehr erkennbar.

„Also gut, beginnen Sie mit der Erkundung der Gegend. Ich möchte, dass Sie jemanden ausfindig machen, der Informationen hat, die uns dabei helfen, die Richtung der Ermittlungen zu bestimmen. Suchen Sie nach Hinweisen und verdächtigen Aktivitäten und fragen Sie sich in den von uns verfolgten Gebieten um“, bellte Detective Rhino die Befehle und das Team nickte und machte sich auf den Weg.

KAPITEL 5
VERFOLGEN DER SPUREN

Leonardville war eine kleine Stadt, in der die Leute tratschten und mehr Gerüchte als Fakten verbreiteten. Dies war ein erhebliches Problem bei den Ermittlungen, insbesondere da die meisten Gerüchte dazu führten, dass die Polizei im Kreis herumlief und manchmal die falschen Verbrecher festnahm.

Zu Beginn der Ermittlungen war klar, dass Marvin der Hauptverdächtige war. Obwohl sein Alibi geklärt war, konnten sie ihn immer noch nicht völlig ausschließen. Die wichtigsten Fragen, die in der Abteilung kursierten, drehten sich um sein Motiv und darum, wie der Mord stattgefunden hätte. Wie aus den Berichten des Gerichtsmediziners hervorgeht, war die Vorgehensweise unkompliziert, das Motiv war jedoch noch unklar.

Alle, die das Paar kannten, sagten dasselbe: Sie führten ein ruhiges Leben. Olive war ein angesehenes Mitglied der Gemeinde, das jahrzehntelang in der Bank arbeitete und den Einheimischen half, ihre Häuser und Geschäfte am Laufen zu halten. Das bedeutete, dass es fast grundlos war, dass sie Opfer eines Mordes wurde, es sei denn, sie verweigerte jemandem einen Kredit.

Detective Rhino machte sich Notizen zu den aktuellen Fragen auf einem Whiteboard und kam alle paar Tage mit Aktualisierungen zurück. Die

Ergebnisse waren jedoch immer die gleichen. Als Olives Hintergrund geklärt war, wandten sich die Fragen Marvin zu. Es bestand kein Zweifel daran, dass Marvin der asoziale, typische Landjunge war, der jahrelang auf den Feldern arbeitete. Er ging in den Ruhestand und fuhr einen Schulbus, nur um sich zu beschäftigen.

Während die Beamten die Ermittlungen gegen Marvin fortsetzten und ihn als Hauptverdächtigen festhielten, beschäftigte sie weiterhin die Frage, ob Marvin tatsächlich ein Doppelleben führte oder nicht. Es schien möglich, aber auch hier gab es keine Beweise dafür. Nichts, was die Beamten ohnehin finden konnten.

Es war ein weiterer dunkler Morgen in der Kleinstadt, als bei einem weiteren Besuch in der Gegend als einer der Bewohner der Nachbarschaft, welcher in der Nähe von Olives und Marvins Haus wohnte, Officer Harlow anhielt. Er war ein schlaksiger Mann, der sagte, dass er auf dem Weg zum Golfspielen oft an der Stumpp-Residenz vorbeikam.

„Sir, wenn Sie uns sagen könnten, was Sie wissen...“,

fragte Officer Harlow und hielt ihn auf dem Laufenden.

Er glaubte nicht, dass die Informationen, die er erhalten würde, relevant sein würden, aber es war seine Aufgabe, alle Informationen zu notieren, die er finden konnte.

Als die Kälte des Wintermorgens zunahm, entfachten die nächsten Worte des Bewohners das Feuer des Interesses.

„Ich glaube, Officer, dass Sie Marvin näher untersuchen sollten und nicht irgendeinen Fremden“, sagte der Mann mit geheimnisvoller Stimme.

Officer Harlow nickte mit gespieltem Interesse, da er wusste, dass es genau das war, was sie taten.

„In Ordnung. Können Sie mir sagen, warum Sie das denken?“ Er erkundigte sich weiter und dachte, es würde mit einem langen Groll zu tun haben, den die beiden gegeneinander hegten.

„Nun, Marvin hat ein Auge für die Mädchen. Marvin verschwand tagelang nach Nebraska“, sagte der Mann aber bevor er näher darauf eingehen konnte, erschien seine Frau, welche beim Anblick der Polizei erschrak.

Es dauerte eine Weile, bis ihr klar wurde, dass Officer Harlow lediglich den Mord untersuchte. Im Allgemeinen wollten sich die Stadtbewohner von Fällen fernhalten, um sich vor einer vermeintlichen Beteiligung zu schützen. Der Bewohner konnte nicht näher darauf eingehen, da seine Frau zuhörte aber bevor er ging, sagte er, die Polizei solle sich Marvins Telefonaufzeichnungen ansehen.

Furlow, der Bewohner, war nun offiziell ein Verdächtiger, insbesondere wenn man bedenkt, dass er der einzige war, der direkt mit der Polizei über Marvins mögliche Untreue gegenüber seiner verstorbenen Frau sprach. Er erwähnte scheinbar genervt, dass er Marvins Schulbus viele Male westlich seines Hauses mit Blick auf den Süden geparkt hatte.

„Menschen sind Gewohnheitstiere", sagte er, bevor er darüber schimpfte, wie sehr es ihn störte, dass der Bus am Tag des Mordes in Richtung Norden, östlich des Hauses, geparkt war.

Und plötzlich war die stille Stadt mit dem Schrecken über Olives Tod lebendig geworden. Während die Ermittlungen weitergingen, erwachten weitere Geheimnisse der Stadt aus der Asche aber keines davon schien für die Untersuchung von entscheidender Bedeutung zu sein. Officer Harlow rief sofort die Station an und informierte sie über die Aktualisierungen, die er erhalten hatte.

Die Worte des Bewohners schienen nicht nutzlos zu sein. Schließlich hatten die Ermittler selbst Zweifel an Marvin. Irgendetwas an seinem ruhigen Verhalten gefiel den Ermittlern nicht. Nachdem die Neuigkeiten von Officer Harlow eingegangen waren, war klar, dass sie Marvin zu einem Lügendetektortest rufen mussten.

Der Antrag wurde gestellt und ein Prüfer vom KBI, Kansas Bureau of Investigations, wurde hinzugezogen. Officer Quinton wurde geschickt, um Marvin abzuholen und er stimmte widerwillig zu. Obwohl Officer Quinton seiner Arbeit treu nachging, hatte er oft Schwierigkeiten, Menschen, die er kannte, zur Rede zu stellen und sie in die Wache zu eskortieren.

Als Officer Quinton zu Marvins Haus fuhr, konnte er die immense Kälte nicht loswerden, die ihm in die Knochen kroch. Überall im Haus hing eine bedrohliche Todeswolke: Der Baum auf ihrer Veranda starb aufgrund mangelnder Pflege seitens Olive. Die Weihnachtslichter hingen lose darum herum, ein Blick auf das Leben, das einst das Haus erleuchtet hatte.

Officer Quinton stieg aus seinem Auto und ging bis zur Tür, wo Marvin dabei war das Haus zu verlassen, um Lebensmittel zu holen. Er drehte sich um und bemerkte den ernsten Blick von Officer Quinton.

„Gibt es ein Update?“, fragte er scheinbar hoffnungsvoll.

„Noch nicht aber ich würde Sie bitten, zum Revier zu kommen und uns den Vorfall noch einmal zu erzählen. Wir müssen sicherstellen, dass wir jedes Detail im Blick haben.“, sagte Officer Quinton.

Ein Anflug von Verständnis huschte über Marvins Gesicht und er nickte. Die beiden gingen zum Auto, ihre Schritte knirschten im Schnee, und fuhren dann los.

„Sie wissen, dass Sie Zeit damit verschwenden, mich zu untersuchen, wenn der wahre Mörder da draußen ist.“ Sagte Marvin nach ein paar Minuten Schweigen. Officer Quinton blickte in den Rückspiegel, wandte sich dann wieder der Straße zu und beschloss, nicht zu antworten.

Officer Rhino wartete am Bahnhof und nahm Marvin zum Interview mit. Nachdem Marvin seine Geschichte noch ein paar Mal durchgegangen war, wurde ihm mitgeteilt, dass er einen Lügendetektortest machen würde. Marvin nickte und stimmte stillschweigend zu. Er saß in einem Raum mit nichts als einem großen Stahlschreibtisch in der Mitte und einem großen Spiegel vor sich. Er betrachtete sein Spiegelbild mit den Falten, die sich durch sein Gesicht zogen und ihn so viel älter aussehen ließen, als er war.

Es dauerte nicht lange, bis das Interview begann. Der KBI-Prüfer kam mit seinem Gerät herein. Der über 60-jährige Prüfer verfügte über langjährige Erfahrung mit Verdächtigen, über die ermittelt wurde. Er behielt sein Pokerface bei, um sicherzustellen, dass Marvin wusste, dass ihn die präsentierte Geschichte nicht berührte.

Mittlerweile war Marvin nervös. Die Lügendetektorprüfung war ein brutaler Prozess, wenn es richtig gemacht wurde. Es war die Aufgabe des Prüfers, das Angstniveau der Testperson zu erhöhen, um eine Ausgangslage zu schaffen. Erst danach konnten sie mit der Untersuchung beginnen und hoffen, anhand der gestellten Fragen einen Anstieg der physiologischen Anzeichen von Stress über den Ausgangswert hinaus feststellen zu können. Oftmals kann allein die Angst zu falsch-positiven Ergebnissen oder noch häufiger zu nicht schlüssigen Ergebnissen führen, die als Lügen gemeldet werden.

Marvins Zukunft und seine Aussage standen am Rande des Abgrunds. Das Ergebnis war, dass der Prüfer nach Abschluss der Prüfung ein nicht schlüssiges Ergebnis vorweisen konnte.

„Glauben Sie, dass er für ihren Tod verantwortlich ist?“, fragte Officer Rhino ihn, als er nach draußen trat und die Tür hinter sich schloss.

„Womöglich. Ich glaube schon, dass er irgendwie dafür verantwortlich ist. Ich weiß nicht warum“, sagte der Prüfer.

„Gut, in Ordnung. Vielen Dank für Ihre Zeit." „Viel Glück", sagte der Prüfer, als er zum Ausgang ging.

Das RCPD wusste nicht, dass das Interview der Beginn einer Abwärtsspirale des Vertrauens seitens der Familie Stumpp war. Es gab keinen Grund mehr, Marvin festzuhalten, und so wurde er nach Hause geschickt.

Nachdem Marvin erstmal beiseitegelegt worden war, richteten sich die Ermittlungen nun auf die Anwohner. Die Beamten gingen zurück an die

Tafel, um ihre Erkenntnisse aufzufrischen und verbrachten ihre Zeit damit, zum Tatort zurückzukehren. Schließlich trat Officer Quinton vor und sagte, er habe einen Verdächtigen im Sinn, den er lieber untersuchen würde.

„*Wen?*“, erkundigte sich Officer Rhino.

„*Daniel Thatcher. Als wir am Tag des Mordes der Spur folgten, führte sie in die Gegend, in der er lebte. Daniel ist bekannt für sein...*

sagen wir, problematisches Leben. Er wurde kürzlich erwischt, weil er eine Kneipenschlägerei angezettelt hatte.“

„*In Ordnung. Du siehst ihn dir genauer an und besorgst mir ein Update,*“, sagte Officer Rhino. Quinton nickte, schnappte sich seine Mütze und machte sich auf den Weg.

Officer Quinton wusste, dass Daniel Thatcher eine Handvoll war und zumindest für ein paar Tage kein Interesse an Interviews haben würde, bis die Nachwirkungen der Kneipenschlägerei nachließen. Ein paar Tage später machte sich Officer Quinton auf den Weg, eine dunkle, verlassene Straße entlang zu einem noch dunkleren Haus, an dessen Veranda eine einzelne Glühbirne hing. Er klopfte an die Tür und nach einer Weile öffnete eine Frau.

„*Ja?*", sagte sie und drückte ihre Strickjacke fest an sich.

„Hallo, mein Name ist Officer Quinton. Ich würde gerne ein paar Worte mit Daniel Thatcher wechseln.“

„Oh. Daniel hat einige Nachtschichten gearbeitet und ist noch nicht nach Hause zurückgekehrt“, sagte sie.

Officer Quinton dachte darüber nach. Für den Fall, dass so etwas passieren sollte, hatte er bereits eine Ausrede parat. Es war bekannt, dass Daniel Wanderstiefel trug, bei denen er hoffte, dass die Größe in die Sohle eingeprägt war, genau wie die Stiefelabdrücke, die man im Schnee fand.

„Würde es Ihnen etwas ausmachen, wenn ich sein Zimmer sehe?", fragte er. Der wissende Officer Quinton war in der ganzen Stadt bekannt. Daniels Mutter zögerte nicht und öffnete ihm die Tür.

„Hat er irgendwelche Schwierigkeiten? Was hat er jetzt wieder gemacht?“, fragte sie besorgt.

„Kein Grund zur Sorge, Ma'am. Machen Sie sich keine Sorgen.". sagte er beruhigend.

„Gut, in Ordnung. Sein Zimmer liegt gleich am Ende des Flurs auf der linken Seite“, sagte sie.

In Daniels Zimmer herrschte ein ziemliches Chaos. Auf seinem ungemachten Bett stand eine leere Schüssel und auf seiner Kommode herrschte Unordnung. Direkt neben der Tür standen jedoch seine Schuhe. Officer Quinton beugte sich tief vor und untersuchte die Stiefel sorgfältig. Sofort entdeckte er die Schuhe, die auf einem Regal lagen. Mit einem Stift in der Hand warf Officer Quinton einen Blick darauf.

„Sind das die einzigen Stiefel, die Daniel besitzt?“, fragte er.

„Ja, sind sie. Er trägt schöne Schuhe und Hosen zur Arbeit“, antwortete sie.

Officer Quinton spürte, wie sein Herz raste, als er die Aufregung verspürte, über eine Spur zu stolpern.

Dort, auf der Innenseite des Stiefels, stand „Size8“ und es gab Spuren von Schlamm auf den Sohlen. Zu seiner großen Enttäuschung stellte er jedoch beim Abkratzen des Schlamms fest, dass der Boden nicht mit der „8“ eingeprägt war und das Profil nicht dasselbe war. Enttäuscht stellte er den Stiefel zurück und stand auf

„Nun, vielen Dank für Ihre Zeit, Frau Thatcher“, sagte er und die Frau begleitete ihn zur Tür. Sobald er nach draußen trat, spürte er die Kälte in seinem Gesicht und die Enttäuschung überkam ihn, weil er wieder ganz von vorne begonnen hatte.

Die entscheidenden 48 Stunden waren vergangen und es gingen weniger Hinweise ein. Alles schien völlig still zu sein. Inzwischen hatte Detective Lufkin beschlossen, sich der Papierspur zuzuwenden, um Spuren zu finden. Er untersuchte die Kunden der Bank und fragte sich immer noch, ob das Motiv darin bestand, die Bank auszurauben.

Sie untersuchten alle Transaktionen bis zum Datum des Mordes und ermittelten sogar Hintergrundinformationen zu den Kreditkunden. Es wurden Hintergrundüberprüfungen für eingehende und ausgehende Telefonanrufe bei der Bank durchgeführt und die persönlichen Anrufe des Stumpp ergaben allesamt keine Ergebnisse. Es gelang ihnen nicht, eine einzige Person zu finden, die verdächtige Aktivitäten ausübte.

Das Geschehen hatte inzwischen die Medien erreicht und die Journalisten klammerten sich an alle Neuigkeiten. Um die Informationen schnell an die Medien weiterzugeben, wurde eine Pressekonferenz abgehalten. Der Polizeichef saß hinter einem Mikrofon, neben ihm Officer Quinton und ein paar Ermittler vom Tatort. Journalisten saßen im Publikum und machten sich Notizen. Hin und wieder ging ein Blitz los. Helles weißes Licht erhellte den Raum.

„Im Moment wissen wir nur, dass am 15. Dezember1999 gegen 08:30 Uhr die Polizei von Riley County einen Notruf von Marvin Stumpp aus der Barton Road erhielt. Herr Stumpp war von der Arbeit nach Hause zurückgekehrt und hatte seine Frau, Mrs Olive Stumpp, verstorben vorgefunden.“

"Mrs Stumpp starb eines gewaltsamen Todes, es wird wegen Mordes ermittelt. Jeder, der

Informationen hat, wird gebeten, sich an die Polizei von Riley County zu wenden. Wir werden keine weiteren Fragen mehr stellen. Danke schön." Der Chef unterbrach die Fragen und stand zusammen mit den anderen Ermittlern auf, um ihnen nur seine vorbereitete Aussage zu überlassen.

Die Menge brach in Fragen aus und jeder von ihnen eilte zur Polizei, um Antworten zu bekommen.

Das Ermittlerteam verließ jedoch schnell den Raum und folgte der Warteschlange des Chefs.

Kurz darauf veröffentlichte die KBI-Website eine KBI-Belohnung von 1.000 US-Dollar für Informationen, die zu einer Festnahme führten. Die Familie von Frau Stumpp hat einen Betrag von

5.000 $ Belohnung ausgestellt für Informationen, die schließlich zur Verurteilung des für den Mord Verantwortlichen führen würde.

Die RCPD-Station war plötzlich viel aktiver geworden. Die gesamte Abteilung erwachte zum Leben, als die Telefone klingelten. Tag für Tag gingen Anrufe ein, in denen von Menschen berichtet wurde, die Wanderstiefel aus dem Nordwestterritorium trugen und von Nachbarn, die Nachbarn verdächtigten, an dem Mord beteiligt gewesen zu sein. Dies gefährdete die Ermittlungen zusätzlich und führte zu weiteren Sackgassen. Je mehr die Beamten versuchten, den

Fall zu verstehen, desto mehr kamen sie auf offene Fragen und wilde spekulative Geschichten.

Unterdessen meldeten sich Nachbarn und beschuldigten Marvin, eine Affäre mit einer Frau in Nebraska zu haben. Es lieferte der Polizei lediglich weitere Mordmotive. Je mehr sie sich jedoch damit befassten, desto weniger Informationen erhielten sie. Letztendlich führte es sie nur dazu sogar noch weniger direkte Verbindungen zum tatsächlichen Mord zu haben.

Wenn es zum Mord kam, herrschte bei der Polizei große Hoffnungslosigkeit. Es war zu viel Zeit vergangen und es gab nichts zu zeigen. Sie stießen auf eine ganze Reihe von Verdächtigen. Aber am Ende stellte sich heraus, dass sie alle falsch waren.

Während einer der Verdächtigen der Polizei berichtete, dass Mr. McDonald, die Elite der Stadt, hinter dem Mord stecken könnte, weil Olive seine Geldwäsche und andere illegale Aktivitäten aufgedeckt hatte, behauptete ein anderer, ihr Chef könnte etwas damit zu tun haben. Ihr Chef war ein Cafébesitzer, der oft damit prahlte, bereits zwei Morde begangen zu haben und sich so unter scharfe Beobachtung begab.

Bei der betreffenden Person handelte es sich um Mr. Brighton, der von allen, die an ihm vorbeikamen, oft als rachsüchtig und seltsam angesehen wurde. Er hatte eine Aura der Arroganz, ähnlich wie seine Frau. Zu jedermanns Enttäuschung wurde die Spur jedoch später gelöscht, da keine Beweise gefunden wurden, die

Mr. Brighton mit dem Stumpp-Mord oder einem anderen Mord in Verbindung gebracht haben könnten.

Auf einmal meldeten sich mehrere Verdächtige, trieben die Ermittlungen voran, endeten jedoch im Nichts. Gerade als die Polizei darüber nachdachte, den Fall abzuschließen, der gerade ins Stocken geraten war, meldete sich ein anderer Verdächtiger. Nun, dieser war anders. Es erregte sofort ihre Aufmerksamkeit.

Jimmy Niles war ein verurteilter Schwerverbrecher, der am Tag, als es passierte, auf Bewährung entlassen wurde. Bei weiteren Ermittlungen stellte sich heraus, dass er sich in der Nähe des Tatorts aufhielt. Endlich breitete sich in der Abteilung ein Hoffnungsschimmer aus. Es war eine Gelegenheit, der Stadt zu zeigen, dass die Polizei tatsächlich ihr Bestes gab und immer noch neue Hinweise erarbeitete.

Die RCPD sah sich mit Gegenreaktionen konfrontiert, weil sie „inkompetent" war, jemanden von en Einwohnern der Stadt in Gewahrsam zu nehmen. Das Ende des neuen Jahres brachte neue Hoffnung für die Abteilung.

Jimmy war ein rüpelhaft aussehender Mann, konnte aber ansonsten nicht als Schwerverbrecher erkannt werden. Er hatte eine gewisse geheimnisvolle Atmosphäre. Detective Ryan und Detective Fleck waren für die Betreuung dieser Ermittlungen verantwortlich, da sie nun als Cold Case eingestuft worden waren. Deshalb hatte er es für das Beste gehalten, eine CVSA

(Computerized Voice Stress Analysis), die dem Lügendetektor ähnelte durchzuführen.

Der Prüfer, der das Interview führte, bemerkte jedoch, dass Jimmy nervös blieb. Sein Stress war erhöht und es kam zu einer teilweisen Blockierung der Diagramme, wodurch die Ergebnisse unzuverlässig wurden. Detective Ryan weigerte sich, dies als Niederlage zu betrachten und beschloss, eine Lügendetektorbefragung durchzuführen.

Jimmy Niles erklärte sich später bereit, einen Lügendetektortest zu machen, um der Polizei zu zeigen, dass er in keiner Weise an dem Mord beteiligt war. Er ging sogar so weit, der Polizei mitzuteilen, dass dem Täter die Todesstrafe drohte.

Als Einbrecher behauptete er, er habe nie Gewalt angewendet, und das war eine abscheuliche Anschuldigung, die gegen ihn erhoben wurde.

Später wurde Jimmy Niles länger als die anderen Verdächtigen durch den Prozess gezogen, weil Detective Ryan und Fleck davon überzeugt waren, dass er irgendwie involviert war. Er strahlte eine Aura aus, die sie daran hinderte, ihm zu vertrauen.

Schließlich stellte sich jedoch heraus, dass sie nichts anderes hatten, um Niles in Gewahrsam zu halten und ihn dadurch

Gehen lassen zu müssen. Sie waren spurlos zurückgekehrt und der Fall endete nun, gerade als die Kälte des Winters in der kleinen Stadt nachließ.

Das Jahr 2002 stand vor der Tür. Mit dem Beginn der Weihnachtszeit breitete sich die Fröhlichkeit aus, Rot und Weiß füllten jeden Winkel des ansonsten trostlosen Polizeireviers. Die Weihnachtsfeier umfasste Musik, Getränke, den Bezirksstaatsanwalt und einen stellvertretenden Bezirksstaatsanwalt. Während Schneeflocken die Straßen bedeckten und die Fenster glasierten, begannen die Feierlichkeiten, die bis in die Nacht andauerten.

Mitglieder der Polizei waren in das Landhaus von Detective Rhino gestürmt und hatten Kisten abgegeben, die mit bunten Papieren und Bändern umwickelt waren. In der Ecke stand ein Baum, dessen Ornamente in den hellen Lichtern glitzerten, die die Feierlichkeiten erhellten. Alle genossen es, preiswerte Geschenke und Geschichten über weiße Elefanten mit ihren Lieben auszutauschen und so einen Einblick in ihre Arbeit während des Dienstes zu geben, oft unter lautem Gelächter.

Doch als die Nacht weiterging und die Energie begann ganz langsam nachzulassen, führte der Konsum von

Alkohol zu Gesprächen über Olive Stumpp. Der Fall, der der RCPD für immer ein dunkles Bild unter der Stadtbevölkerung vermittelte. Die Bewohner hatten fast das Vertrauen in die Polizei verloren, insbesondere nachdem Marvin als Verdächtiger eliminiert wurde und sie drei Jahre lang keinen weiteren brauchbaren Verdächtigen finden konnten.

Zwei Ermittler arbeiteten noch immer an dem Fall und beide bestanden darauf, Jimmy Niles zu verurteilen.

Die Staatsanwälte des Bezirks wurden jedoch nicht im Dunkeln gelassen, als es um den Fall ging. Sie wussten auch, wie die Ermittler eine eidesstattliche Erklärung zur Festnahme von Jimmy Niles vorbereitet hatten. Doch so sehr sie auch darauf drängten, zögerten die Anwälte immer noch, den Haftbefehl dem Richter vorzulegen. Als die Nacht zu Ende ging, mussten die Ermittler das aktuelle Schicksal des Falles akzeptieren.

Aufgrund des Mangels an direkten Zeugen und Haftbefehlen mussten sie zugeben, dass der Fall nun ungelöst sei. Einer der Hauptgründe war das Fehlen einer Waffe, fehlende Stiefel oder direkte Beweise, die die Polizei daran hinderten, Niles am Tatort zu platzieren. Sie wussten nicht, dass die Lücken in ihren Ermittlungen bald aufgedeckt werden würden, was das noch bestehende Geheimnis ans Licht bringen würde.

KAPITEL 6
EINDRINGLICHE VERBRECHEN

Zur Zeit des Mordes an Olive Stumpp war Officer Brad White mit seinen eigenen Ermittlungen beschäftigt. Er würde seine Zeit damit verbringen, Schuldige aufzuspüren und sein Fachwissen, seine Erfahrungen, Computer und Technologie einzusetzen, um seine Nische für die Abteilung zu definieren.

Die Jahre vergingen und die Ermittler gingen allen Hinweisen zum Stumpp-Mord nach, wobei der Fall mit der Zeit immer brisanter wurde.

Während die Kälte des Todes in der Kleinstadt lag, verbreiteten sich Gerüchte über die Stilllegung des Falles durch die Hallen des Reviers. Es war ein heikles Thema in der Ermittlungsabteilung der Abteilung. Im Jahr 2001 wurde White befördert und der Ermittlungsabteilung zugewiesen. Als Wirtschaftsdetektiv sollte er sich mit Finanz- und komplexen Straftaten befassen. Er machte sich sofort an die Arbeit und begann mit der Entwicklung der High-Tech Crime Unit mithilfe seiner Computerprogrammierkenntnisse. Es gab nicht viel zu tun, da das Internet neu war, es kein Budget dafür gab und die Idee, Beweise aus der Elektronik zu sammeln, absurd war. Officer White sammelte zunächst Computer aus Drogenbeschlagnahmungen und baute einen forensischen Computer zusammen, der vom Rest der Welt abgeschirmt war um die Beweise zu verarbeiten. Air Gap ist eine

Sicherheitsmaßnahme, bei der Computer, Computersysteme oder Netzwerke in keiner Weise mit anderen Geräten oder Netzwerken verbunden sind. Dies wird in Fällen eingesetzt, in denen eine lückenlose Sicherheit ohne das Risiko einer Gefährdung oder Katastrophe erforderlich ist.

Anschließend mussten einige Richtlinien und Protokolle erstellt werden, um einen Standard zu erstellen. Glücklicherweise gab es viele Geeks in der Strafverfolgung, die Hand in Hand mit dem RCFL (Regional Computer Forensic Lab) des FBI in Kansas City arbeiteten. In Riley County gab es nun auch eine funktionierende Abteilung für High-Tech-Kriminalität.

So unerwartet die Dinge auch sein mögen, war gerade ein Fall eingetroffen, der Detective White in seinen Bann ziehen würde. Weit weg von seinen normalen High-Tech-Verbrechen. Der Chef rief Det. White in sein Büro, wo er gerade mit dem Stadtverwalter telefoniert hatte. Ein Mitglied der Gründerfamilien von Manhattan, Kansas, arbeitete als Leiter des Parks & Recreation. Der Superintendent hatte Probleme mit dem Verlust von Geldern in seiner Abteilung. Das Problem war, dass der Superintendent es nicht gemeldet hatte. Der Bericht stammte von einem Praktikanten aus der Finanzabteilung, der inkonsistente Einzahlungen feststellte.

Die Ermittler schauten bei Parks & Recreation vorbei, in den frühen Morgenstunden, als die Stille purer Leere das Büro erfüllte. Detective

White und seine Kollegen wussten genau, was sie zu tun hatten und der Plan war sehr gut im Griff. Als sie das Gebäude betraten, erhellte nur noch das schwache Licht ihrer Taschenlampen den gesamten Raum. Sie sahen sich um. Der graue Teppichboden trug dazu bei, die Geräusche der Schritte zu übertönen.

Der Wachmann stand postiert, als Detective White den Raum betrat und half ihm beim aufbauen seiner Sachen. Das Team ging zum Dachboden des Bürogebäudes eines Mitarbeiters und installierte verdeckte Kameras in den Lüftungsschlitzen. Sie waren auf eine Dropbox gerichtet, in die die Crews Gelder aus den Tagesaktivitäten werfen würden, eine für eine Gesamtansicht des Büros und eine weitere an der Tür, um eine eindeutige Identifizierung zu ermöglichen.

Schließlich wich die Dunkelheit einem schwachen roten Licht und das Team wusste, dass es Zeit war zu gehen. Sie wussten nicht, was sie erwarten sollten aber was auch immer es war, damit hatten sie nicht gerechnet.

Ohne es zu merken, hatten sie in ein Wespennest gestochen. Als sie zum Revier zurückkamen und sich in die Überwachungskamera einloggten, summte der Schwarzweißbildschirm und dann kam das verpixelte Bild in Sicht. Nach nur zwei Tagen voller Aktivitäten war es nicht schwer zu erkennen, was los war.

Im Video sahen sie wie der Superintendent die Dropbox öffnete. Anstatt das Geld auf Genauigkeit zu zählen und die Einzahlungen vorzunehmen, steckte er einen beträchtlichen Teil der nicht dokumentierten Gelder in seine Taschen. Detective White sah fasziniert zu. Er wusste, dass er den Superintendenten genauer untersuchen musste, bevor er die große Enthüllung machte.

Er verbrachte Stunden damit, Akten, Bilder und Unterlagen über ihn durchzusehen und schließlich stellte sich heraus, dass in der Stadt ein Glücksspielbetrug stattgefunden hatte. Er entdeckte, dass die Stadt-

Mitarbeiter auf Fantasy-Football wetteten. Nicht nur während der Arbeitszeit des Unternehmens, sondern auch mit Geld der Stadt.

Je mehr Detective White in den Akten stöberte, desto mehr Dinge entdeckte er über die alltäglichen Abläufe des City Parks & Recreation Department. Seine Entdeckungen machten ihm klar, dass dies nichts Neues, sondern leider schon seit Jahren im Gange war. Detective White machte seine Arbeit hervorragend aber er wusste, dass er kein Buchhaltungsexperte war.

Um wirklich zu verstehen, was geschah, brauchte er die Hilfe des Finanzamts der Stadt. Er verschwendete keine Zeit damit, sie anzurufen. Er informierte das Büro umgehend so detailliert wie nötig. Seite an Seite setzten sie die Ereignisse zusammen.

Die prognostizierten Einnahmen hätten eingezahlt werden müssen und die fehlenden Beträge beliefen sich auf sechsstellige Beträge. Detective White war begeistert, wie nah er der Wahrheit war. Die Tage waren plötzlich länger geworden, während nur eine Gruppe mit den Mordermittlungen beschäftigt war.

Als Detective White eines Morgens aufwachte, beschloss er, dass es endlich Zeit war, den Verdächtigen zu befragen. Detective White war entschlossen, dem ein Ende zu setzen.

Es war ein bedeutsamer Tag und er wurde angewiesen, Anzug und Krawatte zu tragen, was im Gegensatz zu seiner Alltagskleidung in Jeans und T-Shirt stand. Sobald er sich angezogen hatte, rief er den Polizeichef und den Bürgermeister an, als er die Neuigkeiten erhielt. Beide würden das Interview über den Beobachtungsmonitor überwachen. Er war vorbereitet und bereit zum Revier gegangen

Es herrschte eine gewisse Vorfreude und sobald er eintrat, spürte er den angespannten Zug in seinen Muskeln. Als er den Verhörraum betrat, der von weißen Wänden umgeben war, wusste er, dass es an der Zeit war, sein Bestes zu geben. Es gelang ihm, den gesamten Tatverlauf für die Galerie und den Verdächtigen darzulegen, der dann ein reumütiges Geständnis darüber abgab, was er im Laufe der Jahre getan hatte, woran er sich erinnern konnte.

Bedauerlicherweise hatte der Superintendent für all das Geld, das er genommen hatte, nichts anderes vorzuweisen, als ein verschwenderisches Leben mit seinen Freunden zu führen. Er war vor allem als Stimme der Kansas State Wildcats als Kommentator für das Stadion und das lokale Radio bekannt. Das ist jetzt alles vorbei. Ein Video hatte seiner Karriere faktisch das Ende gesetzt. Die Lösung dieses Falles war jedoch ein Sieg für Detective White.

Der Erfolg von Brad White in diesem speziellen Fall hatte ihn schnell von der Wirtschaftskriminalität zurück in die Drogendelikte geführt. Zu diesem Zeitpunkt wurde er einer Task Force der DEA Mobile Enforcement Task Force zugeteilt, um ein Jahr lang Informationen zu sammeln.

Officer White verbrachte seine Zeit damit, Kokainverteilungen im ganzen Staat zu verfolgen und trainierte mit SCAT-Einheiten (Special Community Action Team)

in Wichita, Topeka und Kansas City. Seine Rolle wandelte sich in eine Position als Ermittler für schwere Verbrechen. All diese Rollen haben dazu beigetragen, Detective White den Weg in eine positive Richtung zu ebnen. Er wurde Teil der Teams, die das Clandestine Lab Intervention Team (METH Labs), das Unterwasser-Bergungsteam und die High-Tech Crimes Unit gründeten und leiteten.

Das Team erlaubte ihnen, an fast allen größeren Mord-, Drogen-, Körperverletzungs- und Raubüberfällen sowie Ermittlungen zu

Internetverbrechen gegen Kinder beteiligt zu sein. Brad untersuchte die schlimmsten Verbrechen, die die Gesellschaft zu bieten hatte.

Die Methoden zur Beweiserhebung von Detective White für High-Tech-Verbrechen haben sich im Laufe der Jahre weiterentwickelt und bescherten ihm auf der Grundlage seiner Beweise und Ermittlungen eine Verurteilungsquote von 98 %. Dem Team wurden oft ungelöste Fälle zugewiesen und Brad war ein Teil davon.

Sein erster Fall kam sofort. Es handelte sich um eine vermisste Person, die vermutlich bei einem Drogendeal in den 1970er Jahren ums Leben kam. Detective White fühlte sich hoffnungslos, obwohl er langsam an Fahrt gewann. Die Zeugen waren größtenteils tot oder konnten sich einfach an nichts erinnern, was sie der Akte hinzufügen könnten.

Das Ermittlungsteam war ein wesentlicher Bestandteil seiner Entwicklung und durch sie konnte er seine Fähigkeiten in Interviewtechniken weiterentwickeln. Zeugen sagten, er habe einen typischen Colombo-Interviewstil gehabt, was bedeutete, dass er so tat, als wüsste er nichts und bräuchte ihre Hilfe, um selbst die einfachsten Details des Verbrechens zu verstehen. Oft spielte er die Rolle des Good Cop, weil sich Bad Cop so unnatürlich und gezwungen anfühlte, was unecht wirkte.

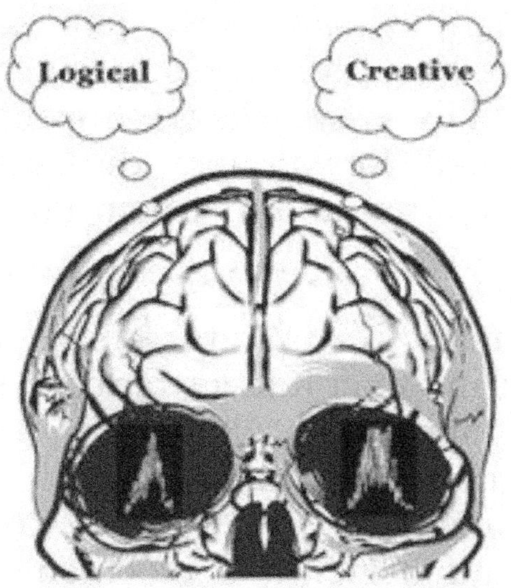

Forensic Voice Stress Analysis

Die Zeit verging und seine Ausbildung schritt weiter voran, während er die Kunst der Sprachstressanalyse erlernte, ein Werkzeug zur Analyse von Sprachaufzeichnungen und zur Feststellung, ob

die Probanden wahrheitsgemäß antworteten. Diese Technologie weckte Brads Interesse, da es sich hauptsächlich um einen Computeralgorithmus handelte, der in den 60er Jahren entwickelt wurde, um Soldaten unter Stress zu untersuchen, um ihre Fähigkeit zu bestimmen, den Kampf fortzusetzen.

Die VSA-Technologie ruhte bis in die 80er Jahre, als sie als Werkzeug zur Wahrheitsfindung wie ein Lügendetektor erneut in Erscheinung trat. Diese Technologie unterschied sich dadurch, dass sie hauptsächlich die unbewussten Reaktionen verarbeitete, die sich aus dem autonomen Denkprozess der Formulierung einer Lüge im kreativen Teil Ihres Gehirns ergaben und nicht die physiologischen Reaktionen, die aus direkten Fragen resultierten und in einem Lügendetektor gemessen wurden.

Während Detective White einen deutlichen Aufschwung in seiner Karriere erlebte, lernte er in diesem Moment auch die harte Realität der Strafverfolgung kennen. Mit großer Verantwortung kam die düstere Realität. Die Menschen auf der Straße mochten die Polizei nicht, weil sie nur das Böse sahen, das mit ihren Interaktionen verbunden war.

Die Polizei stand ständig unter Beobachtung. Es war bekannt, dass sie nur auf sich selbst, ihre Beförderungen oder ihr Erscheinungsbild in der Öffentlichkeit achteten. Das Ende der Polizeiarbeit war immer düster. Vielen drohte der frühe Tod oder kein Leben außerhalb

der Strafverfolgungsbehörden, wenn sie es denn in den Ruhestand schafften. Dieses Leben war hart für Ehen.

Dann geschah der Tag, den wir nie vergessen werden: der 11. September 2001.

Der Tag begann wie jeder andere Morgen. Die Detectives haben gerade die morgendliche Zusammenfassung der Patrouillenereignisse der vergangenen Nacht beendet und sich in ihre jeweiligen Kabinen verteilt.

Plötzlich um 8:45 Uhr veränderte sich der Ton des Tages für immer, als Captain Dubbs aus seinem Büro rief. Er hatte ferngesehen, und gerade war ein Flugzeug in den Twin Towers von New York gelandet.

Ein paar Detectives drängten sich um seine Tür, um den kleinen Fernseher in der Ecke zu sehen, dann passierte es.

Um 9:03 Uhr traf ein zweites Flugzeug den zweiten Zwillingsturm und die Stimmung wandelte sich von einer Tragödie zu einem Terroranschlag. Alle Ermittlungsarbeiten schienen zum Stillstand zu kommen und der große Bildschirm im Besprechungsraum stand im Mittelpunkt der Aufmerksamkeit. Reporter nach Reporter spekulierten in Dauerschleife über das Ereignis. Anschauliche Zeitlupenkollisionen mit den Türmen und verzweifelte Opfer, die in den Tod sprangen, erfüllten die zu analysierenden Flugwege.

Am Ende des Tages herrschte Panik und alle Streifenpolizisten waren in erhöhter Alarmbereitschaft. Als das dritte Flugzeug das Fünfeck traf und ein viertes Flugzeug voller historischer Krieger das Flugzeug auf dem Weg zum Kapitol abschoss, befanden sich die

Vereinigten Staaten im Krieg mit einem unbekannten Feind.

In den Tagen nach dem verheerenden Angriff wurde Detective White damit beauftragt, Preistreiberei an Tankstellen und anderen Notdienstanbietern zu untersuchen. So banal es auch war, er befand sich auf vertrautem Terrain und baute eine Datenbank potenzieller muslimischer Radikaler auf, die in und um Riley County lebten.

Das FBI bildete schnell eine Joint Terrorism Task Force (JTTF) innerhalb welcher Det. White in den muslimischen Gemeinden rund um den College-Campus von Tür zu Tür ging und Hinweisen auf verdächtiges Verhalten nachging. Rückblickend handelte es sich um eine moderne Hexenjagd, da die patriotische Angst vor

Muslimen im Allgemeinen mit dem Angriff im Zusammenhang mit einer Taliban-Terrororganisation in Afghanistan eskalierte.

Ein muslimischer Basketballspieler von der Kansas State University im Verletzungsstatus war in ein Problem mit häuslicher Gewalt verwickelt, als seine Freundin ihn ins Rampenlicht rückte. Obwohl er

als junger Erwachsener eine gute Beziehung zur islamischen Gemeinschaft hatte. Das FBI beschloss, ihn als Informanten einzusetzen, um diejenigen zu identifizieren, die radikale Ansichten entwickelten und antiamerikanische Gewalt planten.

Die Vereinigten Staaten begannen mit Vergeltungsmaßnahmen gegen die an dem Angriff Beteiligten. Die Fernsehnachrichten konzentrierten sich auf Videos von Bombern, Düsenjägern und Hubschraubern, die ihre Zielgebiete mit höchster Präzision zerstörten.

Die muslimischen Gemeinden begannen ihre eigenen Feierlichkeiten. Der muslimische Informant machte Videoaufnahmen von Partys, auf denen sie sich versammelten und ein Trinkspiel zeigten. Jedes Mal, wenn in den Fernsehnachrichten über die Enthauptung eines Amerikaners oder Soldaten in Afghanistan berichtet wurde, gab es einen Schuss.

„Die Welt wird nie mehr die gleiche sein“, sagte Agent Miller vom FBI, „aber wir müssen unseren Teil dazu beitragen, diejenigen, die wir lieben und denen wir dienen, vor sich selbst und vor dem Feind zu schützen.“

Am 11. September wurden 2.763 Menschen getötet, um die Verwundbarkeit der Vereinigten Staaten von Amerika zu beweisen. 343 Feuerwehrleute und 71 Polizisten waren unter denen, die in die Gefahr stürzten.

Der Großteil des Jahres 2001 war für Detective White voller Fortschritte, da er sich als einzigartiger Ermittlertyp etablierte. Ohne dass er wusste, dass ihn gegen Ende des Jahres eine weitere Tragödie erwarten würde. Wieder einmal bahnte sich die Dunkelheit des Dezembers langsam ihren Weg zu seiner alten Abteilung und seinen Kollegen am JCPD.

Ein Beamter, Officer Alex, reagierte auf einen Anruf wegen häuslicher Gewalt. Wie Smokey war Officer Alex ein guter Freund von Brad und sie trafen sich oft bei Familienfeiern, während sie mit seiner Frau Deutsch sprachen. Sie wussten nicht, dass die Freundschaft ein bitteres Ende nehmen würde.

Es war Anfang Dezember, in den frühen Morgenstunden. Er hatte auf die Szene reagiert, in der ein Mann die Tür geöffnet hatte, welcher später als der Freund der Frau identifiziert, die um Hilfe gerufen hatte.

Polizist Alex war für die beiden im Haus eingeschlossenen Kinder verantwortlich, während sein Partner als Ersatz für den Fall zur Verfügung stand, dass der Verdächtige vom Tatort flüchtete. An einem Wintermorgen hatte das Eis gerade erst begonnen, sich zu bilden und die Dunkelheit hatte gerade erst nachgelassen. Officer Alex näherte sich dem Gebäude und ging vorsichtig, bewaffnet und bereit, hinein.

„Aufmachen! Polizei!", rief er, als er laut an die Tür klopfte. Stattdessen wurde er mit schlurfenden Füßen und dem Wimmern von Kindern empfangen.

Officer Alex drehte sich wieder zu seinem Partner um, der ihm zugenickt hatte, er solle fortfahren. Langsam bewegte er sich mit der Waffe in der Hand vor die Tür und stieß dann schnell mit der Schulter gegen die Tür, um sie aufzubrechen.

Gleich nach dem ersten Treffer öffnete sich die Tür und das laute Jammern der Kinder hallte durch das Gebäude. Es dauerte nur eine Sekunde, bis Officer Alex den Freund sah, bevor die tödliche Kugel in seine Brust einschlug und ihn sofort schockiert und dann leblos zurückließ.

„Officer verletzt! Ich wiederhole: Officer verletzt! Ich bitte um Unterstützung!“, rief sein Partner über Funk und stürmte dem Verdächtigen nach, der sich erfolgreich in einem der Räume eingeschlossen hatte.

Nicht lange danach war ein weiterer Schuss zu hören, der die Kinder im anderen Raum lauter schreien ließ. Als der Partner von Officer Alex die Badezimmertür aufbrach, stellte er fest, dass der Verdächtige sich aus Angst vor den Folgen des Todes von Officer Alex umgebracht hatte.

Die beiden Kinder waren unbewaffnet. Allerdings hing die düstere Todeswolke schwer in der Luft.

Als die Beerdigung stattfand, wurde Detective White klar, wie nahe der Tod wirklich war, als er die schönen Momente schätzte, die ihm von seinem Freund geblieben waren. Bevor er es wusste, war das Jahr vergangen und bald neigte sich auch das nächste Jahr dem Ende zu.

Es war November 2002, als Detective White wegen eines Mordes in Riley, Kansas, kontaktiert wurde. Wie bei jedem anderen Fall dachte White nicht viel darüber nach, aber irgendetwas an dem Fall fühlte sich bedrohlich an. Er fühlte sich nervös und wusste nicht warum.

RIP „Alex“ Ende der Wache: 03.12.2001

Er wusste nicht, dass dieser Fall einer davon sein würde, der ihn für immer verfolgen würde. Alles begann mit einem Anruf beim RCPD, als eine psychisch instabile Frau mit ihrem Sachbearbeiter darüber sprach, ihrem Leben ein Ende setzen zu wollen. Der Sachbearbeiter rief um

Hilfe an und erwähnte, dass die Frau zwei Kinder habe und kürzlich auch eine Waffe gekauft habe.

Sobald der Anruf eingegangen war, wurden Beamte losgeschickt, um nach der Frau zu sehen. Als der erste Officer ankam und aus seinem Fahrzeug stieg, ging er auf die mit glitzerndem weißem Schnee bedeckte Veranda. Als er seine Hand hob, um die Glocke zu läuten, ertönte aus dem Inneren ein lauter Schuss.

Dem Beamten wurde nicht mitgeteilt, dass sich Kinder im Haus befanden und er eilte zum Auto, um Verstärkung zu rufen, da tragbare Radios so weit draußen im Land nicht gut funktionierten. Plötzlich fielen ein zweiter und ein dritter Schuss. Er wusste nicht, ob es die Kälte des Winters oder der Schuss war, aber er spürte, wie die Kälte seine Knochen traf.

Als er den Anruf für eine Unterstützung endlich durchstellen konnte, würde es mindestens 15 bis 20 Minuten dauern, bis sie reagierten. Die antwortenden SWAT-Offiziere stürmten hinein, aber als sie das sahen, sank ihnen das Herz in Stücke und sie stürmten, ihre Gesichter weiß wie der Schnee der die stille Luft bedeckte wieder hinaus.

Als die Ermittler eintrafen, konnten sie kaum eine Antwort formulieren.

Als das forensische Team den Zutritt schaffte, wurde es mit einer schrecklichen Szene begrüßt. Alles, was sie sehen konnten, war Rot und das reichte aus, um einige der Beamten nach draußen zu schicken, denen durch den Anblick, den sie gerade gesehen hatten, übel war und sich in den Büschen übergeben mussten. In all den Jahren ihrer Arbeit gab es keinen einzigen Vorfall, dem sie auch nur halb so schrecklich ausgesetzt waren wie das, was sie gesehen hatten. Detective White wurde gebeten, den Tatort zu dokumentieren und zusammen mit dem CSI-Ermittler Rhino Beweise zu sammeln.

Keiner der Beamten hatte jemals einen so schrecklichen Tatort erlebt wie den, den sie gesehen hatten. Officer White wurde nicht über die Einzelheiten informiert, erklärte sich jedoch bereit, dem CSI-Team zu helfen. Er machte sich an einem seiner Meinung nach fröhlichen Morgen auf den Weg zum Haus, ohne einen Hinweis auf das Schicksal, das ihn im Haus des Todes erwartete.

Als er sein Auto vor dem Haus parkte, konnte Officer White nur einen Schwarm blauer und schwarzer Autos sehen, deren rote und blaue Lichter in den kristallweißen Schneeflecken reflektiert wurden. Ein düsterer

Ausdruck war auf allen Gesichtern zu sehen, die Farbe war verschwunden. Detective White konnte die Spannung spüren, die auf die Atmosphäre einwirkte. Sobald er aus dem Auto stieg, wurden ihm von einem Beamten eine Maske und Handschuhe ausgehändigt. Detective White dankte ihm, als er aufsah und die Angst in seinen Augen sah.

"Es ist schlimm. Es ist sehr schlimm. Sie sind auf sich allein gestellt. Ich gehe nicht wieder rein", sagte er und ging weg.

Detective White sah ihm eine Weile nach, dann richtete er seine Aufmerksamkeit auf die Tür. Als er den Wohnwagen betrat, spürte er die muffige Luft und den Gestank von Blut.

Der CSI-Ermittler stand im Wohnzimmer, während der Blitz der Kamera losging. Detective White ging auf ihn zu und sagte nicht einmal ein Wort, als der Ermittler sich umdrehte und ihm die Kamera reichte.

„Ich mache mir die Notizen, während wir die Erstdokumentation durchgehen", sagte er und versperrte Detective White die Sicht auf die Leichen auf dem Sofa. Er begann in Richtung Hinterzimmer zu gehen, sein Körper war bei jeder Bewegung steif.

„Das ist der Raum", sagte er mit kalter Stimme. Detective White betrachtete ihn und spähte langsam nach innen. Er musste gegen die Tränen ankämpfen, die ihm in die Augen stiegen. Alles, was er sehen konnte, waren die rosa Einhorn-Bettlaken und ein winziger Körper darauf.

Überall auf dem Bett und an den Wänden war purpurrotes Blut verspritzt. Langsam ging Detective White weiter rein, sein Herz klopfte schnell in seiner Brust. Ein kleines Mädchen lag leblos auf dem Bett; Ihr unschuldiges Gesicht wandte sich der Wand zu. Das Mädchen war ungefähr im gleichen Alter wie die älteste Tochter von Detective White, was die Sache noch schwieriger machte. Obwohl das Mädchen in den Rücken geschossen wurde, war die Szene immer noch ziemlich chaotisch.

„Das ist es, was ein Großkaliber aus nächster Nähe tun kann,“, sagte Detective Rhino. Er ging hinein und untersuchte die Leiche sorgfältig.

Detective White kämpfte gegen den Drang an die Leiche zu vertuschen. Das kleine Mädchen sah so unschuldig aus. Es brachte seinen Geist dazu, vor Fragen zu schreien und zu schreien, er wollte raus. Dennoch hatte er eine Aufgabe zu erledigen und die Verantwortung, für den Fall so viele Informationen wie möglich zu beschaffen. Er holte tief Luft.

„Ich habe das verstanden, keine Sorge“, sagte er zu Rhino und begann zu fotografieren und den Drang zum Schreien und Erbrechen zu bekämpfen. Er stellte sicher, dass er alle Details dokumentierte, sodass jedes kleinste Detail des Tatorts des kleinen Mädchens notiert werden konnte.

Als er fertig war, gingen er und Detective Rhino durch die restlichen Hinterzimmer und dokumentierten deren Zustand und Maße, bis er im Flur stehen blieb. Er wusste nicht, dass das Schlafzimmer des kleinen Mädchens nicht einmal annähernd die schlimmste Szene erlebte. Er würde bald mehr erfahren.

„Sind Sie bereit?", fragte Detective Rhino und schaute ihm direkt in die Augen.

Langsam nickte Brad und bereitete sich auf das Schlimmste vor. Egal wie viele Tragödien er gesehen hatte, keine davon war im Vergleich zu dem, was er gleich miterleben würde.

Detective White konnte die Angst spüren; er wollte nicht weitermachen aber er musste.

„Dies ist nicht nur eine Tragödie; Daraus bestehen Albträume“, sagte Detective Rhino zu sich selbst, obwohl Brad die Worte hörte. Er studierte die Bewegungen des Officers und die Zurückhaltung in seinen Schritten. Sie hatten jetzt die Hintertür neben den Schlafzimmern des Wohnwagens erreicht. Rhino hielt erneut inne und trat dann nach draußen.

„Was verschweigen Sie mir? Kenne ich sie?“, fragte Brad und die Angst erfasste seinen ganzen Körper. Detective Rhino war inzwischen völlig blass geworden.

„Das glaube ich nicht aber es ist schlimm, wirklich schlimm“, wiederholte er.

Brad saß in seinem Auto und versuchte, seine Sinne unter Kontrolle zu bringen aber alles, was er jetzt tun konnte, war zu spüren, wie sich die Galle in seinem Magen drehte und sein Herz schneller schlug, nachdem er die Nachwirkungen eines brutalen Verbrechens gesehen hatte.

Das Schlimmste der Menschheit wurde für ihn sichtbar. Er umklammerte das Lenkrad fester, konnte die Bilder aber nicht aus seinem Kopf löschen. Seine Gedanken wanderten immer wieder zurück zu der Zeit, als er mit Detective Rhino durch die Szene gegangen war. Er hätte die Chance gehabt, sich hinter der Tür zu verstecken und diesen Vorfall nie zu sehen, aber das tat er nicht.

Stattdessen gingen sie weiter den schmalen Flur hinunter zum Wohnzimmer. Die Fotos, die die linke Wand bedeckten, brannten in Detective Whites Gedanken. Die Rahmen hingen über der braungetäfelten Wand. Das kleine Mädchen, das er gerade fotografiert hatte, lächelte, als sie für ein Schulfoto posierte und ihr wunderschönes Lächeln glänzte auf dem Bild. Das Bild darunter zeigte ein weiteres junges Mädchen, etwa zehn Jahre alt, so glücklich wie nur möglich.

In dem Moment, als er um die Ecke bog, löste sich der kleine Sonnenstrahl, der aus den Fotos hervorkam, in nichts als Aschewolken auf.

Der Flur öffnete sich zum Wohnzimmer, wo an der rechten Wand ein Sofa stand und auf der rechten Seite des Sofas die Mutter saß, ohne dass eine offensichtliche Verletzung erkennbar war. Ihre Augen waren hohl und ihr Blick war leer, als sie ohne zu blinzeln geradeaus starrte. Zu ihrer Rechten saß das junge Mädchen von den Fotos, wir vermuteten zumindest, dass sie es war.

Als er das Mädchen sah, spürte er, wie seine Beine nachgaben und ihm durch eine unsichtbare Kraft jegliche Energie entzogen wurde. Die Mutter hatte einen 357-Revolver in der Hand, mit dem sie offenbar dem jungen Mädchen ins Gesicht geschossen hatte, ein Gesicht, das nicht mehr vorhanden war. Die Mutter hatte dann die Waffe auf ihre eigene Brust gerichtet und abgedrückt.

Detective White blieb standhaft und sammelte die Kraft, die in ihm steckte, dann drehte er sich langsam um und begegnete Detective Rhinos ähnlichem Blick.

„Es tut mir leid aber ich muss das tun“, sagte er und ging zu der Leiche. Er hob sanft den Kiefer, um das Gesicht teilweise wieder zusammenzusetzen.

Detective White nickte und ging auf ihn zu und versuchte, ein ausreichend gutes Bild zu machen, um zu bestätigen, dass es sich tatsächlich um das Mädchen auf den Fotos an der Flurwand handelte.

Sie verarbeiteten die grausame Szene weiter, wurden jedoch durch ein seltsames Kratzgeräusch abgelenkt. Sie waren allein im Wohnwagen und jedes Mal, wenn sie das Geräusch hörten, sahen sie sich an, als wollten sie fragen: „Können Sie sagen, was es ist?“ „Ratten!“, rief Rhino aus, als sie sich wieder an die Arbeit machten und die Körper und die Umgebung vermaßen und fotografierten. White machte gerade ein letztes Gesamtfoto, als das Geräusch im Bereich des Sofas zu hören war.

Diesmal wurde die Stille durch Whites mädchenhaften Ausbruch „Scheiße!“ unterbrochen. Als ein kleines grau-weißes Gesicht durch die Kissen neben dem Körper der Mutter spähte, verschwand es schnell wieder.

Detective White saß allein im Auto und hatte nichts als die eindringlichen Bilder des Opfers im Kopf. Er holte tief Luft und blickte zur leeren Straße hinauf. Der Krankenwagen war mit den Leichen weggefahren und die übrigen Beamten waren gerade dabei, ihre Arbeit zu erledigen, als ein verängstigter junger Beamter aus dem Wohnwagen stürmte und den Ermittlern bedeutete, zurückzukommen.

Detective Rhino ging hinaus und sah Detective White an. Die beiden nickten. Detective

White startete sein Auto und fuhr dann los. Der Schrecken seiner Arbeit hatte ihn eingeholt und als sie tiefer gruben, fand er weitere Beweise, die die Ähnlichkeit der Opfer mit seinen Töchtern bestätigten. Das ältere Kind war vom Alter her seiner Tochter ähnlich und der Vorname war derselbe.

Was wirklich erschreckend war, war, dass der Geburtstag der jüngeren Tochter nur wenige Tage vom Geburtstag seiner jüngsten Tochter entfernt war, wobei auf den Fotos ähnliche Merkmale zu erkennen waren.

Sowohl Rhino als auch White hatten häufig Pausen eingelegt in der Dokumentation dieser Szene aber sie konnten die Aufgabe schließlich durchsetzen. Der Vorfall und die Bilder wurden nach diesem Tag nur noch selten erwähnt, abgesehen von einem kleinen Detail. Es war einfach zu viel, selbst für Polizisten.

Das Einzige, worüber sie offen sprechen konnten, war die Angst, die sich in den Augen des jungen Neulings spiegelte, der aus dem Wohnwagen gerannt kam, als sie fertig waren, weil ihn das kratzende Geräusch begrüßt hatte. Trotz des Schreckens am Tatort scheint es, dass ein Kätzchen im Sofa versteckt war, nur um herauszukommen, als das Chaos nachgelassen hatte und den jungen Beamten zu Tode erschreckte.

KAPITEL 7
EIN PERFEKTER MORD

Marion Johnson war eine Frau, die ihr Leben auf der dunkleren Seite gelebt hatte. Als sie jedoch ihren Ehemann Gavin kennenlernte, war sie überzeugt, dass sich ihr Leben zum Besseren wenden würde. Er war alles, was sie von einem Mann brauchte und er machte sie glücklich. Nachdem sie Gavin geheiratet hatte, war er endlich in der Lage, er selbst zu sein und ihr sein wahres Gesicht zu zeigen.

Marion Johnson begann erneut, die Misshandlungen zu ertragen, an die sie so gewöhnt war. In der Dunkelheit, die ihr Leben verschlang, gelang es einem kleinen Sonnenstrahl, hindurchzukriechen. Marion wurde mit einer Tochter gesegnet, die Gavin Alyssa nannte und sie gut behandelte. Als seine Tochter war Alyssa vor dem Schicksal ihrer Mutter sicher.

Als der 5. September 2003 kam, war Marion wie jeden Tag aufgewacht. Sie war nicht länger überrascht von den Misshandlungen, die jeden Tag auf sie zukamen. Diesmal war etwas anders. Gavin hatte ihr erzählt, dass er für den nächsten Tag eine Überraschung für sie geplant hatte.

Anstatt aufgeregt zu sein, hatte sie Angst davor, was es sein könnte. Marion wusste besser als jeder andere, dass Gavins Überraschungen für sie oft noch mehr Qual bedeuteten. Was sie wirklich abschreckte, war das Timing; Ihr Geburtstag war erst ein paar Tage her und Gavin war mindestens eine Woche lang immer außer sich vor Wut. Sie wusste es besser, als an diesem Tag vor ihm zu stehen.

Marions Augen öffneten sich, als der Alarm die Stille durchbrach. Sie lag träge da, dann streckte sie die Hand aus und schaltete den Wecker aus. Sie stöhnte. Irgendwie sorgte selbst die aufgehende Sonne, die in das kleine Zimmer strömte, nicht dafür, dass sie sich besser fühlte.

Sie freute sich über die Stille aber ihre Ohren waren angespannt, als sie das Geräusch von etwas hörte, das im Nebenzimmer herumklirrte. Langsam stieß sie sich vom Bett ab. Nachdem sie sich für den Tag fertig gemacht hatte, erkundete sie den Computerraum, in dem Gavin in den letzten Monaten geschlafen hatte. Bevor sie ihn erreichen konnte, schloss Gavin die Tür.

Marion stand eine Weile da, seufzte und ging dann daran vorbei ins Wohnzimmer. Alyssa saß auf dem Sofa und wartete auf ihr Frühstück. Ihr Blick klebte an den kleinen Figuren, die auf dem Fernsehbildschirm tanzten und sangen. Marion ging in die Küche und bereitete eine Schüssel Müsli zu, ihr Kopf schwirrte vor Gedanken.

„Alyssa, komm und hol dir dein Müsli“, rief sie und sah sofort, wie das kleine Mädchen zum Tisch hüpfte. Marion drehte sich zum Waschbecken um, als sie hörte, wie sich eine Tür öffnete und Gavins vertraute bedrohliche Aura sie begrüßte,

bevor er es tat. Seine Schritte waren unregelmäßig und er schien umsonst Aufsehen zu erregen, um einen Streit anzuzetteln.

Er schrie Marion an, die versuchte, ihn zu ignorieren. Das nächste, was sie bemerkte, war, dass eine Müslischale an ihrem Kopf vorbeisauste und hinter ihr an der Wand zerschellte. Glassplitter fielen auf den Boden und Alyssas Schreie hallten durch den Raum. Marions Herz raste und alles, was sie in diesem Moment denken konnte, war ihr verängstigtes kleines Mädchen, das inmitten einer gewalttätigen Episode gefangen war. In Panik packte sie Alyssa und zog sich in den Computerraum zurück, in dem sich das Haustelefon befand.

„Du bringst Alyssa nirgendwo hin!“ Gavins Stimme drang zu ihr und seinen schweren Schritte, als er auf sie zulief. Alyssa unruhig und weinend in ihren Armen, voller Angst. Marion nahm den Hörer ab und wählte die Notrufnummer 911, gerade als Gavin durch die Tür gestürmt kam und sie das Telefon fallen ließ.

„Alyssa, geh und schau dir Cartoons an.“ Gavin schrie sie an, während sie aus dem Zimmer rannte. Marion stand da, erstarrt und verängstigt. Erst als Alyssa ging, bemerkte sie das Geschirrtuch und eine braune Flasche in seinen Händen. Sein Gesicht hatte einen bedrohlichen Ausdruck angenommen.

„Warum hast du eine Flasche Chloroform?“,

fragte Marion mit zitternder Stimme.

„Ich schwöre bei Gott, du wirst so schnell bewusstlos sein“, antwortete Gavin ruhig und schnippste mit dem Finger.

„Dann wirst du im verdammten See aufwachen“, fügte er hinzu. Er machte sich nun auf den Weg zu ihr, als Marion mit Tränen in den Augen zurückwich.

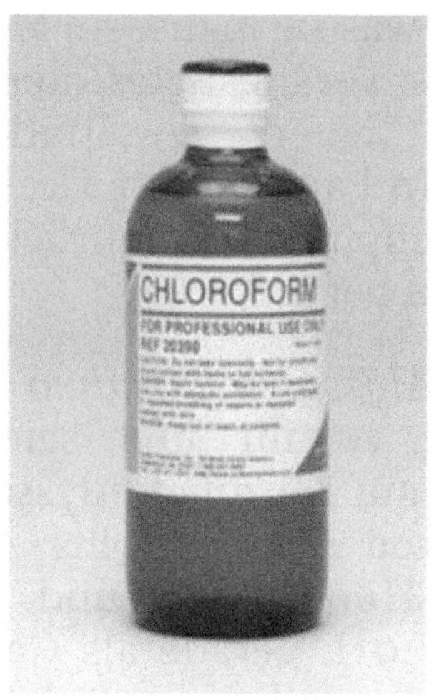

„Tu mir das nicht an“, bettelte sie mit zitternder Stimme.

„Wo hast du die Flasche her? Die Leute werden davon erfahren“, sagte sie.

„Du hast mich verlassen. Du bist nach Junction City gegangen und bist nie zurückgekommen“, sagte er.

„Ich habe die Polizei gerufen!“, sagte Marion.

Gavin sah den Hörer auf dem Boden liegen und nahm ihn ab. Er warf das Telefon gegen die Wand, um es zu zerstören. *„Nein, nein, bitte*“, bettelte Marion. Tränen liefen ihr übers Gesicht.

„In einer Sekunde ist es vorbei. Du wirst nichts spüren“,

sagte er, als er näher kam.

In einem verzweifelten Versuch, sich zu schützen, begann Marion, Dinge nach ihm zu werfen, um ihn fernzuhalten. Sie griff nach einem Stock mit scharfer Spitze und versuchte, ihn scheinbar stundenlang auf Abstand zu halten. Es war noch keine Hilfe eingetroffen und sie wusste nicht, ob sie je kommen würde. Warum brauchte die Polizei so lange?

Als der Anruf eintraf, waren die Disponenten, die den Anruf entgegennahmen, zunächst verwirrt. Sie versuchten zuzuhören, konnten aber keine Einzelheiten darüber erfahren, was geschah. Sie konnten nicht feststellen, woher der Hilferuf kam.

Hin und wieder hörten sie Marions ängstliche Stimme, die um eine Chance bettelt. Da er wusste, dass noch Zeit war, rief der Dispatcher noch ein paar Leute an und gemeinsam konnten sie anhand der Namen, die sie hörten, herausfinden, dass „Marion & Gavin" die Adresse von Gavin Johnson auf Maple sein sollte. Der Disponent erinnerte sich an die Adresse aus einem früheren Fall.

Sofort wurden Beamte entsandt, um einzugreifen. Innerhalb weniger Minuten, nachdem sie die Adresse herausgefunden hatten

kamen Polizisten an der Adresse in Ogden,KS, an nur um zu erkennen, dass die richtige Adresse

Maple Lane in Manhattan war, fast 20 Meilen entfernt.

Die Beamten hegten die Hoffnung, dass Marion noch am Leben sei, als Beamte aus Manhattan an einen näher gelegenen Ort geschickt wurden. Marion hatte das Gefühl, dass seit ihrem Anruf Stunden vergangen waren. Endlich kam die Johnson-Residenz in Sicht und die Polizeiautos rasten darauf zu. Sie stürmten zur Tür und hörten die Schreie eines kleinen Mädchens, sobald sie den Hof erreichten.

Als die Polizisten die Tür aufbrachen, sahen sie sofort Gavin, der über seiner Frau stand, und Marion, die einen Stock in der Hand hielt und versuchte, ihn in Schach zu halten. Bei ihrem Anblick gaben Marions Knie nach und sie weinte vor Erleichterung. Die Polizei übernahm die Kontrolle über Gavin, legte ihm Handschellen an und begleitete ihn aus dem Haus. Marion packte Alyssa und hielt sie fest.

Dann betrat Officer Boyd den Tatort, sah sich im Haus um und ging auf Marion zu.

„Hallo, ich bin Officer Boyd. Ich hatte gehofft, wir könnten Ihnen ein paar Fragen stellen“, sagte er zu einer sichtlich erschütterten Marion.

Marions Augen klebten immer noch an der Tür.

„Was wird mit ihm passieren?“, fragte Marion.

„Er wird wegen schwerer Körperverletzung angeklagt. Machen Sie sich keine Sorgen. Sie und

Ihr Kind sind jetzt in Sicherheit", antwortete Officer Boyd beruhigend.

Marion und Alyssa wurden zu einem Interview zur Polizeiwache begleitet. Wenn es jemals ein Aushängeschild für das Cliché der misshandelten Frau gab, dann war es Marion. Officer Boyd half ihr, sich in einen der Vernehmungsräume zu setzen, reichte ihr eine Flasche Wasser und holte einen Notizblock heraus. Neue Tränen rollten über Marions Gesicht, als sie Alyssa festhielt, aus Angst, sie loszulassen.

Officer Boyd, ein erfahrener Polizist mit 18 Jahren Erfahrung auf Streife, begann ihr Interview mit dem Versuch, Marions Geschichte zu entschlüsseln, während sie weinte und sich an die Ereignisse erinnerte, die zum Notruf führten.

„Er hat versucht, mich zu töten. Er sagte mir, dass... er sagte, er würde... mich mit dem Chloroform bewusstlos machen und töten. Ich war jahrelang in einer missbräuchlichen Beziehung und lebte jeden Tag in Angst, ohne zu wissen, wann er mich verletzen würde. Ein Teil von mir wusste, dass er nie so weit kommen würde, aber hier sind wir..." Sie fing wieder an zu schluchzen.

Officer Boyd nickte mitfühlend, als er Marions Hand nahm.

„Er ist jetzt weg. Er wird Ihnen nie wieder wehtun", sagte er. Marion zog sich offensichtlich verängstigt wegen seiner Berührung zurück. Marion war erneut zurückgezogen und vor Angst

untröstlich, sodass das Interview vorerst abgebrochen wurde.

Nachdem die Sanitäter die Verletzungen von Alyssa und Marion behandelt hatten, machte sich die Polizei mit ihnen auf den Weg zurück zum Wohnwagen, brachte sie nach Hause und überließ das kleine Zuhause seinen eindringlichen Erinnerungen. Officer Boyds Gedanken kreisten immer wieder um das Interview. Er war noch nicht ganz bei der Geschichte und wusste, dass da etwas war, das er überprüfen musste.

Officer Boyd betrat die Ermittlungsabteilung und bat die diensthabende Detektivin, Detective Carla Black, um Hilfe. Er erklärte, wie der Anruf eingegangen war und wie spät es bei der Antwort war. Dann erklärte er die Geschichte, die Marion erzählt hatte und wie sie stark zurückgezogen war, ein klassischer Fall des Misshandlungssyndroms. Officer Boyd verließ sie mit der Aussage, dass hinter der Geschichte eindeutig mehr steckte, aber es bedurfte eines geduldigen Detektivs, der die Tränen durchsiebte, um die Wahrheit herauszufinden.

Det. Black betrat das neue Büro, in dem Detective Brad White saß. Er blickte nach oben

durch seine Brille, als er das Klicken ihrer Absätze hörte, die sich ihm näherten.

„Hey, Brad, ich brauche deine Hilfe. Ich benötige einen Durchsuchungsbefehl für die Johnson-Residenz und Sie müssen sich die Aufzeichnung

des Notrufs für mich ansehen", sagte sie und reichte ihm eine Akte.

„Ich brauche auch einen CVSA(Computergestützte Sprachstressanalyse)." White antwortete, dass er mit den Durchsuchungsbefehlen beginnen würde, aber er müsse Officer Tiller für innere Angelegenheiten dazu bringen, die CVSA durchzuführen, um ihre Bemühungen zu maximieren.

Als sie ihn über die Hausverwechslung informiert, willigt Detective White sofort ein. Irgendetwas an dem Fall faszinierte ihn. Er wusste nicht, dass er umso mehr herausfinden würde, je tiefer er nachforschte, was unter der Oberfläche dieses Falles verborgen war.

Als Detective White die Aufnahme hörte, konnte er auch nichts herausfinden. Alles, was er hörte, waren entfernte Schreie und das reichte aus, um ihn nach mehr suchen zu lassen. Seine umfassende Ausbildung und Weiterentwicklung halfen ihm, auch in diesem Fall Einblick zu gewinnen.

Erst vor ein paar Jahren hatte sich Detective White geschworen, dass er seine

Kenntnisse in der Computerprogrammierung auf die nächste Stufe bringen würde. Das Schicksal hatte ihn damals begünstigt, und schließlich freundete er sich mit anderen High-Tech-Ermittlern in Wichita, Kansas, an.

Dies waren die Leute, die an einem 30 Jahre alten Cold Case gearbeitet hatten, in dem es um einen Verdächtigen ging, den sie gerade entdeckt hatten: „Dennis Raider“, den BTK-Killer (Bind, Torture, Kill). Raider wurde identifiziert, nachdem er in der örtlichen Kirche einen Computer benutzt hatte, um eine Diskette zu erstellen. Er hatte diese CD den Ermittlern hinterlassen und sie damit verspottet, dass sie ihn in den letzten 30 Jahren nicht finden konnten.

Raider wusste nicht, dass die Disc META-Daten enthielt, die Informationen über den Computer enthielten, der zur Erstellung der Disc verwendet wurde. Diese Informationen führten die Ermittler zu Raider und seiner anschließenden Verhaftung.

Die Arbeit an Marions Aufnahme war für Detective White nichts Neues. Als er es hörte, wusste er genau, was er zu tun hatte. Detective White isolierte zunächst die Stimmen und entfernte dann die Hintergrundgeräusche. Schon bald war klar, was auf der anderen Seite des Anrufs geschah. Er hat alles notiert.

„Marion – Warum hast du eine Flasche Chloroform?

Gavin – ich schwöre bei Gott, du wirst so schnell bewusstlos sein.

Gavin – Dann wirst du im verdammten See aufwachen

Marion – Tu mir das nicht an

Marion – Wo hast du die Flasche her?

Marion – Die Leute werden davon erfahren

Gavin – Du hast mich verlassen und bist nach Junction City gegangen t und kamst nie zurück.

Marion – ich habe die Polizei gerufen."

Während viele Teile ihres Gesprächs ungehört blieben, waren dies mehr als genug Informationen, um sich vorzustellen, was passiert war. Als der Tag zu Ende ging, wusste Brad White, dass es noch viel zu tun gab.

Nachdem die Aufzeichnungen gründlich untersucht worden waren, begann Detective White mit der gründlichen Untersuchung der privaten Computer. Aus ihrer tränenerfüllten Erklärung wusste er, dass der Vorfall in Marions Haus vorsätzlich war. Dann ging er

durch Gavins Computer, stellte jedoch fest, dass dieser mit einem Programm namens CyberScrub gelöscht worden war, das täglich ausgeführt werden sollte. Es war kein Zufall, dass Gavin seine Spuren verwischte, aber Gavin wusste nicht, dass nichts wirklich auf der Festplatte Ihres Computers gelöscht wird.

Für Detective White war es einfach genug, durch die Schichten einer kriminellen Vertuschung zu navigieren, nachdem der Aktenindex repariert/rekonstruiert wurde. Er verbrachte Stunden im Trubel des Revier und saß vor seinem Computer. Schließlich fand er den Hinweis auf

Chloroform und ein 96-seitiges Dokument von ScienceLab.com.

„Jackpot“, dachte er und lächelte vor sich hin. Er las das Dokument durch, in dem alle Verwendungszwecke des Lösungsmittels und, was noch wichtiger ist, die Auswirkungen der Exposition erläutert wurden.

Detective White durchsuchte es und las die Einzelheiten des Chloroform Verhältnisses, das erforderlich ist, um eine Person von der Exposition außer Gefecht zu setzen. Dies war jedoch nicht alles, was er fand. Seine Nachforschungen ergaben einen Hinweis auf einen Kauf des besagten Chloroforms LC2870-500 ml am 14.08.2003, der zum Preis von nur 46,21 US-Dollar an die Maple-Adresse geschickt wurde. Außerdem wurde der Papierweg geklärt.

Es wurden jedoch noch andere interessante Dinge gefunden, die zeigten, dass die Pläne länger andauerten, als die Polizei ursprünglich angenommen hatte:

14.08.2003 – Det. White fand weitere Nachforschungen bei ATSDR-TOXFAQS für Chloroform,

08.02.2003 – Chloroform Interaktion Forschung bei Drug Digest

28.07.2003 – So ändern Sie Ihre Identität

28.07.2003 – Wie man sich verirrt und es auch so bleibt

01.05.2003 – Anonymes Surfen im Internet

01.05.2003 – FarOut Anonymous Remailer

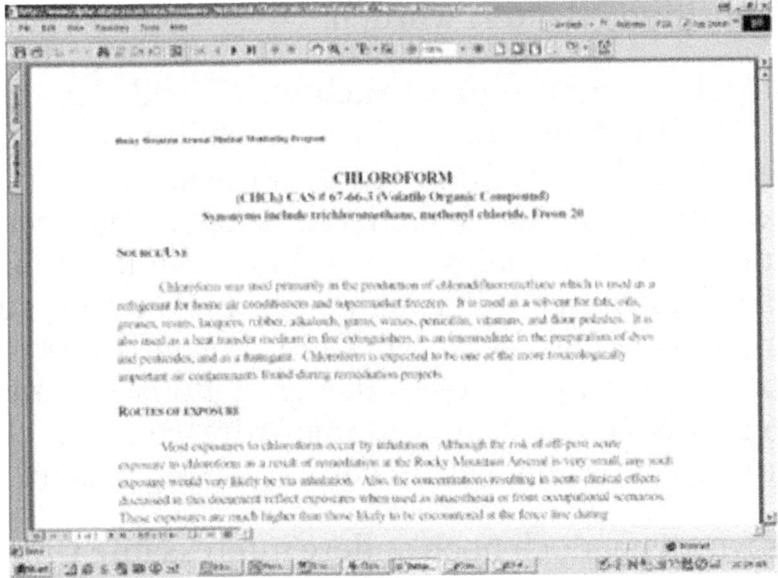

CHLOROFORM

($CHCl_3$) CAS # 67-66-3 (Volatile Organic Compound)

Synonyms include trichloromethane, methenyl chloride, Freon 20

SOURCE/USE

ROUTES OF EXPOSURE

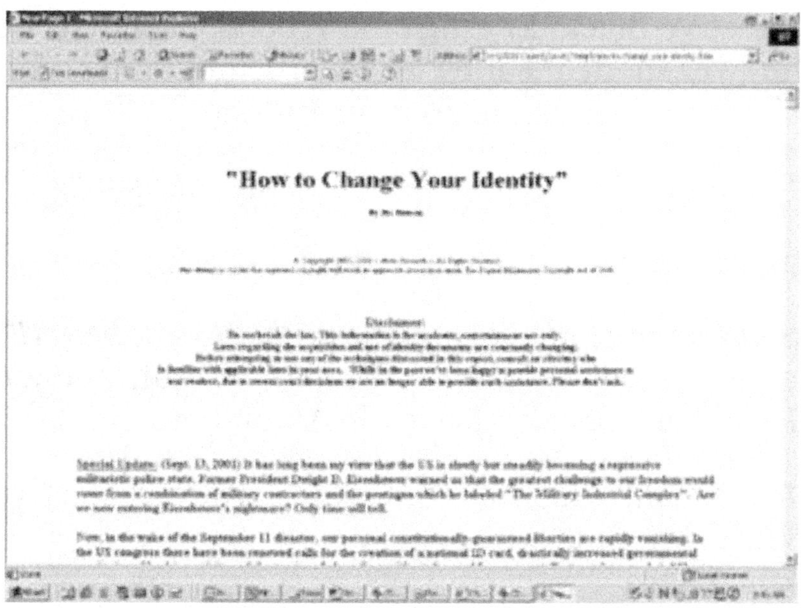

Detective White brauchte ein paar Tage, aber schließlich hatte er genug Informationen für

Detective Black. Er ging eine Woche, nachdem sie ihn wegen des Falles angesprochen hatte, mit Händen voller Akten zu ihrer Kabine.

„Ich habe alle Beweise für den Fall Johnson“,

sagte White.

„Sieht so aus, als hätte jemand hart gearbeitet!“, sagte sie mit einem zufriedenen Gesichtsausdruck, als sie die Akten betrachtete.

„Ich mache nur meinen Job“, sagte Detective White lächelnd.

Als er ging, begann Detective Black, die Akten zu durchsuchen. Als sie zuversichtlich war und genügend Informationen hatte, wusste sie, dass es an der Zeit war, Marion noch einmal einen Besuch abzustatten.

Die Sonne war weit oben aufgegangen und die Hitze breitete sich in der Stadt aus. Detective Black und Detective White fuhren am Haus vor. Sie wusste, wenn jemand über die Beweise sprechen konnte, dann Detective White. Sie bereitete sich auf die Hitze vor, als sie die Tür öffnete und hinaustrat.

Das Haus schien ruhig, als sie durch den toten Hof gingen und an die Tür klopften.

„Wer ist da?"

„Detective Carla Black vom RCPD", antwortete Detective Black, als sie sah, wie sich der Vorhang vor dem Seitenfenster bewegte. Eine Minute später öffnete sich die Tür.

„Hallo Detective, bitte kommen Sie herein", sagte Marion und wirkte viel entspannter als bei ihrem Interview bei der Polizei. Die Detectives betraten das düstere Wohnzimmer und setzten sich auf das Sofa. Alyssa war in der Nähe und schaute fern.

„Ich wollte nur nachfragen, wie es Ihnen geht und ob Sie mir weitere Informationen zu dem Vorfall geben könnten. Das ist mein Partner, Detective Brad White,", begann Detective Black.

Nachdem die Vorstellungen abgeschlossen waren, begann Detective Black, Fragen zu dem Vorfall zu stellen. Ihr wurde klar, dass sie Marion um Informationen drängen musste, obwohl dies erst vor ein paar Tagen geschehen war. Unabhängig davon, wie sehr Detective Black sie drängte, lieferte sie jeweils nur Bruchstücke von Informationen.

„Das Trauma ist bedeutender als uns bewusst war", flüsterte Detective White als Marion

aufstand, um ihnen ein Glas Wasser zu holen. Er sah sich im Raum um. Ein zweiter Fernseher war kaputt und von den Wänden blätterten Farbflecken ab. Als sie zurückkam, setzte sich Detective White auf und begann mit ihr über die im Computer gefundenen Beweise zu sprechen.

„Unseren Untersuchungen zufolge ist es offensichtlich, dass Gavin dies schon seit mehreren Monaten geplant hatte. Hatte er Ihnen gegenüber vorher irgendwelche Anzeichen gemacht?“, fragte Detective White.

Marion blickte nach unten und begann nachzudenken. Plötzlich weiteten sich ihre Augen, als sie sich an einen Vorfall erinnerte.

„Nun, er sagte während eines Kampfes, dass er vorhatte, mich bewusstlos vom Turtle-Creek-Staudamm zu werfen. Er sagte, das sei so, damit ich im See ertrinke. Er erzählte mir, dass er Freunden seit Monaten erzählt hatte, dass ich selbstmordgefährdet sei und dass niemand ihn befragen würde, wenn sie meine Leiche fänden.“, sagte Marion mit erneut zitternder Stimme.

Das war alles, was sie brauchten, um Gavin Johnson anzuklagen.

Obwohl sie das Interview fortsetzen wollten, war dies nahezu unmöglich, da Marion wieder einmal untröstlich geworden war.

Zufrieden verließen sie das Haus. Jedoch hatte etwas Detective White gestört. Er wusste, dass es nicht so einfach sein konnte, also suchte er einen Sachverständigen für das Chloroform auf. Dazu musste er jedoch wissen, an wen er sich wenden konnte. Jemanden zu finden war seine nächste Herausforderung.

Als die Dämmerung hereinbrach und er sich auf den Heimweg machte, kam er an einem örtlichen

Krankenhaus vorbei und wusste sofort, dass es der richtige Ort war. Es bestand kein Zweifel daran, dass alle Mediziner einander und ihre Fachgebiete kannten.

„Ein Anästhesist ist der richtige Weg“, sagte er sich, als er das Auto parkte und ins Krankenhaus ging. Er versuchte, über den intensiven Medikamentengeruch hinwegzudenken, der ihn begrüßte.

Nach ein paar Fragen wurde er an Dr. Pelican verwiesen, den gefragtesten Anästhesisten der Stadt. Dr. Pelican war ein silberhaariger, angesehener Mann, der zu der Art von Person gehörte, die sofort Aufmerksamkeit erhielt, indem sie einfach den Raum betrat.

Detective White wurde in sein Büro geleitet und als er dort wartete, sah er auf seinem Schreibtisch das Bild des Anästhesisten, der eine Auszeichnung in der Hand hielt. Endlich,

nach einigen Augenblicken des Wartens betrat Dr. Pelican den Raum.

„Ah, Detective, mir wurde mitgeteilt, dass Sie hier sein würden“, sagte der Arzt und nahm Platz. "Womit kann ich Ihnen helfen?"

Detective White begann seine Befragung und fragte Dr. Pelican nach der Möglichkeit, dass ein Verdächtiger so etwas versuchte. *„Er würde Chloroform einsetzen, um sein Opfer bewusstlos zu machen und es dann in den See werfen, um die Todesursache zu vertuschen.“* Die Erwähnung ließ den Arzt die Augenbrauen hochziehen. Er beugte sich mit der Hand unter dem Kinn nach vorne.

„Nun, diese Art von Mord bedeutet, dass der Mörder sich möglicherweise viele Gedanken über den Plan gemacht hat. Es ist eine großartige Möglichkeit, einen Mord als Selbstmord zu tarnen, auch wenn ihm nicht klar war, wie clever sein Plan wirklich war“, sagte der Arzt fast zu sich selbst. Dann blickte er zu Detective White auf.

„Wissen Sie, das Chloroform hätte das Opfer eindeutig unfähig gemacht, sich zu verteidigen. Und das Opfer wäre nicht aufgewacht, wenn es auf dem Wasser aufschlägt.“ Er hielt inne und fuhr dann fort.

„Allerdings könnte er das leicht aus dem Fernsehen lernen. Das Clevere ist, dass Chloroform wasserlöslich ist, was bedeutet,

der Beweis des Chloroforms wäre aufgelöst worden, wenn es sich um ein nasses Ertrinken gehandelt hätte.“

„Entschuldigen Sie, nasses Ertrinken?“, fragte Detective White.

„Ah ja. Ich verstehe Ihre Verwirrung und das macht das hier clever. Es besteht nur eine geringe Wahrscheinlichkeit, dass es sich nicht um ein nasses Ertrinken handelt, das die Spuren des Chloroforms im Körper des Opfers vernichtet.“

„Sprechen Sie weiter."

„Ein nasses Ertrinken liegt vor, wenn das Opfer Wasser zu sich nimmt und in die Lunge gelangt. Dann ertrinkt man im Wasser. Das Risiko eines trockenen Ertrinkens ist geringer, da der Körper auf die Aufnahme des Wassers reagiert, sich die Speiseröhre verschließt und das Opfer erstickt. Dies hätte Hinweise auf das Chloroform im Körper des Opfers hinterlassen, die bei einer Autopsie gefunden werden könnten“ , stellte Dr. Pelican klar.

Das machte Detective White noch verwirrter. Dieser Fall hatte plötzlich viel größeres Interesse geweckt als zuvor.

„Sie haben einen interessanten Fall, Detective. Lassen Sie mich wissen, wie es ausgeht“, sagte Dr. Pelican.

„In der Tat interessant. Nun, vielen Dank für Ihre Zeit“, sagte Detective White, stand auf und

schüttelt dem Arzt die Hand. Dr. Pelicans Worte blieben ihm im Gedächtnis.

Bald gelangte Gavins Fall vor Gericht. Zufälligerweise beteuerte er trotz der zunehmenden Beweislage immer noch seine Unschuld. Er lehnte die Ergebnisse des CVSA ab, die darauf schließen ließen, dass er tatsächlich versuchte, seine Frau zu töten und ging so weit, eine Lügendetektoruntersuchung wegen des versuchten Mordes einzureichen. Obwohl damit gerechnet wurde, dass er als Lügner entlarvt würde, waren die Ergebnisse doch nicht schlüssig.

Alle Beweise deuteten darauf hin, dass Gavin versuchte, sie zu töten. Das und die Tatsache, dass Marion fast jeden Tag am Revier auftauchte, um Informationen über ihren Missbrauch weiterzugeben. Bei jedem Besuch flehte sie darum, ihn im Gefängnis zu behalten. Am Ende konnte er keine Kaution aufbringen, die auf 250.000,00 US-Dollar festgesetzt wurde. Marion war vor ihrem Peiniger relativ sicher.

Aber die Geschichten, die sie erzählte, wurden immer interessanter und bizarrer.

KAPITEL 8
LEBEN MIT EINEM VERRÜCKTEN

In den nächsten Wochen, seit sich der Vorfall ereignete, besuchte Marion regelmäßig das Revier und erzählte weitere Missbrauchsgeschichten von Gavin. Manchmal schien sie gefasst zu sein und manchmal schien sie von den Erinnerungen, die in ihrem Kopf auftauchten, überwältigt zu sein. Es war offensichtlich, dass Gavin der Bösewicht war. Jeder Besuch von

Marion würde es transparenter machen.

Sie kam herein und sah aus wie eine unter Drogeneinfluss stehende Person. Sie war süchtig, obwohl es nicht das Meth war, das sie aus der Fassung brachte, sondern die Realität ihres Lebens. Jedes Mal, wenn sie hereinkam, fragte sie nach den Detectives Black oder White. Wenn jemand anderes auf sie zukam, verneinte sie, mit ihnen zu sprechen und verließ das Revier. Es war ihr nur angenehm, mit den Detectives zu reden.

Meistens war Detective Black die Einzige, die bei ihr saß. Marion begann ihre Geschichte jedes Mal von vorne. Wie jede verliebte Frau ihre Reise beginnt, beschrieb Marion, wie sie den Mann getroffen hatte, der ihr sofort das Herz gestohlen hatte.

Es war eine kalte Dezembernacht in Junction City und Marion hatte sich auf den Weg zu einer örtlichen Bar gemacht, um Darts und Billard zu spielen. Die Musik lief im Hintergrund, während sie sich mit einem Glas Bier in der Hand im Raum umsah. Dort in der Ferne fiel ihr Blick auf einen dunkelhaarigen Mann. Sie war sofort hin und weg.

Es war offensichtlich, dass auch er sie bemerkte, denn nur wenige Augenblicke später löste er sich vom Billardtisch und ging auf sie zu. Er war ein wahrer Meister der Worte und wusste genau, was er sagen musste, um Marion dazu zu bringen, sich in ihn zu verlieben. Das war alles, was nötig war, um sie zu seinem zu machen. Noch während Marion über ihn sprach, strahlten die Erinnerungen in ihren Augen.

„Wir haben so viel Zeit miteinander verbracht. Ich wünschte nur, ich hätte mir die Zeit *genommen, ein wenig über ihn und seine Vergangenheit zu erfahren“,* erzählte Marion Detective White. Der Mangel an Informationen, die sie über Gavins Geschichte erhielten, bedeutete, dass die Detectives selbst ein wenig recherchieren mussten. Es war eine Herausforderung, der sie sich stellen wollten.

Detective White beantragte beim Militär die Akten von Gavin Johnson. Aus den Geschichten, die sie von Marion erfuhren und ihren Gedanken über ihn ging hervor, dass sie sich stark von dem unterschieden, was die Forschung zeigte.

Die Forschung ging nicht allzu schnell vonstatten, wie sie gehofft hatten; Es dauerte allein drei Monate, eine Antwort vom Militär zu erhalten. Allerdings schien das, was sie erfuhren, ihre Forschung auf ganz andere Weise zu beeinflussen.

Es schien, dass Gavin kein sehr guter Soldat war. Als einer von zwei Brüdern war er aus einer kleinen Stadt in Dumas, Arkansas, in die Armee eingetreten. Beide Brüder hatten sehr wenig zur Gesellschaft beizutragen. Beiden wurde die Möglichkeit geboten, sich dem Militär anzuschließen oder wegen der zahlreichen Bagatellverbrechen, die sie in ihrer ruhigen Kleinstadt begangen hatten, ins Gefängnis zu gehen.

Aus ihren Optionen ging hervor, dass die Stadtbewohner nichts mit ihnen zu tun haben wollten. Anstatt ihnen vorzuschreiben, eine Gefängnisstrafe abzusitzen und in die Gesellschaft zurückzukehren, um noch mehr Unruhe zu stiften, hielten sie es für das Beste, zu versuchen, sie zum Engagement im Militär zu bewegen, welches möglicherweise auf einen besseren Weg bringen würde.

Gavins Bruder George nutzte die Gelegenheit, um sich beim Militär zu bemühen. Er kehrte nie nach Arkansas zurück. Es wurde klar, dass Gavin die Ursache seiner Probleme war also brach er alle Verbindungen zu ihm ab.

Im Gegensatz zu seinem Bruder war Gavin beim Militär als Koch in Ft. Hood, TX stationiert. Er kämpfte mit allem was er hatte gegen das System und geriet schließlich in Schwierigkeiten. Es fiel ihm schwer, sein gewohntes Ich aufzugeben. Er kehrte schließlich zu dem Muster zurück, Kämpfe im Grundtraining zu beginnen. Seltsamerweise hinderte ihn nicht einmal seine schreckliche Einstellung daran, seinen Abschluss zu machen.

Sein erster Auftrag war bei FT. Haube. Da er wiederum bestimmt war, er selbst zu sein, geriet er in Schwierigkeiten, da ständig Dinge aus seiner Einheit verschwanden. Er verhielt sich immer distanziert und tat so, als wäre er keine große Sache.

Was er nicht erkannte, war, dass er nicht mit einfachen Leuten spielte, sondern mit dem Militär. Sie fanden heraus, dass Gavin Militäreigentum verkaufte und auch Lebensmittel stahl.

Trotz aller Schwierigkeiten war Gavin klug. Er wusste, wie man das System austrickste. Er schaffte

seine Nase lange genug sauber zu halten, um den Grad des Spezialisten E4 zu erreichen. Allerdings dauerte es nicht lange. Das Militärleben war hart, aber nicht hart genug, um Gavin zu verändern. Er war auf seine Gewohnheiten festgelegt und wusste, was er tun musste und was nicht. Er lenkte sein Leben so, wie er es wollte.

Schließlich erblickte Gavin eine Frau, von der er wusste, dass er sie zu seiner machen musste. Carol Schmitz war ein junges Mädchen, das Gavins Aufmerksamkeit erregt hatte und sie war eine wahre Schönheit. Er heiratete Carol im Jahr 1986 aber die Ehe hielt, wie jede andere Beziehung in seinem Leben, nicht lange. Als er nach Fort Riley, Kansas, versetzt wurde, lebte das Paar in Junction

City. Carol hatte damals erkannt, dass in Gavin Dunkelheit herrschte und dass er nicht versuchte, diese zu verbergen.

Gavin war nicht daran interessiert, vor Carol zu verbergen, wer er war und das Paar würde sich über längere Zeit heftig streiten. Es war so weit gekommen, dass zur Beilegung häuslicher Streitigkeiten häufig die Polizei gerufen wurde. Das Hauptproblem war Gavins unkontrollierbare Wut. Seine Anfälle und Ausbrüche kamen zu oft vor und Carol erkannte die Seite von ihm, die sie zu verachten begann. Hinter Gavins Gesicht lauerte das Böse. Sie hatte es viel zu oft miterlebt. Es dauerte nicht lange, nachdem sie geheiratet hatten, dass Carol beschloss, dass sie genug von den ständigen Streitereien hatte. Gavin war nie der Mann, der sein Temperament unter Kontrolle hatte und Carol war nicht bereit, damit umzugehen. Einen Tag nach einem weiteren seiner Ausbrüche schrie sie ihn an und sagte ihm, sie müsse sich scheiden lassen.

Was Carol nicht erwartet hatte, war der Schlag, der auf ihrer Haut widerhallte. Das stechende Gefühl, das der Abdruck seiner Finger auf ihrem Gesicht hinterließ, brannte, als wäre sie gebrandmarkt. Es war der letzte Tropfen, der das Fass zum Überlaufen brachte und sie würde nicht bei einem Mann bleiben, der so weit gehen würde. Ein paar Monate nach seiner Heirat war Gavin geschieden und allein in Junction City.

Jetzt allein würde Gavin Chaos anrichten, wohin er auch ging. Er traf jedoch ein Mädchen, das abseits des Postens lebte. Sie bekam ein Baby und während sie zusammen waren, ereignete sich eine Tragödie im Haus und das Baby starb.

Das Militär hatte nun ein Auge auf Gavin geworfen, und Vorsicht war geboten. Sie entschieden, dass es an der Zeit sei, mit dem Rest seiner Einheit in die Militärunterkunft zu ziehen. In der Kaserne mied er die Polizei bei allen Ermittlungen, die sie möglicherweise durchführte. und letztendlich wurde der Tod des Babys als Unfall eingestuft.

Gavin war festgefahren und von den Vorfällen, die sich um ihn herum abspielten, völlig unbeeindruckt. Er hielt die Dunkelheit in sich fest, um ihn davon abzuhalten, sich wegen irgendetwas, das wegen ihm schiefgelaufen war, schlecht zu fühlen. Die Einheit bemerkte dies und ihre Probleme mit ihm gingen nur weiter.

Gavin war nicht bereit, sich zu ändern, egal wie viel Pech ihn umgab. Es gab keine andere Lösung, als seinen Rang durch einen Artikel 15 (Militärdisziplin) herabzustufen, wodurch Gavin praktisch zum Tellerwäscher in seiner Einheit wurde. Niemand wusste, dass dieser Auftrag es ihm relativ leicht machte, unter dem Radar zu fliegen. Er verbrachte seine Freizeit damit, die Einheimischen in den Bars am Billardtisch anzulocken oder einen unausgegorenen Plan zu verkaufen, um Geld zu verdienen. Dennoch zeigte seine Bilanz, dass er in dem Muster verankert war, das er schon immer hatte. Er geriet ständig in

Konflikt mit dem Gesetz. Seine Bilanz lautete wie folgt:

Oktober 1988 – Er wurde verhaftet wegen Ladendiebstahls

Dezember 1988 – er wurde aus der Armee entlassen

1989 – er meldete Insolvenz an

April 1992 – er wurde wegen neun Fällen wertloser Schecks verhaftet

1993 – er meldete erneut Insolvenz an

März 1993 – er wurde in Fort Riley wegen Trunkenheit am Steuer verhaftet. In dem Militärbericht wurde erklärt, dass Gavin versucht habe, mit einem entzogenen Führerschein zu fliehen und sich den Beamten zu entziehen. Der Schreiber listete seine Straftaten auf: Trunkenheit am Steuer, Fahren mit Suspendierung, Flucht und Fliehen, Hausfriedensbruch, Geschwindigkeitsüberschreitung, Übergriff auf einen Polizeibeamten und rechtswidriger Waffengebrauch, als er die Militärpolizei mit einer Pfeife in Schach hielt.

Gavin war der Inbegriff eines Bösewichts, der überall, wo er hinging, Probleme bereitete. Irgendwie berührte es ihn nicht. Es dauerte nicht lange, bis seine Beziehung zu Marion begann.

Im Großen und Ganzen konnte Gavin als der gute Kerl für Marion zusammenhalten. Er wusste, dass er es mit Marion zum Laufen bringen musste. Er war entschlossen, sie davon zu überzeugen, dass er der Mann war, nach dem sie gesucht hatte. Für alle, die Gavin kannten, schien es, als würde Marion eine Seite von ihm öffnen, die niemand zuvor gesehen hatte.

Plötzlich war Gavin ein besserer Mensch. Marion war glücklich und er tat alles in seiner Macht stehende, um sie glücklich zu machen. Am 21. September 1995 stand Marion in einem weißen Kleid am Altar, hielt Gavins Hände und rezitierte ihre Gelübde.

Ein paar Jahre später, 1997, gab Gavin seinen Job bei einem ICE-Hersteller auf. Sowohl er als auch Marion traten gemeinsam KFC bei und kauften einen roten Pontiac Sunbird von 1991, der auf den Namen von Marions Eltern zugelassen war. Im Gegensatz zu dem, was die

Öffentlichkeit sah, begann ihr Leben schnell ins Wanken zu geraten.

In diesem Jahr wurde gegen Gavin ermittelt, weil er versucht hatte, ein Escort-Unternehmen zu gründen. Allerdings fehlte es an für ihn arbeitende Prostituierte, was dazu führte, dass der Fall nie zu einer strafbaren Handlung ausgebaut wurde. Wieder einmal blieb Gavin unter dem Radar, bis sich das Jahr dem Ende näherte.

Als Verdächtiger in einem Fall kaufte Gavin eine Ruger P95 9 mm in einem Waffengeschäft in Ogden, Kansas. Berichten zufolge verfolgte er eine Angestellte nach Hause und wollte nicht gehen. Da es weder eine Festnahme noch eine Verurteilung gab, konnte er die Pistole erwerben.

Die glückliche Familie, die jeder sah, war nun voller Geheimnisse. Vor allem für Marion begannen die Probleme immer schlimmer zu werden. Marion hoffte immer noch, dass das neue Jahr neue Möglichkeiten bringen würde. Marion und Gavin versuchten 1998 sesshaft zu werden und ihr Leben wieder aufzubauen. Bald blühte das Glück auf, als sie sich auf den Weg ins Jahr 1999 machten.

Plötzlich begannen sich die Dinge im Haus zu verändern. Gavin begann mit Marion darüber zu reden, dass er eine Waffe im Haus habe, obwohl er sie vor einem Jahr gekauft hatte, ohne es ihr zu sagen. Das waren Informationen, mit denen Marion nicht zufrieden war. Sie hatte Angst vor Unfällen und eine Waffe im Haus zu haben, machte ihr nur noch mehr Angst. Stattdessen bestand sie darauf, dass er die Waffe im Schuppen draußen aufbewahrte.

Gavin war nie der Typ, der ihren Worten oder den Ratschlägen anderer Beachtung schenkte. Aus diesem Grund beharrte er darauf, Marion den Umgang mit der Waffe verständlich zu machen. Marion hingegen hatte viel zu große Angst davor. Ohne es zu wissen, hatte Marion Gavin ihre Schwäche gezeigt und er nahm sie hin.

Dass er wusste, wie sehr Marion Angst davor hatte, eine Waffe im Haus zu haben, gab Gavin ein Gefühl der Kontrolle und er behielt sie bei sich. Er drohte, sie noch häufiger als zuvor zu nutzen. Einmal, während eines Streits über die Waffe, zog Gavin sie heraus und richtete sie auf ihren Kopf. Sie stand wie erstarrt da und Tränen sammelten sich in ihren Augen. Sie sah die Bosheit in seinen Augen schimmern, als er abdrückte.

Sie hörte das „KLICK“ aus der leeren Kammer und atmete endlich wieder durch. Sie fiel auf die Knie und schluchzte, als er über seinen erfolgreichen Versuch, sie zu erschrecken, lächelte. Jetzt bewahrte er die Waffe im Schuppen auf.

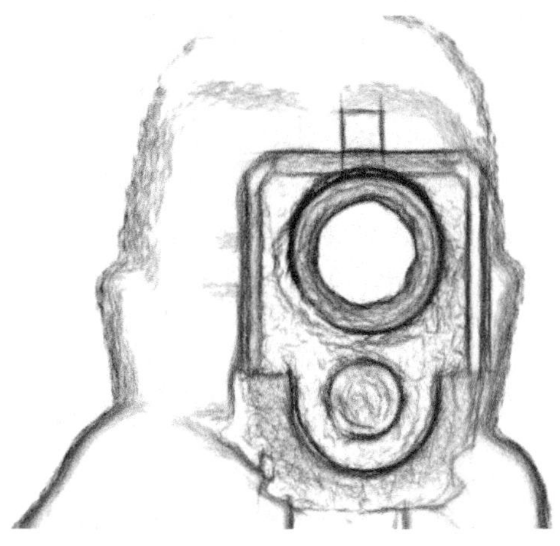

Das Jahr 1999 war verächtlich, aber es war auch das Jahr, in dem Marion das Glück empfing, dass in ihrem Körper neues Leben heranwuchs. Nur zwei Wochen nachdem Gavin feststellte, dass sie schwanger war, wurde die Polizei erneut wegen einer häuslichen Beschwerde gerufen.

Bei Gavin begannen viele unerwünschte Ereignisse. Er kündigte seinen Job bei einem Sanitärunternehmen nur drei Wochen, nachdem die Polizei zu ihm nach Hause gerufen wurde. Während Marion auf seine Rückkehr nach Hause wartete, wurde Gavin wegen Trunkenheit am Steuer verhaftet, diesmal am Steuer des roten Pontiac.

Gerade als Marion glaubte, dass ihre Ehe gut klappen würde, zeigte Gavin sein wahres Gesicht. Die dunkelste Seite von ihm kam zum Vorschein und sie musste sich den Konsequenzen dieses Mannes stellen für den sie sich entschieden hatte. Es war im Sommer 1999, als Gavin eine Freundschaft mit einer Kollegin, Dana, bei KFC entwickelte. Es blieb jedoch nicht nur eine Freundschaft; Gavin war so sehr in Dana vernarrt, dass er sie verfolgte, so wie er es mit dem Mädchen vor Marion getan hatte.

Dana kannte Gavin und seine Fähigkeiten oder sein Temperament nicht. Als sie eines Abends mit ihrem Freund in einem örtlichen Park verabredet war, wartete Gavin darauf, dass ihr Freund ging, um sich zu nähern, während Dana nur wenige Meter entfernt zu ihrer Wohnung ging. Als der Freund außer Sichtweite war, zwang Gavin sie, in ihre Wohnung zu gehen, wo er sie vergewaltigte.

Traumatisiert konnte Dana dort nicht mehr arbeiten, wo sie jeden Tag ihren Vergewaltiger sehen musste. Dennoch war sie so voller Angst, dass sie die Vergewaltigung erst meldete, als sie direkt zu ihrer Beziehung zu Gavin befragt wurde. In einem Interview im Jahr 2003 erklärte sie, dass es in jenem Sommer 1999 auch andere Mitarbeiter gegeben habe, die ihm zum Opfer gefallen seien, konnte aber keine Angaben dazu machen, was ihnen konkret widerfahren sei. Sie wusste nur, dass Gavin sie ebenfalls verfolgt hatte und fürchtete, dass das, was ihr passiert war, auch ihnen passieren würde.

Gavins Beziehung zu Marion verschlechterte sich nur noch. Es kam zu einem weiteren häuslichen Streit, bei dem die Polizei gerufen wurde. Diesmal wurde er jedoch verhaftet, allerdings mit einem ganz anderen Vorwurf. Gavin wurde wegen Marihuanabesitzes verhaftet. Am Ende verbüßte er fünf Tage im Gefängnis.

Marion wurde im Oktober 1999 inmitten der Dunkelheit mit ihrem kleinen Mädchen gesegnet und kündigte ihren Job, um ihrer neugeborenen Tochter Alyssa mehr Aufmerksamkeit zu schenken.

Zufälligerweise verließ Gavin zur gleichen Zeit auch KFC und begann für Schwan's zu arbeiten, bis gegen ihn eine Beschwerde eingereicht wurde, weil er beim Betreten eines Hauses im nahegelegenen Leonardville erwischt worden war. Bei seinem nächsten Job bei einem Blechunternehmen fuhr Gavin jeden Tag durch Leonardville. Dies machte es Gavin leicht, seine bösartigen Pläne bis zu dem tragischen Tag, dem 15. Dezember 1999, fortzusetzen.

Zu diesem Zeitpunkt begann Marion zu stottern und es fiel ihr schwer, mit ihren Erinnerungen fortzufahren.

„Es ist sehr schwierig, sich an die Ereignisse im Laufe der Jahre zu nach Alyssas Geburt zu erinnern und wie unsere Geldprobleme eskalierten", erzählte Marion Detective White. Jedoch, versuchte sie immer noch, so gut sie konnte weiterzumachen.

In den nächsten zwei Jahren bis 2001 war Gavin weiterhin berufstätig, bis sich im April 2002 viele Dinge änderten. Gavin kehrte zu seiner Angewohnheit zurück, uneinbringliche Schecks mit einer riskanten Erhöhung auszustellen. Er nahm zwei Kredite auf

3962,99 $ und 6000,00 $. Gavin versuchte Marion zu erklären, wofür das Geld ausgegeben wurde, aber sie verstand es nicht.

Im Juni 2002 erstellte Gavin dann einen gefälschten Scheck bei der Landmark Bank für 29.873,21 US-Dollar, die er von einem betrügerischen Unternehmen, Knoxberry Co., an sich selbst gezahlt hatte. Unnötig zu erwähnen, dass es nicht funktionierte und seine Bank ihm den Betrag in Rechnung stellte. Natürlich war Gavin nicht allzu glücklich darüber. Es wurden Vorladungen ausgestellt, damit er vor Gericht erscheinen und für den ungedeckten Scheck zur Verantwortung gezogen werden könne.

Das war Gavin nicht genug und bevor er vor Gericht erwartet wurde, stellte Gavin im Oktober 2002 einen weiteren Scheck über 25.000,00 US-Dollar von Birch Telecom, einem seriösen Unternehmen, aus. Er machte weiter und stellte zwei weitere für 5.200,00 $ und 3.500,00 $ von Micron PC aus, ebenfalls einem legitimen Unternehmen, aber alle Schecks waren gefälscht und es fehlte an Geld, um sie zu belegen.

Schließlich holten ihn im Januar 2003 alle Schecks ein, als er wegen Fälschung und Diebstahl verhaftet wurde.

Er war nie besonders glücklich darüber, erwischt zu werden und wie immer musste Marion das Schlimmste ertragen.

Zwei Monate später, am 31. März 2003, war Marion mit einigen ihrer Freunde ausgegangen, um Gavin zu entkommen. Schon damals vertraute sie Gavin Alyssa, seiner Tochter, an und ließ sie gerne in seiner Obhut. Als sie nach einer dringend benötigten Ruhepause nach Hause zurückkehrte, fand sie das Haus dunkel vor. Ein unheilvolles Gefühl erfüllte sie, als sie das Wohnzimmer betrat.

Marion fand Gavin auf dem Boden, umgeben von Bierdosen. Er war sehr betrunken und sie wusste es besser, als ihm zu nahe zu kommen. Sie versuchte ihr Bestes, um auf Zehenspitzen an ihm vorbei zu schleichen, als ihr Fuß auf eine leere Bierdose auf dem Boden traf, was einen Aufruhr auslöste, der ihn aufweckte.

Der betrunkene Gavin wachte auf und begann ununterbrochen zu schreien und drohte, sie eines Tages zu töten, ohne dass jemand jemals vermutete, dass er derjenige war, der es getan hatte. Marion weinte, als sie den Vorfall erzählte, und die Angst war in ihren Augen deutlich zu erkennen. Gavin erzählte ihr seinen Plan, sie mit seinem bösen Verhalten in den See zu werfen. Er machte ihr klar, dass er zu etwas sehr Extremem fähig war.

Marion erzählte aus ihrer Erinnerung, wie sie versucht hatte, ihn dazu zu bringen, ins Bett zu gehen und den Streit zu beenden. Gavin versuchte so hartnäckig, ihr Angst einzujagen, dass er dann den Computer öffnete und ihr ein Foto einer älteren Frau auf der Website des KBI (Kansas

Bureau of Investigations) zeigte. Marion zitterte, als sie den Ermittlern erzählte, dass sie sich der Belohnung für Informationen über den Mord an Olive Stumpp bewusst sei.

Marion hatte schreckliche Angst vor Gavin, hätte aber nie gedacht, dass er zu so etwas fähig wäre. Sie tat ihn und seine Geschichte sofort ab, aber er erklärte weiterhin, dass er es sei. Sie erzählte, wie er ihr immer wieder erzählte, dass er die Frau auf dem Foto getötet hatte.

Gavin erzählte Marion, dass er es beweisen könne, als er ihr erzählte, wie er zuvor sein Auto in der Nähe des Golfplatzes geparkt hatte und im Schnee zu ihrem Haus gelaufen war. Er erzählte ihr, dass er sie im Keller des Hauses zweimal erschossen habe, um sicherzustellen, dass sie tot sei. Er beschrieb auch, was sie trug, als er sie tötete. Er gab ihr Informationen, die nur Menschen kennen würden, die dort waren. Gavin erzählte Marion, dass Olive Stumpp einen Weihnachtspullover trug, als er sie tötete. Diese Informationen wurden nicht veröffentlicht.

Marion versuchte am nächsten Tag, mit ihm über die Neuigkeiten zu sprechen, die Gavin über die Ermordung von Olive Stumpp erzählt hatte. Dies löste einen Streit mit Gavin aus, der sagte, es sei nur ein früher Aprilscherz gewesen. Sein Blick war intensiv, als er sagte, er wolle nie wieder, dass sie Olive Stumpp erwähnte.

Im Juni 2003 begannen die Dinge zu scheitern, als die vorläufige Anhörung zu den Fälschungsfällen voranschritt. Gavin hörte die

Aussage von Detective Stevens über alle gefälschten Schecks. Auch die Mitarbeiter der Bank drängten auf eine Strafverfolgung, darunter auch Mrs. Jo.

Der Versuch, Stevens Fall zu diskreditieren ging weiter und zu diesem Zeitpunkt erhielt Mrs. Jo eine E-Mail, angeblich von Det. Stevens. Diese E-Mail war voller sexueller Untertöne und deutete darauf hin, dass die beiden eine heiße Affäre hatten. Als Mrs. Jo am 29. August 2003 eine zweite E-Mail erhielt, wusste sie, dass es an der Zeit war, die Polizei zu kontaktieren.

Der Ermittlungsleiter leitete eine Untersuchung zu inneren Angelegenheiten ein, ohne zu wissen, ob eine der Behauptungen wahr war. Doch kurz nach dem Notruf am 6. September 2003 wandte sich der Chef an Det. White, um zu untersuchen, wie diese E-Mails möglicherweise gesendet wurden.

Detective White war bereits wegen des Durchsuchungsbefehls für den Computer in der Johnson-Residenz angesprochen worden also warf er einen zweiten Blick auf den Inhalt des Computers und fand die Informationen, die zur Freilassung von Detective Stevens erforderlich waren.

Det. White fand heraus, dass Gavin ein VPN (Virtual Private Network) verwendet hatte, um eine maskierte E-Mail zu erstellen, die aussah als hätte Detective Stevens es vom E-Mail-Server der Polizeibehörde gesendet. Mit diesen

Informationen vereinbarte Det. White ein Interview mit Gavin, der bereits im Gefängnis von Riley County saß.

Während des Interviews schien Gavin stolz zu sein, als er zugab, dass er die E-Mails tatsächlich in dem Bemühen verschickt hatte, Detective Stevens zu diskreditieren. Darüber hinaus war er beeindruckt, dass Det. White seine Methoden entschlüsseln konnte. Er nannte Detective White „MacGyver“ und tat dies von diesem Zeitpunkt an bis in die Mordermittlung hinein, als die Dinge eine ganz andere Wendung nahmen.

KAPITEL 9
FAKT ODER FIKTION

Marions wiederholte Besuche auf dem Revier waren in ihren Versen so eintönig geworden, dass Detective Black von ihr genervt war. Marion wiederholte immer wieder die gleichen Dinge. Det. Black zuckte jedes Mal zusammen, wenn sie einen Anruf erhielt, dass Marion Johnson in der Lobby auf sie wartete.

Scherzhaft würde sie nach Detective White suchen und sagen, er sei diesmal an der Reihe. Obwohl sie bei jedem Besuch einige neue Informationen erhielt, war es manchmal schwierig, die seltsamen, völlig irrelevanten oder alten Informationen zu sichten, die Marion ihr lieferte, um einen einzigen Ausschnitt von etwas zu erhalten, das nützlich sein würde.

Marions Geschichten der letzten Monate waren sicherlich bizarr und schienen richtig zu sein. Jedoch wussten die Beamten nicht, ob Gavin die Informationen recherchiert und sie Marion mitgeteilt hatte, um sie zu erschrecken oder ob er wirklich an der Umsetzung beteiligt war. Sie konnten nicht sicher sein.

Sowohl Detective Black als auch Detective White verbrachten die meisten Tage damit, Marions Informationen zu entschlüsseln, um ihre Glaubwürdigkeit festzustellen. Die Geschäftsbücher von Detective Black waren nun voller Fragen: „Hatte Gavin eine Waffe? Hatte Gavin ein Motiv? Hatte Gavin eine Chance?“

Unter Berücksichtigung all dieser Fragen haben sie viele Nachrichtenartikel durchgesehen. Nichts lief zu Gunsten von Gavin. Als sie über den Fall sprachen, an dem die Detectives Fleck und Ryan gemeinsam gearbeitet hatten, erfuhren sie, dass die Männer einen Haftbefehl gegen John Fuller als Mörder von Olive Stumpp vorbereitet hatten. Er wartete darauf, von einem Richter unterzeichnet und zugestellt zu werden.

Seit dem Mord waren Jahre vergangen und ihre Spur gab dem Fall eine neue Wendung. Die Ermittler waren davon überzeugt, dass John Fuller des Mordes an Olive Stumpp schuldig war und Gavin nur ein Handlanger war, der sein Ego auf seine Frau ausübte.

Bald hörte sich der Bezirksstaatsanwalt die Beweise an und überlegte, den Haftbefehl zu unterzeichnen. Er bestand darauf, dass Detective White und

Detective Black hauptsächlich an dem Fall arbeiteten, um so festzustellen, ob die Spur tatsächlich wahr ist oder ob sie mit der Strafverfolgung von John Fuller als Mörder von Olive Stumpp fortfahren.

Der neue Anführer führte letztendlich zu Spannungen innerhalb der Ermittlungsabteilung, indem er die alten und neuen Ermittlungsteams spaltete und sie auf der Suche nach der Wahrheit gegeneinander ausspielte. Welche der Beweisspuren war falsch?

Die Spannung, den Fall zu lösen, wuchs. Interessanterweise war Gavin die einzige Person, die Marion seine Geschichten über Olive erzählte, in welcher sie einen Weihnachtspullover über ihrer Kleidung trug. Dieses Detail wurde nirgendwo veröffentlicht. Er hatte Marion davon erzählt, als er betrunken war und versuchte, sie von seiner bösen Tat zu überzeugen.

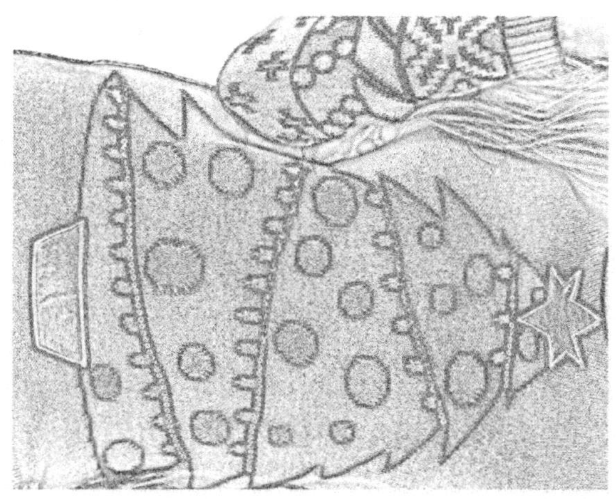

Die Hauptrolle der Ermittlungen wurde den Detectives Black und White übertragen, um die Gültigkeit von Gavin als Mörder festzustellen. Sie verteilten Papier im Besprechungsraum und erstellten eine Zeitleiste der Ereignisse. Sie begannen mit dem Datum des Mordes und dem Aufenthaltsort von Gavin, der sich zum Tatzeitpunkt in der Stadt oder in der Nähe aufhielt.

Gavin hatte im Clay Center gearbeitet und war jeden Morgen durch Leonardville gependelt. Er hatte auch eine Pfandleihquittung, aus der hervorgeht, dass er eine Rugger P95 besaß, das gleiche Modell der Waffe, die Olive das Leben kostete. Die beiden Detectives wandten ihre Aufmerksamkeit widerstrebend wieder der Befragung von Marion zu und versuchten dieses Mal, sie auf die Details des Mordes an Stumpp zu lenken.

Sie erfuhren von Marion, dass Gavin und ihr Sohn Kevin kurz nach dem Mord eine Reise nach Arkansas unternahmen, um für Gavins Eltern einen Satellitenfernseher zu installieren. Die Reise wurde durch die Aktivierung des Abonnements bei Direct TV bestätigt. Es konnte keine wirkliche Verbindung zwischen den beiden hergestellt werden, um ein Motiv zu bestimmen.

Die Ermittler begannen, Vorladungen auszustellen, um die Ermittlungen zu unterstützen. Sie schickten Inquisitionen an alle Banken, das Militär und machten eine umfangreiche

Hintergrundüberprüfung, um mehr darüber zu erfahren, wie Gavin so lange damit durchgekommen sein konnte und im ersten Fall ursprünglich als Verdächtiger oder Interessent übersehen wurde.

Bei einem Rückblick auf die Unterlagen des Pfandhauses stellten die Ermittler fest, dass Gavin seine Ruger P95 am 19. November 1999 für 200 US-Dollar verpfändet und sie dann am 7. Dezember 1999, gerade rechtzeitig zum Mord, zurückgeholt hatte. Das verschaffte ihm Mittel.

Als sie sich die Bankunterlagen ansahen, sahen sie, dass er tatsächlich am 19. November 1999 die Leonardville Bank besucht hatte. Bei der Bank eröffnete er ein Konto, indem er Marions Namen fälschte. Dies wurde in der ursprünglichen Untersuchung übersehen. Det. Lufkin betrachtete nur die aktiven Konten und nicht alle Konten. Er hatte das am 19. eröffnete und nur vier Tage später geschlossene Konto nicht gesehen. Noch wichtiger ist, dass er übersehen hat, dass das Konto bei Olive Stumpp eröffnet und geschlossen wurde.

Als die Ermittler den Fall genauer untersuchten, stellten sie fest, dass Olive bei der Schließung des Kontos eine Notiz mit einem Fragezeichen am Rand auf der Karte gemacht hatte. John Fuller hatte keine Verbindung zur Bank und es kam zu keiner Verhaftung, da diese

auf Spekulationen zwecks seines schlechten Rufes beruhen würde. Fuller hatte keine physischen Beweise, die ihn direkt mit dem Verbrechen in Verbindung brachten, keine Stiefel, keine Waffe, keine direkten Zeugen aber jede Menge Freunde und Feinde, die Geschichten erzählten, in der Hoffnung, die Belohnung zu kassieren.

Fuller soll die Waffe im Garten seiner Großmutter entsorgt haben. Det. White und andere verbrachten einen ganzen Tag damit, mit Bodenradar und Schaufeln hunderte von Löchern zu graben, doch es wurde keine Waffe gefunden. Hatte Gavin zum Zeitpunkt des Mordes die richtige Waffe in seinem Besitz?

Den Detektiven lagen Spekulationen von Zeugen vor, die Fuller dieses Verbrechens verdächtigten aber keiner konnte direkte Beweise liefern. Den Ermittlern lag nun auch ein betrunkenes Geständnis von Gavin vor. Aber reichte dies aus, nur weil er einige Details preisgegeben hatte, die nie an die Öffentlichkeit weitergegeben wurden? Das Einzige, was jetzt noch zu tun war, war zu beweisen, dass der Mord von Gavin begangen wurde, ohne eine

Waffe oder andere physische Beweise, die ihn am Tatort verorten.

Als Detective White weiter die Unterlagen durchsah, fiel ihm etwas auf.

„Die Stiefelabdrücke“, sagte er.

Gavin hatte kleine Füße. Als sie seine Schuhe bei sich zu Hause überprüften, stellten sie fest, dass sie alle Schuhgröße 8,5 hatten und nicht die Schuhgröße 8 vom Tatort, und dass es keine Wanderstiefel gab, die zu denen vom Tatort passten. Detective White dachte darüber nach und entschied, dass es immer noch verwendet werden könnte, da nicht alle Schuhgrößen gleich sind. Inzwischen schien es, als wären sie auf dem richtigen Weg. Alles, was noch zu tun war, war, die Punkte zu verbinden und sicherzustellen, dass jedes Element des Verbrechens in Gavins Zeitleiste passte. Das würde es ihnen ermöglichen, die Festnahme vorzunehmen.

Detective White recherchierte so viel er konnte, während er mit einem anderen Fall, an dem er arbeitete, jonglierte. Es handelte sich um einen Mord aus Lawrence, Kansas, an dem ein Linguistikprofessor der Kansas State University beteiligt war, der verdächtigt wurde, seine Frau, eine ehemalige Strafanwältin, getötet zu haben. Es hieß, der Ehemann habe seine Frau wegen eines Sorgerechtsstreits getötet.

Die in den anderen Fall verwickelten Ermittler aus Douglas County hatten eine kleine Wette, wer zuerst verhaftet werden könnte. Detective White wusste, dass es bei einer Mordermittlung keine Abkürzungen gab. Für eine erfolgreiche Strafverfolgung mussten alle Voraussetzungen erfüllt sein.

Was Olive Stumpps Fall betraf, war Detective White begeistert von den Fortschritten, die er mit

Gavin machte. Endlich schien es aufwärts zu gehen.

Was den Fall des Professors betrifft, das ist eine Geschichte für einen anderen Tag.

KAPITEL 10
DER COLD CASE

Teil 1

Es war noch ein langer Weg mit Gavin. Detective White begann seine Tage hinter siebzehn, fünf Zentimeter dicken Ordnern aus dem Originalfall zu verbringen. Seine Gedanken waren mit all den Informationen, Interviews und Tipps beschäftigt, die jetzt mit den neuen Hinweisen von Marion vielleicht zutreffen oder auch nicht. Je mehr er über den Fall erfuhr, desto klarer wurde ihm und Detective Black, dass sie weitere Hintergrundermittlungen zu Gavin durchführen mussten.

Der beste Weg nach vorne bestand darin, von Anfang an in Gavins Fußstapfen zu treten, damit sie erfahren konnten, ob neue Vorladungen das Motiv deutlich ins Rampenlicht rücken könnten. Je mehr sie hinschauten, desto mehr erfuhren sie, wie Gavin seine Finanzen verwaltete. Bei jedem finanziellen Rückschlag, den er erlebte, versuchte Gavin verzweifelt, seine Situation zu verbessern.

5. August 1965

Es war ein dunkler Samstagmorgen, als Gavin geboren wurde. Die Geräusche seiner Schreie hallten durch die Flure des Krankenhauses. Gavins Mutter hielt ihn in ihren Armen und streichelte sein Gesicht, bis er zur Ruhe kam. Langsam beruhigte er sich und schlief ein, als sie ihn der Krankenschwester übergab.

„Nehmen Sie ihn weg", sagte sie mit kalter Stimme. Die Krankenschwester brachte den Jungen schnell aus dem Zimmer und seine Mutter schloss die Augen schlief ein.

Gavins Eltern liebten ihn, konnten sich aber der Tatsache nicht entziehen, dass er ein Fehler und nicht geplant war. Erst als sein Bruder in sein Leben trat, bemerkte Gavin den Unterschied zwischen der Aufmerksamkeit, die er bekam und der, die sein Bruder erhielt. Er begann zu agieren, um Aufmerksamkeit zu erregen. Gavins Vater, der oft betrunken nach Hause kam, schlug Gavin mit einen Gürtel, während seine Mutter zusah und sein Bruder kam ungeschoren davon.

Es machte ihn wütend aber er hatte die Kontrolle darüber. Gavin wurde in seiner Nachbarschaft als der Junge bekannt, der Tiere verletzte. Wo auch immer er hinging, überall hinterließ er eine Spur toter oder verletzter Tiere.

Einmal hatte er ein Kätzchen mit nach Hause genommen, nur um von seiner Mutter angeschrien zu werden. Anstatt das Kätzchen draußen zu lassen, nahm Gavin das Kätzchen und beugte sein Bein, bis er hörte, wie es brach. Seine schmerzhaften Schreie brachen aus, und Gavin wurde mit einer Auszeit bestraft und eine Auszeit meinte, dass er in seinem Zimmer eingesperrt wurde, während das Kätzchen auf der Straße entsorgt wurde. Da das Geld knapp war, wusste Gavins Mutter, dass sie sich keine Strafanzeige gegen Gavin für den Vorfall leisten konnte also ließ sie das Kätzchen in einem Müllcontainer in der Nähe zurück.

Gavin wurde mit der Zeit immer wütender und es wurde noch schlimmer, da er das „seltsame Kind“ in der Schule war. Er wurde nicht nur immer gehänselt, sondern manchmal war er auch der Tyrann. Eingeschüchtert von den Dingen, die alle um ihn herum hatten, würde er Wege finden, sie auch zu bekommen. Hin und wieder stellte seine Mutter fest, dass Geld in ihrer Handtasche fehlte und sein Vater hatte den Gürtel parat.

Gavin begann schon in jungen Jahren zu stehlen. Er nahm immer zuerst die einfachen Ziele ins Visier, auch seine eigenen

Eltern und Familie. Obwohl er mit den Konsequenzen rechnen musste, als er gefasst wurde, hatte es kaum Auswirkungen auf ihn. Schließlich überredete er seinen Bruder dazu, dasselbe zu tun und bot ihm Hilfe bei den Tricks an, die er im Laufe der Zeit gelernt hatte.

Als er jedoch nicht genug finden konnte und sein Bedarf wuchs, wusste Gavin, dass er noch mehr tun musste. Langsam konzentrierte er sich darauf, in Autos einzubrechen und alles, was er stehlen konnte, um durch den Verkauf auf der Straße Geld zu verdienen.

Im Laufe der Zeit verstärkten sowohl Gavin als auch sein Bruder ihre Bagatelldiebstähle auf größere, teurere Gegenstände, die sie erbeuteten. Es ging nur um den größeren Preis. Wie viel könnten sie vertragen?

Gavin liebte die Aufmerksamkeit. Er wollte von denen, die ihn kannten, bekannt und gefürchtet sein. Dies war eine Möglichkeit, ihm auf der Straße Bekanntheit zu verschaffen.

Eines Tages kam er nach Hause und stellte fest, dass sein Bruder in seinem Schlafzimmer seinen versteckten Vorrat an gestohlenen Waren durchsuchte.

„Wo hast du diese her?“, fragte sein Bruder, als er eine Diamantkette aus einer der Schachteln nahm. Seine Augen weiteten sich, als er die glitzernden Steine sah.

Gavin ging auf ihn zu und schubste ihn beiseite, bis er umfiel. Er war außer sich, dass sein Bruder seine Waren fand.

„Was zum Teufel machst du in meinem Zimmer?! Ich hab dir gesagt du sollst nie hier reinkommen“, schrie er aber sein Bruder würde sich nicht von Gavin schikanieren lassen. Er stand auf und sprang zu Gavin hinüber, während dieser sich darauf vorbereitete, ihm mit der Faust ins Gesicht zu schlagen. Gavin packte ihn, warf ihn gegen die Wand und würgte ihn.

„Was auch immer wir stehlen, wir machen es gemeinsam, und das weißt du.“ Er kochte und brachte Gavin dazu, ihn freizulassen. Sie sprachen darüber und Gavin stimmte zu, dass er mitkam.

„Ich will groß rauskommen“, sagte Gavin lächelnd.

„Woran denkst du?", fragte sein Bruder und setzte sich. Die beiden planten die ganze Nacht. Danach gelang es ihrer Allianz, ihnen Gegenstände zu bringen, von denen sie nie gedacht hätten, dass sie sie jemals hätten. Je größer sie jedoch wurden, desto schwieriger wurde es für sie, die Dinge zu verstecken. Sie hatten es nun geschafft, Dinge von Elektronik über Autos bis hin zu Schmuck und allem dazwischen zu besorgen.

Allerdings währte ihr Glück nicht so lange, wie er es sich gewünscht hätte. Nur einen Monat später wurden die Brüder

bei ihrem Plan erwischt, in eine Kirche einzubrechen. Gavin hatte geplant, die Ausrüstung der Band, bestehend aus E-Gitarren und Keyboards, Schlagzeug und Verstärkern, zu stehlen. Zusammen mit ihm und seinem Bruder hatte er auch einige ältere Freunde angeworben, die ein Auto hatten. Sie würden mit dieser Ausrüstung ein- und ausgehen, um eine Band zu gründen. Es sollte etwas in der Art von JADK, „Just Another Dumbas Kid“, werden.

Dies war der Beginn einer großen Veränderung in Gavins Leben. Als Jugendlicher (17) machte er sich keine allzu großen Sorgen über die Konsequenzen, die ihnen widerfahren würden, wenn sie erwischt würden. Sie wurden tatsächlich erwischt und ihr Richter war der Mann aus ihrer Stadt, der passenderweise DUMAS genannt wurde. Er kandidierte für eine Wiederwahl und brauchte eine Geste, die ihn in den Augen der Öffentlichkeit gut aussehen ließ.

Als Gavins Fall zur Sprache kam, erkannte der Richter seine Chance. Im Laufe der Jahre hatte Gavin oft Unruhe in der Stadt verursacht und war im Gefängnis gelandet aber dieses Mal sollte es anders sein. Sein Name war in der Stadt bereits als Gangster bekannt und der Richter wusste, dass er etwas tun musste, um die Aufmerksamkeit auf den Wiederholungstäter zu lenken. Nachdem er darüber nachgedacht hatte, kam er zu dem Schluss, dass seine Lösung darin bestand, den jugendlichen Straftätern die Möglichkeit zu geben, sich dem Militär

bis zu ihrem 18. Geburtstag anzuschließen statt Jugendarrest bis zum 21. Geburtstag zu erhalten.

Rückblickend konnte Brad die Entscheidungen des Richters nachvollziehen. Wahrscheinlich hatte er es für eine gute Idee gehalten, Jugendliche zu rehabilitieren. Gavin war kein gewöhnlicher Jugendlicher. Er hatte alle Voraussetzungen für einen Psychokiller. Das Trauma, das ihm sein Vater und die Tyrannen zugefügt hatten, hatte ihn in ein Monster verwandelt.

Je mehr Detective White die Teile zusammenfügte, je mehr man sich über Gavins Vergangenheit informierte, desto mehr ergaben die Fälle einen Sinn. Alle Puzzleteile im Mordfall Stumpps passten zusammen.

Das Auto

Als Marion und Gavin heirateten, begann ihr Leben großartig. Sie waren wie alle anderen Frischvermählten, unsterblich verliebt und immer glücklich. Auch Marions Familie war damit zufrieden. Ihre Eltern wussten keinen Grund, sich nicht über ihre Ehe zu freuen. Das einzige Problem war ein Fahrzeug. Alles, was sie hatten, war ein alter, ramponierter Ford Taurus, der ständig eine Panne hatte und unzuverlässig war.

Für Gavin war das kein großes Problem; Er war es gewohnt, bei der Arbeit Probleme zu haben und nicht pünktlich zu erscheinen. Marion war immer pünktlich und eine gute Mitarbeiterin, die den Streit um den Kauf eines neuen Autos anheizte. Es war Zeit für sie, ein zuverlässiges Auto zu haben. Aufgrund der Geldprobleme, die sie hatten, war es für sie unmöglich, sich ein neues Auto zu leisten. Es blieb nur noch eines zu tun.

Marion überwand ihren Stolz und bat ihre Eltern um Hilfe. Zuerst wollten sie ihnen nur ein wenig Geld geben, um zu helfen. Gavin wollte, dass ihre Eltern das Auto für sie kauften. Er sprach mit ihnen und konnte sie davon überzeugen, das Auto komplett zu finanzieren, solange es auf ihren Namen läuft.

Zu diesem Zeitpunkt konnte das Paar einen kastanienbraunen Pontiac Sunbird von 1991 erwerben. Es war ein gutes Auto und Marion liebte es, es zu fahren. Leider bekam Gavin einen Job im Clay Center, sodass sie nicht mehr die Hauptnutzerin des Fahrzeugs war. Er nutzte nun das Auto, um zur Arbeit zu pendeln und wer weiß, was sonst noch.

Als Detective White die Dokumente durchsah, stellte er fest, dass der Weg zum Clay Center über Leonardville führte. Während Gavins Fahrten zur Arbeit,

dachte er über einen neuen Plan nach, um sein Leben einfacher zu machen.

Gavin hatte einen hinterhältigen Verstand und war entschlossen, einen Plan zu entwickeln. Er wurde oft dabei erwischt, wie er in den Häusern von Leonardville herumschnüffelte und einen Plan schmiedete, um den Anwohnern Gegenstände zu stehlen, doch es gab nie einen Polizeibericht. Bei Gavin war der Plan mit Sicherheit für viele teuflisch und verletzend. Was konnte er also stehlen?

Gavins Plan wurde am Morgen des 14. Dezember 1999, einen Tag vor dem Mord, in die Tat umgesetzt. Tom Ward hatte ein kleines rotes Auto gesehen, das auf der Nordseite der Barton Road geparkt war. Während Tom sich über die Position des Wagens nicht sicher war, sagte er auch, dass er den Fahrer darin nicht gesehen habe.

Am selben Morgen sah Travis Hegerty das selbe rote Auto gegen 7:30 Uhr, obwohl es sich inzwischen in der Einfahrt eines anderen Nachbarn befand. Er erinnerte sich, das Auto mit eingeschalteten Scheinwerfern gesehen zu haben aber er sah, dass jemand im Fahrzeug saß.

Das Auto entsprach der Beschreibung von Gavins Fahrzeug und seiner Absicht, nach Dingen Ausschau zu halten, die er stehlen konnte. Die Frage war, herauszufinden, wo Gavins Auto jetzt ist. Gibt es Beweise für den Mord im Auto? Die Ermittlung dieser Informationen war eine Priorität, um die Dinge voranzubringen. Detective White verstand nicht ganz, warum die Stumpp-Residenz für Gavin von Interesse sein sollte.

Detective White ging dann zum DMV und durchsuchte die Liste nach einer Verbindung, die das Fahrzeug mit den Stumpp's verbinden würde.

Leider waren viel zu viele Fahrzeuge da, um eine schnelle Antwort zu bekommen.

White wusste, dass er im Namen von Marions Eltern nach einem roten Auto suchen musste. Seit dem Kauf des Fahrzeugs waren Jahre vergangen und Marion hatte das Auto nur selten in ihrem Besitz. Irgendwie fiel es ihr schwer, sich daran zu erinnern, dass das rote Auto von ihren Eltern gekauft worden war. Sie konnte sich nicht einmal daran erinnern, ob sie es noch hatten, als das Baby geboren wurde.

„Wir sind kurz nach Dezember mit dem Auto nach Arkansas gefahren. Dann haben wir das Auto ein paar Jahre später im Tausch gegen ein anderes Auto verkauft“, sagte Marion.

Detective White saß in seinem Büro und las die Dokumente von Marion durch, in der Hoffnung, eine schlüssige Antwort zu bekommen.

„Wohin ging es dann von da an?“ Detective White murmelte vor sich hin, dass es immer schwieriger werde, die Aufzeichnungen aufzuspüren. Er ging jede Akte und jedes Dokument durch. Nach langer Suche stellte er schließlich fest, dass das Auto direkt vom Händler an ein Auktionshaus im Raum Texas verkauft worden war, das das Auto dann an einen Händler in Mexiko verkaufte.

Er war froh, dass er etwas gefunden hatte, mit dem er weitermachen konnte. Sofort rief er einen Übersetzer in der Abteilung an und konnte direkt mit dem Händler in Mexiko telefonieren.

„Ja, wir hatten das Auto im Auktionshaus gekauft und das ist alles, was unsere Unterlagen belegen. Wir können keine Unterlagen finden, aus denen hervorgeht, wer das Auto bei uns gekauft hat und wer es jetzt haben könnte“, sagte er. Das war alles was nötig war.

Und das war das Ende des Weges. Zu diesem Zeitpunkt konnten keine Beweise aus dem Auto gefunden werden.

Gavin hatte das Auto in der richtigen Farbe, der richtigen Automarke und war zum Zeitpunkt des Mordes mit dem Auto in der Gegend unterwegs. Es waren zwar alles Vermutungen aber angesichts dessen, was White wusste, reichte es aus, um dem Puzzle ein weiteres Teil hinzuzufügen.

Das Boot

Am kalten Morgen des Mordes an Stumpp waren die Gebiete schneebedeckt. Mit dieser Hilfe konnten die Ermittler viele Beobachtungen außerhalb des Tatorts machen. Woher kam der

Mörder? In welche Richtung ging er? Was für Schuhe trug er?

Da es immer noch keine Antworten gab, waren die Detectives bereit, ihren Denkprozess kreativ zu gestalten. Det. Rhino hoffte auf den geringsten Hinweis auf Fortschritte und war an jeder Benachrichtigung interessiert, die sie näher an den Tatort brachte. Kürzlich wurde eine neue Spur identifiziert. Bevor Rhino seine Schlussfolgerung ziehen und den Fall lösen konnte, musste er Antworten darauf finden, warum Gavin auf der Nordseite des Grundstücks wartete, wie das Hin- und Herlaufen im Schnee bewies. Vielleicht hatte er nicht den Mut, ein kaltblütiger Mörder zu sein.

Die Vordertür war durch den geschmückten Weihnachtsbaum blockiert und die entdeckten Spuren führten zur Seitentür, wo Olive den Verdächtigen in ihr Haus eingeladen hätte. Die Ermittler wussten, dass Gavin sich erst vor einem Monat als ihr Kunde vorgestellt hatte. Wenn er dann mit einer ausführlichen Geschichte über ein kaputtes Auto zu ihr gekommen wäre, hätte sie nicht gezögert, ihm zu helfen. Nichts schien so ungewöhnlich zu sein, wie es hätte sein sollen.

Es war ziemlich untypisch für Olive, so gekleidet zur Tür zu kommen. Laut ihrem Mann machte sie immer einen vorzeigbaren Eindruck, wenn sie an die Tür ging, egal wie spät es war.

Man würde erwarten, dass Gavin das Haus auf dem gleichen Weg verlassen hätte, auf dem er es betreten hatte. Alles war deutlich sichtbar, als die Spuren von der Seitentür abgingen.

Es gab für niemanden Zweifel, dass Det. Rhino mehr CSI-Erfahrunghatte, als jeder andere Beamte in der Abteilung. Viele dachten, Det. Rhino konnte sich das Bild des Verbrechens in seinem Kopf ausmalen und sich vorstellen, wie er es durchlebte.

Er fühlte sich immer wie ein Mann auf einem Kreuzzug, wenn es darum ging, ein Verbrechen aufzuklären. Sowohl Det. Rhino als auch Det. White gehörten zu einer speziellen Gruppe von Ermittlern, die andere Behörden bei ihren Ermittlungen unterstützten. Det. Rhino könnte in die Gedanken eines Mörders eindringen und genau wissen, wie die Beweise zum Verbrechen passen.

Was die Detectives am meisten faszinierte, war die einwandfreie Klarheit der gefundenen Fußabdrücke. Alle Details waren sichtbar. Der Stiefelabdruck war zu diesem Zeitpunkt der beste Beweis, den sie hatten, und er könnte sich leicht auszahlen. Es erforderte keinen großen Aufwand, den Markennamen und die Größe zu unterscheiden. Die Ermittler konnten außerdem feststellen, dass es sich um einen Wanderschuh der Größe 8 aus den Nordwest-Territorien handelte, der hauptsächlich von K-Mart verkauft wurde. Da die meisten beliebten Männer eine

Schuhgrößen zwischen 10 und 12 hatten, war es ziemlich einfach, die Liste in Kansas einzugrenzen.

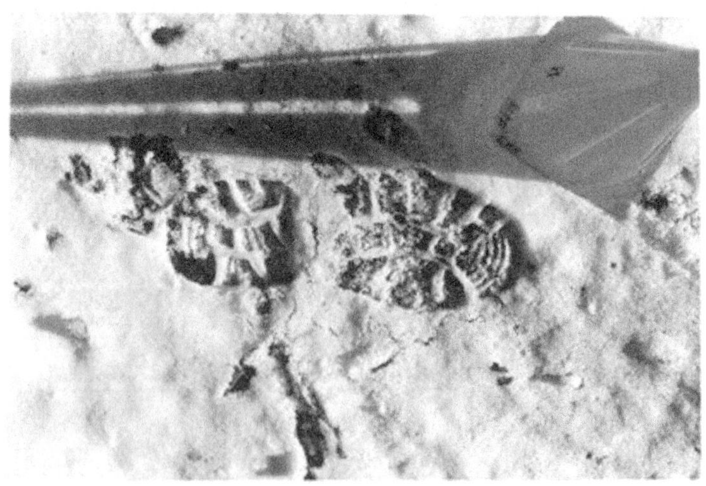

Gavin war 1,75 Meter groß, was bedeutete, dass er kleinere Füße hatte. Da die Chancen gut standen, konnten sie sein Haus nach den Schuhen durchsuchen. Gespannt darauf, was sie finden würden; machten sich die Ermittler auf den Weg zu seinem Haus und stellten fest, dass er eine Schuhgröße von 8,5 hatte. Die Ermittler gaben nicht nach, da es nicht ungewöhnlich ist, dass es bei verschiedenen Marken leicht unterschiedliche Schuhgrößen gibt.

Während ihrer ersten Untersuchung konnte Det. Rhino die Abdrücke durch den Schnee verfolgen, als sie das Stumpp-Haus auf der Nordseite des Hauses verließen, dann nach Westen über das Nachbarfeld bogen, bevor sie zurück nach Süden gingen.

Zwischen den Fußabdrücken gab es Lücken, sodass Det. Rhino zu dem Schluss kam, dass der

Mörder es eilig gehabt haben musste. Sie untersuchten die Abdrücke weiter in Richtung Süden und auf der anderen Straßenseite durch ein anderes Feld, bevor sie sich auf den Weg nach Osten machten. Offenbar unternahm der Mörder einige Anstrengungen, die Strecke in der Nacht zurückzulegen, während die Fußspuren weiter nach Osten über die Barton Road und durch den Golfplatz führten, wo die Hitze des Tages die Spuren weggeschmolzen hatte.

Det. Ryan musste seinen Standpunkt zu den unterschiedlichen Schuhgrößen je nach Hersteller beweisen. Dazu probierte er den bei K-Mart erhältlichen Stiefel der Größe 8 an, der zu den Abdrücken im Schnee passte. Nachdem er den Stiefel anprobiert hatte, war Ryan überzeugt, dass Gavin

einen Stiefel der Größe 8 hätte tragen können. Der Northwest Territories-Stiefel war etwas locker, so dass er problemlos jeder Person passen konnte, die in anderen Schuhen Größe 8,5 trug. Als der Fall weiter voranschritt, fühlte sich Detective White wie Sherlock Holmes, der versuchte, den Fall zu lösen. Er versuchte verzweifelt, alle Teile miteinander zu verbinden.

Während Marion ihre Geschichte beharrlich fortsetzte, erzählte sie noch einmal, dass Gavin normalerweise Wanderstiefel trug, weil diese am bequemsten seien. Sie erinnerte sich auch daran, dass sie ziemlich oft bei K-Mart einkauften, konnte sich aber nicht erinnern, ob sie die

Northwest Territories-Stiefel dort gekauft hatten oder nicht.

Als der Fall zu Ende ging, war dies ein Puzzleteil, das genau zusammenpasste. Da Gavin den Stiefel problemlos an seinen Fuß anpassen konnte, musste er nur noch seine Stiefel finden.

Die Frage war: Wo genau könnten sie sein?

Vielleicht waren die Stiefel am Tatort auf dem Golfplatz! Oder sie könnten sich entweder im Hintergarten des Nachbarn oder möglicherweise bei Marion aufhalten. Marion hatte ihnen bereits erlaubt, das Haus zu durchsuchen aber der Mord lag drei Jahre zurück. Detective White glaubte dennoch daran,

dass immer noch die Möglichkeit bestände, dass die Stiefel hinten im Schrank liegen und darauf warten würden, gefunden zu werden.

Der Zeuge

Marions Sohn Kevin Ruez war im Dezember 1999 11 Jahre alt. In zahlreichen Interviews mit Marion sprach sie über ihn. Marion erklärte auch, dass Kevin ihr Sohn aus einer früheren Beziehung war, in der er mit seinem Vater in Santa Maria, Texas, lebte, bis er 1999 anfing, bei ihr zu leben.

Als sie zu einem ihrer Interviews kam, begann sie, einige Ereignisse des Jahres 1999 zu erklären. Sie erzählte den Detectives, dass Kevin über Weihnachten bei ihr gewohnt hatte. Damals hatte Gavin für seine Eltern in Arkansas eine Satellitenschüssel gekauft und Kevin hatte darauf bestanden, dass er ihn bei der Installation der Schüssel begleiten wollte. Obwohl Marion damit nicht einverstanden war, blieb Kevin hartnäckig. Sie hatten eine weitere Spur und es handelte sich um jemanden, den Detective Black leicht finden konnte.

Black war in der Lage, Kevin in Texas aufzuspüren und mit der Erlaubnis seines Vaters konnte er eine Aussage machen

Und darüber berichten, woran er sich über die Reise nach Arkansas oder andere damit zusammenhängende Ereignisse im Jahr 1999 erinnerte. Es war Zeit, fortzufahren.

Det. Black und Det. White bestiegen einen Flug nach Texas und landeten in Brownsville, TX. Die Reise war nicht so aufregend, da sowohl Det. Black als auch Det. White während ihres Fluges nicht schlafen konnten. Als sie in Santa Maria ankamen, um mit Kevins Vater zu sprechen, war der Mann nicht erfreut, sie zu sehen. Die Kriminalitätsrate in Santa Maria war nicht viel höher als in Mexiko aber die Menschen waren mit der wirtschaftlichen Lage und dem Mangel an Einrichtungen unzufrieden.

Kevins Vater erzählte ihnen, dass Kevin in Mexiko zur Schule gehe, was bedeutet, dass das Interview an seiner Schule geführt werden müsse. Det. Black war damit nicht einverstanden aber sie hatte keine Wahl. Sie meldeten sich bei den örtlichen Polizeibehörden in Santa Maria, um den Zweck des Besuchs zu erläutern. Sie wurden klar darüber informiert, wie das Interview mit Kevin auf dem Schulgelände durchgeführt werden würde. Det. White und Black wussten bereits, dass Santa Maria eine Grenzstadt war und der Verkehr von Texas nach Mexiko sehr verbreitet war.

Es war offensichtlich, dass die örtlichen Polizeibehörden aus den USA auf der mexikanischen Seite der Grenze nicht willkommen waren. Außerdem wurden sie angewiesen, jegliches Geld, Schmuck, Abzeichen und sogar ihre Pistole zu verstecken. Sie durften lediglich eine kleine Kamera zum Aufzeichnen des Zeugnisses und einen kleinen Notizblock zum notieren wichtiger Details mitnehmen.

Det. White wollte die örtlichen Polizeibehörden in Mexiko nicht beleidigen, da dies für sie von entscheidender Bedeutung sei. Er sagte es Det. Black und forderte sie auf, mit der Schule zusammenzuarbeiten und alles Notwendige zu tun.

Die örtlichen Behörden erläuterten auch den Grund für das Verstecken ihres Bargeldes. Es war üblich für

die mexikanische Grenzpolizei, von den amerikanischen Behörden eine Wiedereinreisegebühr in die USA zu verlangen.

Kevins Schule war sehr entgegenkommend, insbesondere was den Ablauf des Gesprächs angeht. Die Detectives hätten alle Privatsphäre für sich. Es war auch beruhigend zu wissen, dass viele amerikanische Kinder in Santa Maria lebten und die Schule in Mexiko besuchten, was auch als Detective hilfreich sein würde. Weder Black noch White konnten kein spanisch.

Die Kinder trugen Schuluniformen und waren sehr höflich und kooperativ. Als die Ermittler durch die Flure der Schule gingen, wurden sie von einem Lehrer in einen Raum geführt, in dem sie problemlos unter vier Augen mit Kevin sprechen konnten.

Sobald Kevin kam, erklärten die Ermittler, wer sie waren und warum sie seine Hilfe brauchten, um herauszufinden, ob Gavin tatsächlich den Mord begangen hatte. Sie wollten auch, dass Kevin sich bei ihnen wohl fühlte und die Wahrheit sagte. Kevin war 14 Jahre alt und wenn er sich mit den Ermittlern wohl fühlte, war die Wahrscheinlichkeit geringer, dass er sie anlügen würde.

Kevin saß auf einem Stuhl, während der Lehrer ein kurzes Stück hinter ihm stand, um Kevin zu versichern, dass er

in guten Händen war und keine Angst vor den Detectives zu haben brauchte; Sie machten nur ihren Job. Sie versicherte ihm auch, dass sie das Interview sofort abbrechen würde, wenn er beim Gespräch mit den Ermittlern Angst oder Unbehagen verspüre. Sie würde auch übersetzen, wenn es Sprachbarrieren gäbe.

Wie erwartet war Kevin sehr höflich, als die Ermittler mit ihm sprachen. Sie hatten die Kamera aufgestellt und alle Anwesenden im Raum vorgestellt. Glücklicherweise erhielten sie direkt die Informationen, die sie brauchten, um Gavins Charakter zu bestimmen.

Kevin sagte deutlich, dass er seinen Stiefvater nicht mochte. Er war gemeiner zu ihm als zu anderen Menschen. Er wusste, dass es vielleicht daran lag, dass Kevin nicht sein richtiger Sohn war aber nach der Geburt des Babys wurde es noch schlimmer als sonst.

Es gab nicht viele Details darüber, wie gemein Gavin zu ihm war. Gavin hat ihn nicht geschlagen oder misshandelt aber die Ermittler bestanden darauf, dass Kevin näher darauf einging, wie gemein Gavin zu ihm war.

Die Beziehung zwischen Kevin und Gavin war sehr angespannt. Kevin erzählte den Detectives, dass Gavin ihn hauptsächlich anschrie und ihn dazu zwang, Hausarbeiten in

Haus oder Garten zu erledigen aber was ihn am meisten störte, war, dass sein Stiefvater versuchte, ihn zu demütigen, indem er ihn im Garten herumkriechen und Unkraut jäten ließ.

Die Ermittler fragten konkret, ob er sich an irgendetwas von der Reise nach Arkansas erinnerte, da er derjenige war, der darauf bestand, mit Gavin zu gehen. Kevin enthüllte dann, dass er von Gavin angewiesen wurde, Marion zu sagen, dass er mit Gavin gehen wollte und darum betteln sollte, ihn begleiten zu dürfen. Kevin selbst fand das seltsam. Marion musste dann mit dem Baby zu Hause bleiben.

Allerdings blieben ihm die Einzelheiten der Reise etwas unklar, da er sich daran erinnerte, dass sie eine Satellitenschüssel mitgenommen hatten, um sie im Haus seiner Eltern zu installieren. Kevin sagte auch, dass Gavin außer der Satelittenschüssel selbst nichts mitgenommen habe. Sogar in Arkansas hatte er das Gefühl, dass der einzige Grund, warum er zu der Reise eingeladen wurde, darin bestand, die ganze schwere Arbeit zu erledigen.

Gavin ließ ihn den Bereich für die Fernsehschüssel vorbereiten und grub dann ein Loch. Obwohl Kevin sich alle Mühe gab, beklagte sich Gavin immer noch darüber, dass er es nicht richtig machte und sich dafür so viel Zeit nahm. Kevin sagte auch, dass Gavin so gemein zu ihm

war, dass Opa Johnson eingreifen und sich einmischen musste, was Kevin ein gutes Gefühl gab, dass sich jemand gegen Gavin zur Wehr setzte.

Als die Ermittler fragten, ob Gavin möglicherweise noch etwas in Arkansas gelassen habe, sagte Kevin, dass es ein Problem mit seinen Stiefeln gäbe, das Gavin wütend machte.

Kevin teilte mit, dass Gavin, während er Zement in das Loch für die Stange steckte, um die TV-Schüssel zu befestigen, etwas Zement auf seine Stiefel verschüttete. Gavin warf die Stiefel in den Müll und war wütend, weil er zu Hause kein zweites Paar Schuhe zum Anziehen hatte. Es schien fast so, als wäre er aus irgendeinem seltsamen Grund froh, die Stiefel wegzuwerfen.

Von der Reise nach Arkansas konnte sich Kevin nicht mehr an viel erinnern aber was er in Erinnerung hatte, war sehr interessant. Det. Black und White begannen, wichtige Details aus dem Interview herauszuarbeiten.

Kevin wollte nie nach Arkansas aber Gavin bestand darauf, ihn mitzunehmen und sagte ihm, er solle darüber lügen. Gavins Stiefel waren mit Zement bedeckt und wurden in Arkansas weggeworfen. Gavin war darüber glücklich.

Dies alles passte zum Zeitpunkt des Mordes aber was nahm Gavin sonst noch mit nach Arkansas? Ein weiteres Puzzleteil, das passen musste.

Sie mussten über die Grenze zurückkehren, bevor die mexikanischen Polizeibehörden herausfanden, wer sie waren und warum sie dort waren.

Als die Ermittler die Schule verließen und die Straße hinuntergingen, um sich auf den Marktplatz unter die Leute zu mischen, bemerkten sie Verkäufer, die aus allen Richtungen kamen. Die Verkäufer hofften, ihre Aufmerksamkeit zu erregen, um ihnen Gegenstände zu verkaufen. Die Ermittler beschlossen, ein paar Dinge zu kaufen und erweckten den Eindruck, sie seien Touristen.

Als sie es endlich zurück zur mexikanischen Grenze schafften, begannen alle Grenzfragen, um wieder Einzug in die Staaten zu halten.

Wer sind Sie?

Woher kommen Sie?

Was ist der Grund Ihres Besuchs? Was nehmen Sie mit in die USA?

Lassen Sie uns Ihre Kamera besichtigen und überprüfen. Warte, warte, warum haben Sie all diese Dinge mitgenommen?

Warum haben Sie den Marktplatz besucht? Warum haben Sie beide Notizblöcke?

Da sie gegen Ende des Tages zu einer geschäftigen Zeit überquerten, standen immer noch viele Leute hinter ihnen Schlange. Als die mexikanischen Polizeibehörden Aufruhr von den Menschen hinter ihnen hörten, forderten sie sie auf, weiterzugehen. Die Ermittler beeilten sich, auf die US-Seite der Grenze zu gelangen.

Jetzt machten sie sich auf die Suche nach dem nächsten fehlenden Puzzleteil.

Die Waffe

Gavins Geschichte mit Waffen war nicht überraschend aber in der Tat verdächtig.

Det. Black and White begann, Gavins Vergangenheit zu untersuchen, entschlossen, das

fehlende Glied des Puzzles zu finden. Beide kannten bereits die Fluchtmuster, die Gavin möglicherweise verwendet hatte, um einer Inhaftierung zu entgehen. Meistens geriet er wegen Fälschung, ungedeckter Schecks und Betrug in Schwierigkeiten. Gavin war ein ziemlicher Krimineller und sorgte dafür, dass seine Spuren nicht immer sichtbar waren. Erst als er sich mit Marion einließ, gelang es ihnen, seine erste Verbindung mit einer Waffe herzustellen.

Als die Ermittler seine Unterlagen eingehend durchforsteten, wurden sie misstrauischer. Gavin fungierte nicht als kriminell Verrückter, das konnten sie nicht erkennen. Es war nicht schwer, einen Zusammenhang zwischen der Eskalation seines Verhaltens herzustellen, als sie die verstaubten Aufzeichnungen aus seinen Militärjahren hervorholten.

„Das sieht interessant aus. Was denkst du,

White?", fragte Det. Black und zeigte ihm das Bild der Waffe.

„Sieht so aus, als hätten wir eine Spur", antwortete er mit einem Lächeln.

Det. Black fuhr fort: *„Wir müssen alles noch einmal durchgehen, jeden Schritt, den Gavin gemacht hat."*

Sie wussten, dass Gavin im August 1997 in ein berühmtes Pfandhaus in Ogden, Kansas, gestürmt war. Gavin schaute auf die Tafel, auf der stand: „Pat's Pawn & Gun."

Er betrat das Pfandhaus direkt vor den Toren von Fort Riley, einem Militärstützpunkt. Drinnen angekommen, begutachtete Gavin jede Waffe und entschied sich schließlich für eine 9-mm-Pistole vom Typ Ruger P95DC.

Als Det. White darüber nachdachte, schoss ihm eine Frage durch den Kopf. Warum hatte Gavin den Mut, eine Waffe zu kaufen, als würde er sich bei Ben und Jerry's für eine Eissorte entscheiden?

Dieser Beweis schien seltsam. Handelte es sich dabei um denselben Pistolentyp, der auch bei dem Mord an Olive Stumpp verwendet wurde? Könnte dies der Beweis sein, nach dem die

Detectives die ganze Zeit gesucht haben?

Den Aufzeichnungen zufolge hatte Gavin im Dezember 1997 auch eine zweite Waffe gekauft, eine weitere Ruger P95DC. Wo waren diese

Waffen jetzt? Warum zwei gleiche Waffen kaufen? Die Ermittler wussten, dass Gavin und Marion in der Vergangenheit mehrere Auseinandersetzungen darüber hatten, eine Waffe im Haus zu haben, aber zu diesen Auseinandersetzungen kam es erst im Januar 1999.

Die Ermittler überprüften die Notizen, die sie von Marion hatten, um dem Ganzen einen Sinn zu geben. Es war eine bekannte Tatsache, dass Marion und Gavin ständig darüber gestritten hatten, ob der Besitz einer Waffe die richtige Wahl zum Schutz im Haus sei. Gavin war so wütend über das Waffenproblem, das er Marion eine der Waffen zeigte, die er ohne ihr Wissen gekauft hatte.

Von Marion:

Als sich die Schreie des Streits in Angst und Panik verwandelten, wurde Marion klar, dass Gavin zu allem fähig war. Der Streit eskalierte so weit, dass er die Waffe auf ihren Kopf richtete, ohne dass Gavin mit der Wimper zuckte. Das war ein beängstigender, gefährlicher Moment für sie.

Marion spürte die Kälte an der Spitze des Gewehrlaufs, wo sogar sein Geräusch, wie ein Trommelschlag, leicht zu hören war.

„KLICK“ Der Hammer machte das Geräusch und Marion sank schnell auf dem Boden und begann zu weinen.

Gegen Ende des Jahres 1999 geriet Gavin außer Kontrolle, als die Polizei wegen eskalierender Auseinandersetzungen im Haushalt gerufen wurde. Inmitten dieses schrecklichen Dramas wurde Marion schwanger. Mitte Februar geriet die Geschichte außer Kontrolle.

War die Schwangerschaft eine einvernehmliche sexuelle Begegnung oder eine Vergewaltigung? Hoffte Marion immer noch, dass Gavin Güte in seinem tiefen, dunklen Herzen besaß oder war die Schwangerschaft das Ergebnis von Vergewaltigung, sexueller Manipulation oder Angst während einer der vielen Streitigkeiten?

Im April 1999 wurde Gavin auf der Autobahn angehalten. Er wurde wegen Trunkenheit am Steuer festgenommen, als er den Red Pontiac fuhr, was ihn ironischerweise durch die Aussagen der Zeugen am Tag des Mordes mit dem Tatort in Verbindung brachte.

Was hatte er um 3 Uhr morgens auf der Landstraße gemacht? In der Nähe des Ortes, an dem er angehalten worden war, gab es weder Bars noch bekannte Freunde.

Es war klar, dass Gavin seine Aufmerksamkeit auf andere richtete und sich in seine KFC-Kollegen verliebte. Er könnte leicht eine Nutte für die Nacht finden aber er zog es vor, näher an die Frauen heranzukommen und eine engere Beziehung zu jedem seiner Kollegen zu haben. Er beschloss, die Frauen die ganze Nacht zu verfolgen, ihre Bewegungen zu beobachten und zu planen.

Eines Abends Ende Juli 1999 wollte Gavin seine Kollegin Dana, ein blondes Mädchen, so sehr haben, dass er sie verfolgte, während sie auf einem Date war. Er

wartete darauf, dass Dana ihr Date beendete und folgte ihr in ihre Wohnung, wo er sie gewaltsam vergewaltigte.

Die Ermittler fragten sich, ob es sich um eine seiner gekauften Waffen handelte und ob sie als Einschüchterungsversuch beteiligt war ,um Dana zu vergewaltigen. Das war wichtig, weil es beweisen würde, dass Gavin leicht dazu übergehen könnte, mit einer Waffe zu töten, wenn es seinen Motiven entspräche.

Leider hat das Opfer zu dem Vorfall nie Anzeige bei der Polizei erstattet. Dana kooperierte nicht und es gab keine weiteren Berichte oder Aussagen, die diese Vergewaltigung bestätigten. Die Ermittler konnten nur sehr wenige Informationen über den Vorfall im Zusammenhang mit Gavin sammeln. Dana zeichnete das Bild eines eskalierenden Musters der Gewalt und sagte, dass es außer ihr noch andere Opfer gab, konnte aber keine Namen nennen.

Die Ermittler versuchten endlos, die Identität der Opfer herauszufinden und jede Spur endete in einer Sackgasse.

Über den Einsatz einer Schusswaffe lagen noch keine Informationen vor. Alles, was Gavin tat, hing irgendwie mit dem Ende des Mordes zusammen aber die Ermittler versuchten immer noch zu verstehen, wie und mit welchem Motiv.

Seit den Ereignissen waren drei Jahre vergangen, ohne dass irgendwelche Informationen oder Einzelheiten zu den Opfern bekannt waren. Es könnte auch sein, dass die Opfer bereits mit der neuen Geschäftsführung weitergezogen waren. Es schien möglich, dass Gavin sie mit der Drohung, mit niemandem über den Vorfall zu sprechen, zum Schweigen gebracht hätte.

Gavin richtete weiterhin Chaos in seinem Haus an, beschimpfte Marion und machte Dinge kaputt. Häusliche Gewalt war an der Tagesordnung.

Die Polizei reagierte auf die Beschwerde der Nachbarn und kamen im September 1999 in ihrem Haus an. Diesmal kam es zu einer Verhaftung, als Gavin im Besitz von Marihuana aufgefunden wurde. Zu Marions Erleichterung verbrachte Gavin fünf Tage im Gefängnis und erhielt sechs Monate auf Bewährung. Leider war die Polizei nur wenige Tage nach der Entlassung aus dem Gefängnis wieder bei ihr zu Hause, um eine weitere Anzeige wegen häuslicher Gewalt zu erstatten.

Alyssa wurde am 25. Oktober geboren, was die Gewalt vorübergehend beendete. Marion hoffte immer noch, dass Gavin sein Verhalten ändern würde, nachdem Alyssa geboren wurde aber das war ein naiver Gedanke.

Am Donnerstag, dem 18. November 1999, fuhr Gavin zur Leonardville Bank und eröffnete dort ein Konto

auf seinen und Marions Namen, obwohl er ihren Namen nicht auf der Unterschriftenkarte vermerkte.

Am Freitag, dem 19. November 1999, fuhr Gavin zu Mr. Money Pawn in Manhattan, Kansas, wo er eine 9-mm-Pistole vom Typ Ruger P95DC für 200,00 $ verpfändete.

Er nahm dieses Geld und reiste zur Leonardville Bank, um 20,00 $ auf das Konto einzuzahlen, das er erst am Tag zuvor eröffnet hatte.

Das war sehr mysteriös und führte zu vielen Fragen. Was war der Grund für seine Geschäfte bei der Bank und in welcher Beziehung stand dies zur Mitarbeiterin Olive Stumpp? Die Antworten waren nicht klar und reichten für Detectives Black und White nicht aus, um Gavin direkt mit dem Mord in Verbindung zu bringen. Nichts war so einfach, wie es schien.

Nach Alyssas Geburt verließ Gavin den Lieferservice von Schwan mit einer Route in der Gegend von Leonardville. Am Dienstag, dem 23. November 1999, kehrte Gavin zur Leonardville Bank zurück. Diesmal hob er sein gesamtes Geld ab und schloss das Konto, das er erst wenige Tage zuvor eröffnet hatte.

Am Dienstag, dem 7. Dezember 1999, nur 14 Tage nach seinem letzten Besuch in der Bank, kehrte Gavin zum

Mr. Money Pawn Shop zurück, um seine 9-mm-Pistole zurückzuholen. Acht Tage später, am Mittwoch, dem 15. Dezember 1999, wurde Olive Stumpp laut Autopsiebericht tot in ihrem Keller in Leonardville, Kansas, aufgrund von Schusswunden aufgefunden, die auf eine Ruger

P95DC 9 mm zurückzuführen waren. Derselbe Waffentyp, den Gavin im Mr. Money Pawn Shop zurückgekauft hat.

Warum sollte Gavin zurückgehen, um die gleiche Waffe zu holen, die er erst vor ein paar Tagen verpfändet hatte? Warum benutzte Gavin dieselbe Waffe und nicht eine andere seiner Handfeuerwaffen von zu Hause?

Am 17. Dezember 1999, zwei Tage später, nahm Gavin Kevin mit nach Arkansas, um für seine Eltern eine Satellitenschüssel zu installieren.

Der Untersuchungsbericht bestätigte, dass am 18. Dezember 1999 auch ein Konto für Gavins Wohnsitz für Fernsehdienste eingerichtet wurde.

Zwei Monate später besuchte Gavin erneut das Haus seiner Eltern in Arkansas, um seiner kleinen Tochter die Möglichkeit zu geben, seine Eltern kennenzulernen.

„Wo sind diese beiden 9-mm-Kanonen von Ruger?“, fragte Det. White.

„Hat er sie nach Arkansas gebracht?“, mischte sich Det. Black tief in Gedanken ein.

Wenn er die Waffen nach Arkansas gebracht hätte, könnten sie dann im Loch für die Satellitenschüssel vergraben und mit Zement abgedeckt werden?

Am Montag, dem 31. März 2003, gestand Gavin, betrunken auf Olive Stumpp geschossen zu haben. Dies war auch die Zeit, in der die Gewalt zwischen dem Paar so weit eskalierte, dass Gavin Marion wahnsinnig verprügelte.

Am Freitag, dem 18. April 2003, eröffnete Gavin eine Bankkonto bei der Leonardville Bank. Warum sollte er das tun, fragte sich Det. White. Hat er das Verbrechen noch einmal Revue passieren lassen, um die Momente noch einmal zu erleben, um stolz auf sich selbst zu sein, dass er mit dem Mord davongekommen ist? Vielleicht hatte er vor, als Fortsetzung des Mordes ein weiteres Verbrechen zu begehen. Wer wusste das schon?

Es scheinen ständig Fragen aufzutauchen. Hatte er von Anfang an vor, eine Bank auszurauben oder war er ein Mörder aus Freude und Nervenkitzel am Töten, so wie damals, als er in seiner Jugend Lebewesen tötete?

Bis zum 6. September 2003 hatten Gavin und Marion sechs Monate lang am Stück gekämpft und gestritten. Viele der Auseinandersetzungen standen im Zusammenhang mit den betrügerischen Schecks, Betrügereien und Fälschungen, die Gavin initiiert hatte. Obwohl er verhaftet wurde und vor Gericht ging, um sich für all diese Bagatelldelikte zu verantworten, schien dies

nicht dazu zu führen, dass jemand mit einem Schuss ermordet werden würde. Sogar sein Bewährungshelfer war sich nicht sicher, ob er ein Vergewaltiger, ein Mörder oder möglicherweise beides war.

Um zu beweisen, dass Gavin der Hauptverdächtige im Mord an Olive Stumpp war, musste Det. White die Waffen finden und eine davon musste die Mordwaffe sein.

Wenn die Ermittler die Waffen finden könnten, wäre der Fall gelöst. Det. White wollte, dass Gavin so schnell wie möglich bestraft wird und für die von ihm begangenen Verbrechen zur Rechenschaft gezogen wird. Es war beleidigend, Gavin die gleiche Haltung an den Tag zu legen und er musste gestoppt und seine Schuld bewiesen werden.

„Warum atmet er noch?“, fragte er sich immer wieder, als ob sein Verstand ihm eine passende Antwort geben würde. Nur die Entdeckung der Mordwaffe konnte ihm die Antwort geben.

„Es muss Gavin sein; Es gab niemanden, der so perfekt in dieses Profil passt.“

Als die Ermittler White und Black tiefer in der nicht enden wollenden Flut an Aufzeichnungen wühlten, fanden sie einen neuen Pfanddatensatz, der bis zum 6. März 2003 bei Wildcat Pawn nicht der Polizei gemeldet worden war und sich auf eine 9-mm-Waffe vom Typ Ruger P95DC bezog. Die Waffe war

nach dem Pfand nicht eingelöst worden und wurde anschließend verkauft.

„Bist du dir sicher? Sind die Aufzeichnungen korrekt oder hat sie jemand manipuliert?“, diskutierte Det. White mit Det. Black.

Aus den Unterlagen geht hervor, dass der neue Besitzer der 9-mm-Pistole Ruger P95DC ein Soldat war, der zu einem Stationsdienst nach Fort Drum, New York, versetzt worden war. Was ihre Expertise beim Aufspüren und Finden einer Nadel im Heuhaufen angeht, sagte Det. Black sie konnte den Soldaten ausfindig machen und er würde seine Waffe freiwillig zur örtlichen Polizeistation in der Gegend bringen. Sie nahmen die Waffe in Gewahrsam und schickten sie dann zur Bearbeitung an die Polizei von Riley County.

Es war ziemlich offensichtlich, dass alles protokolliert und zusammen mit allen entsprechenden Papierunterlagen abgelegt worden war. Die Pistole wurde ordnungsgemäß eingecheckt und vorläufig überprüft. Es stellte sich heraus, dass es sich um denselben Waffentyp handelte, den das Kriminallabor mit der Seriennummer xxx-x1076 identifiziert hatte und der 2003 beim Wildcat Pawn mit den Pfandunterlagen mit dem Zettel abgeglichen worden war. Andere Pfandunterlagen von Pat's Pawn zeigten ebenfalls, dass es sich bei dieser Waffe, zusammen mit der zweiten P95DC mit der Seriennummer xxx-x0033, um dieselbe Waffe handeln könnte.

Die Frage war nun, welche Waffe verwendet wurde oder ob Gavin für alle Fälle eine zweite Waffe hätte kaufen können, um Verwirrung zu stiften und der Polizei zu entgehen.

Der bundesstaatliche Drogentest der Waffe P95 xxx-x1076 ergab leider, dass sie die falsche Waffe sichergestellt hatten. Dies war immer noch das einzige Puzzleteil, das Sinn machte, um Gavin als Mörder zu verurteilen. Beide wussten, dass es nur nötig war, die andere Waffe zu finden, um den Fall abzuschließen und eine Verurteilung herbeizuführen.

Der Durchsuchungsbefehl

Die Reise nach Mexiko war kein völliger Reinfall, und Det. Black und White konnten genau bestimmen, wie viel Zeit Gavin während seiner Reise nach Arkansas zum Haus seiner Eltern benötigte, um Beweise zu vernichten. Jetzt mussten sie nur noch herausfinden, was Gavin sonst noch mit nach Arkansas nahm. Als sie erfuhren, dass die Reise nach Arkansas nur zwei Tage nach dem Mord stattfand, wussten sie, dass die Stiefel wahrscheinlich weggeworfen worden waren. Sie mussten überprüfen, ob sich die Waffe noch in Arkansas befand oder nicht.

In einem verzweifelten Versuch, mehr über die Reise nach Arkansas zu erfahren, rief Detective Black Gavins Vater an.

„Ich würde gerne über Ihren Sohn Gavin sprechen und über die Reise, die er zu Ihnen nach Hause unternommen hat, um den Satellitenfernseher für Sie zu installieren.“, sagte Det. Black.

Der alte Mann schien sehr zurückhaltend zu sein, über irgendetwas zu reden aber er war Det Blacks Frage gegenüber gefügig. Det. Black hatte eine Art, Menschen davon zu überzeugen, über die

Dinge zu sprechen, über die sie nicht gerne redeten.

Black fragte, ob Gavins Vater sich an etwas von Gavins Besuch erinnern könne, als er bei ihnen zu Hause die Satellitenschüssel installierte. Er erinnerte sich an das Ereignis, konnte sich aber an nichts von den Stiefeln oder dem Zement erinnern. Er sagte, dass das Loch für die Stange nicht sehr tief sei.

„Woher wissen Sie das?", fragte ihn Det. White wie ein Prüfer bei einer Aufnahmeprüfung.

„Die Farbe des Zements zeigt, dass nicht viel zum Abdecken des Lochs verwendet wurde", antwortete der alte Mann hastig und beklagte sich fast darüber, dass sein Sohn einen halbherzigen Job gemacht hatte.

Det. Black musste herausfinden, ob Gavin die Waffe im Loch vergraben hatte oder nicht, also fragte er ihn, ob er etwas über eine Waffe wüsste, die Gavin hierher gebracht haben könnte.

„Ja!", antwortete der alte Mann ohne mit der Wimper zu zucken. Det. Black fragte schnell: *„Wo ist sie?"*

Er antwortete, dass Gavin ihm bereits von der Waffe erzählt hatte und dass Marion und Gavin sich gestritten hatten und sie nicht wollte, dass die Waffe in ihrem Haus bliebe, da er ihr einmal die Waffe an die Stirn gehalten hatte. Er bat seinen Vater, sie für ihn zu Hause aufzubewahren.

Das war großartig. Endlich ein wirklich schönes Beweisstück in diesem Mordfall, abgesehen von den Annahmen. Det. Blacks Hoffnung war, dass die Waffe immer noch in Arkansas lag und darauf wartete, dass sie sie abholten.

Det. Black rief schnell White an, ohne Zeit zu verlieren. Sie forderte ihn auf, in Gavins Elternhaus in Arkansas eine eidesstattliche Erklärung für einen Durchsuchungsbefehl vorzubereiten.

Dies war das erste Mal, dass Det. White jemals in einem anderen Bundesstaat einen Durchsuchungsbefehl beantragte. Es war für ihn nicht schwer, einen Haftbefehl zu bekommen. Er zögerte, in einem anderen Staat nach einem Haftbefehl zu suchen, um Komplikationen zu vermeiden oder gegen das Pflichtprotokoll zu verstoßen.

Arkansas war kein sehr großer Staat und der Durchsuchungsbefehl war nicht schwer zu bekommen. In Arkansas gab es Kleinstadtbewohner mit Kleinstadtgewohnheiten

wie in einer alte Bauernstadt. Die Straße neben dem Haus seiner Eltern, in dem Gavin aufwuchs, wurde nach seiner Familie benannt.

Sowohl Det. White als auch Det. Black erfuhren, dass es einfach war, den Haftbefehl vorzubereiten aber es war viel schwieriger, ihn von einem Richter in Arkansas unterzeichnen zu lassen. Sie wussten beide, dass sie einige Anrufe bei ihren Kontakten im Justizministerium tätigen mussten, um den Richter dazu zu bringen, den Durchsuchungsbefehl zu unterzeichnen.

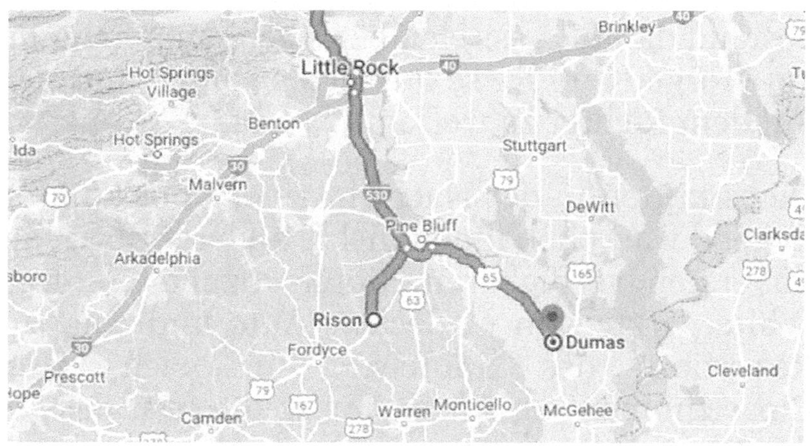

Da es sich um eine Kleinstadt handelte, wusste Det. White, dass sie den Papierkram mit der Anforderung eines Durchsuchungsbefehls akzeptieren würden, dieser jedoch nur dann unterschrieben würde, wenn beide Detectives persönlich vor Ort wären, um den Sachverhalt vor dem Richter zu erklären und zu bezeugen, warum sie einen Durchsuchungsbefehl für das Haus von Gavins Eltern benötigten.

Det. White wusste, selbst wenn er nach Arkansas fahren müsste, damit der Richter einige Papiere unterschreibt, dann würde er es tun. Wenn er auf der Fahrt nach Arkansas die ganze Nacht wach bleiben müsste, würde er es tun.

Det. White stieg in einen nicht gekennzeichneten Streifenwagen, um dem Verkehr auszuweichen, und fuhr direkt nach Arkansas. Die Polizei hatte die Richtlinie, dass sie an einem Tag nicht länger als 8 Stunden fahren durften. Det. White wurde zunehmend unter Druck gesetzt, so schnell wie möglich nach Arkansas zu gelangen. Det. Black bestand darauf, dass sie über Nacht anhalten und am Morgen ihre Reise fortsetzen sollten, um sich mit dem Richter zu treffen.

Da es mitten in der Nacht in einer unbekannten Gegend war, blieb ihnen nichts anderes übrig, als im ersten verfügbaren Motel anzuhalten. Det. White parkte sein verdecktes Auto und ging zur Rezeption des Motels, um nach zwei Einzelzimmern zu fragen. Er stellte fest, dass in der Kleinstadt nur ein einziges Zimmer frei war. Er stimmte dem Einzelzimmer zu, während er Detective Black schüchtern ansah.

Sie wussten bereits, dass ihnen keine andere Wahl blieb, als sich ein Zimmer zu teilen. Es waren Erwachsene und Det. Black wurde regelmäßig als seine berufstätige Frau bezeichnet, da er so viel Zeit mit ihr verbracht hatte. Beide von ihnen stimmten zu und gingen mit großen Hoffnungen für morgen direkt zu Bett.

Detective White schlief auf dem Sofa mit dem Rücken zum Bett, um Detective Black etwas Privatsphäre zum schlafen auf dem Bett zu geben.

Sie stellten den Wecker so, dass sie früh morgens aufstanden und nach Arkansas aufbrachen. Sie waren mit ihrem geplanten Zeitplan immer noch im Rückstand.

Am Morgen fuhren sie schnell los, um den Richter in seiner Heimatstadt Dumas, Arkansas, zu treffen. Det. White stellte sicher, dass er über genügend Unterlagen verfügte, damit der Richter einen Durchsuchungsbefehl ausstellen konnte. Er war begeistert, endlich die Waffe zu finden, von der Gavins Vater gesprochen hatte, aber darüber hinaus hoffte er auf einen positiven Ausgang des Falles und eine Verurteilung des Schuldigen.

Als sie in Dumas ankamen, rief er den Sheriff an, um ihn darum zu bitten im Abteilungsbüro schnell einen örtlichen Beamten zu beauftragen, der sie bei ihren Ermittlungen unterstützt. Es wäre am besten, den Haftbefehl für den Fall von der örtlichen Strafverfolgungsbehörde zustellen zu lassen.

Bald darauf wurden sie im Büro des Richters von Deputy Duke empfangen, der aufgrund seines Schnurrbarts und seines prallen Bauches eher russisch als amerikanisch wirkte. Es ging bald zu Ende.

„Es ist lange her, dass ich mich mit Gavin und seinem Bruder auseinandersetzen musste. Ich hatte gehofft, dass sie im Gefängnis gelandet wären. Ich war mir sicher, dass ihrer Kleinkriminalität schon vor fast 15 Jahren ein Ende gesetzt worden war“, sagte Deputy Duke.

Deputy Duke fuhr mit den Detectives zum Haus und erzählte ihnen Geschichten über den Unfug mit Gavin und seinem Bruder. Es war ein wunderschöner Morgen, als sie in die Grafschaft aufbrachen und auf der langen, holprigen Schotterstraße weiterfuhren.

Sie näherten sich dem Haus und fanden die Satellitenschüssel an der Seite des Hauses positioniert, die von weitem leuchtete. Die Reise war hilfreich, um alle Geschichten über die Expeditionen von Gavin und seinem Bruder zu hören.

Deputy Duke klopfte an die Tür und Mr. Johnson öffnete sie. Detective Black als Anführerin stellte sich und alle um sie herum vor, da sie zuvor mit ihm gesprochen hatte.

„Wir haben einen Durchsuchungsbefehl für Ihr Haus. Wir suchen nach einer Waffe, die Gavin hier versteckt haben könnte", sagte Deputy zu Johnson.

„Na, zum Teufel, seid ihr alle den ganzen Weg von Kansas gefahren, nur um diese Waffe in der Hand zu halten?" , antwortete Johnson. *„Gavin*

war dabei, die Satelliteschüssel zu installieren und da bat er mich, die Waffe bei mir zu behalten. Ich habe die Waffe unter seinem Bett in seinem alten Zimmer aufbewahrt – Sie können sie haben", fügte Johnson hinzu.

Mr. Johnson bat sie, ihm zu folgen und er ging voran in das alte Zimmer, in dem er vor langer Zeit die Waffe versteckt hatte. Er zog die Waffe unter dem Bett hervor, die sorgfältig in einer Wal-Mart-Plastiktüte verpackt war und reichte sie dem Deputy.

„Hier bitte, nimm es", sagte Mr. Johnson zum Deputy.

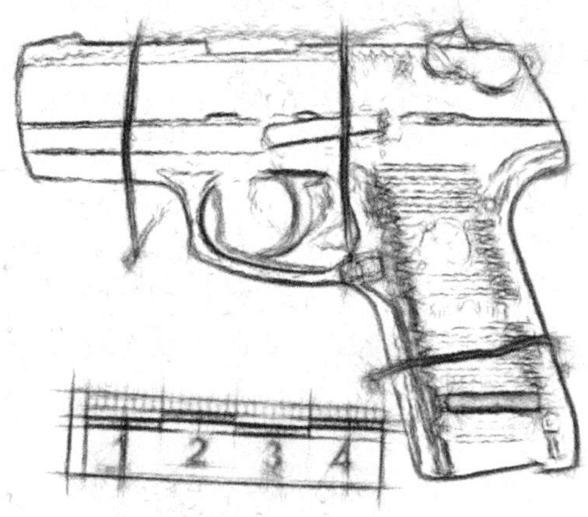

Es war seltsam, dass Mr. Johnson dem Deputy die Waffe bereitwillig gab, ohne Fragen zu stellen. Warum hatte Mr. Johnson sie nie nach dem Grund für die Wiederbeschaffung der Waffe gefragt oder was Gavin mit der Waffe gemacht haben könnte oder ob ihm bekannt ist, dass Gavin in Kansas eingesperrt ist?

Deputy Duke wusste, dass Mr. Johnson ein wenig schroff war und eine direkte Persönlichkeit hatte. Er bewunderte auch seine einfache Lebensweise.

„Wir warteten alle gespannt darauf, das Modell und die Seriennummer der vermissten Ruger P95DC anhand der Waffe zu überprüfen“, sagte der Abgeordnete. Mit sorgfältiger Handhabung schälte Det. White die Wal-Mart-Tüte zurück und öffnete die Schachtel, um die Einzelheiten zu überprüfen, während er vor Aufregung schweigend atmete. Es war ein glücklicher Moment, als die Seriennummer übereinstimmte und der lange Umweg nicht umsonst war.

Die Ermittler nahmen die Beweise in Gewahrsam, nachdem sie einige Fotos für ihre Akte gemacht hatten. *„Vielen Dank für Ihre Kooperation“*, sagte Det. White an Mr. Johnson und den Deputy Duke.

„Diese Straße führt Sie direkt zur Autobahn, was Sie auf die Straße bringen würde, die nach Kansas führt“, sagte der Deputy zu den Detektiven, als sie

den Landkreis verließen. Deputy verfasste außerdem seinen Abschlussbericht über das Verfahren zur Vollstreckung des Durchsuchungsbefehls und die Ergebnisse.

Dieses Puzzleteil schien eine überwältigende Antwort zu sein und die Ermittler waren zufrieden mit dem, was sie bisher erreicht hatten.

Die Ermittler befanden sich in einer abgelegenen Gegend ohne Mobilfunkverbindung. Schließlich kam für sie ein Hoffnungsschimmer, als sie wieder mit ihrem Mobilfunkanbieter verbunden waren und ihren Chef zu Hause anrufen konnten.

„Wir haben die Waffe sichergestellt, die am Tatort eingesetzt worden sein könnte“, erzählte Det. Black Captain Dubbs, als sie die Polizei anrief.

„Beeilen Sie sich und kommen Sie herein“, sagte der Chef zu Detective Rhino. *„Das werden Sie hören wollen!“*

„Detectives, was für ein wunderbarer Job! Ich empfehle Sie gehen zum forensischen Labor in

Wichita, um die Geschosse und Patronenhülsen zu vergleichen. Ich habe gerade mit ihnen gesprochen und sie warten auf Ihre Ankunft", wies Detective Rhino Det. Black und Det. White am Telefon an.

Es dauerte einen ganzen Tag, bis sie das KBI-Labor in Wichita, Kansas, erreichten. *„Wir können nicht aufhören, wir müssen*

das Labor erreichen, bevor sie ihre Türen schließen", sagte Detective Black verzweifelt zu Detective White. *„Endlich haben wir es hierher geschafft",* tauschten die Ermittler Worte aus. Detective Black ging voran und hielt die Beweise in ihren Händen. Die Tür öffnete sich und sie übergaben die Waffe dem forensischen Team. *„Jetzt warten wir*", sagte Det. White, als sie das Gelände verließen, um voller Adrenalin nach Hause zu fahren, sie hatten die 8-Stunden-Fahrregel missachtet und seien direkt nach Hause gefahren.

Beide Ermittler kehrten zur Polizei zurück, wo ihnen zu ihrer Ankunft gratuliert wurde.

„Willkommen und Glückwunsch, Detectives! Ihr habt beide gute Arbeit geleistet", sagte der stellvertretende Direktor der Polizeibehörde zu den Ermittlern, als er sie beide in sein Büro rief.

„Was habt ihr beide gedacht?“, fragte der stellvertretende Direktor die Detectives in ungehaltenem Ton. Beide Detectives sahen sich an und waren sich nicht sicher, was mit dem Kommentar gemeint war.

„Ich habe gerade die Rechnung von dem Hotel erhalten, in dem Sie beide übernachtet haben, und auf der Rechnung stand, dass Sie beide nur ein Zimmer gemietet haben“, sagte der stellvertretende Direktor den Detectives.

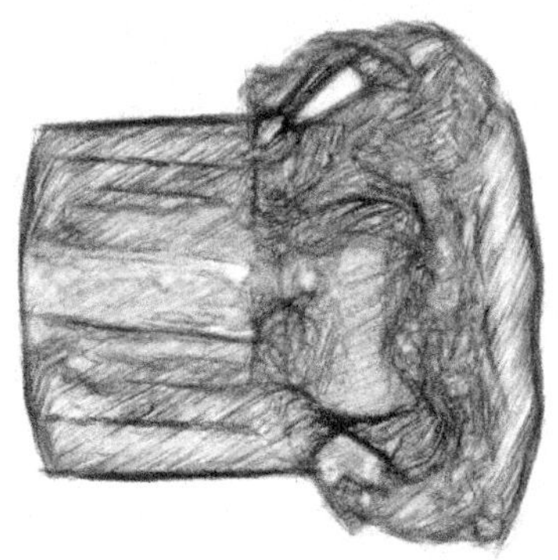

Beide Ermittler lachten laut über diese Aussage und antworteten: *„Was sollten wir tun? Wir sind Erwachsene und wir waren supermüde und es war alles, was in diesem Moment verfügbar war. Also haben wir das Zimmer ohne zu zögern gemietet.“*

„Gibt es irgendetwas, worüber ich mir Sorgen machen sollte?“, fragte der stellvertretende Direktor beide Detectives. Beide Ermittler schauten einander ins Gesicht und lachten.

„Unsere Freundschaft ist professionell und es gibt nichts anderes“, Platzte es aus Detective Black heraus.

„Es ist 12 Tage her, seit wir dem Labor die Beweise vorgelegt haben und wir haben noch nichts von ihnen gehört. Was schlägst du vor? Sollen wir das Labor zur Bestätigung anrufen?“, unterhielten sich Detective Black und White am 27. Oktober 2003 miteinander.

Detective White rief das Labor an, um ein Update zu erhalten.

„Hallo, hier ist Detective White. Meine Partnerin und ich haben vor 12 Tagen Beweise eingereicht und seitdem keine Aktualisierung erhalten. Können Sie uns bitte den Status des Patronen-Vergleichs mitteilen?“, fragte Detective White den Labormitarbeiter.

„Sir, wir können Ihnen noch kein Update geben aber die Ergebnisse des Verfahrens sollten in ein oder zwei Tagen vorliegen“, antwortete der Wärter.

„Warum geben sie uns die Informationen nicht? Warum brauchen sie so lange, um die Waffe und die Kugeln zu identifizieren? Ich bin mir nicht sicher, was ich von dieser Verzögerung halten soll“, sagte White. Die Ermittler waren sichtlich erschüttert.

Sie hatten nicht mit den Ergebnissen gerechnet, die sie aus dem Labor erhielten.

„Hallo, hier ist Chad vom Wichita-Labor. Wir haben den Bericht aufgrund der Beweise erhalten, die Sie beide vor 13 Tagen eingereicht haben“, hörten die Ermittler über die Freisprecheinrichtung dem Urteil gleichermaßen glücklich und besorgt zu.

„Ich habe gute Neuigkeiten zu erzählen. Die Kugeln sind eine perfekt Übereinstimmung mit den Kugeln am Tatort. Ebenso die Gehäuse. Es ist jetzt ziemlich sicher, dass dies die Waffe ist, die Olive Stumpp getötet hat.“, sagte Chad.

„Danke für das Update", antwortete Detektiv Black. *„Det. White, wir haben Klarheit in diesem Rätsel und das Bild zeigt jetzt, dass Gavin Olive Stumpp absichtlich getötet hat“,* sagte Detective Black.

„Du hast Recht, Det. Black aber ich habe ein anderes Bild von dem Plan, den Gavin ausführte. Ich bin überzeugt, dass hinter dieser Geschichte mehr steckt. Ich stelle mir vor, dass Gavin Olive Stumpp als Geisel hält, um in die Bank zu gelangen und Zugang zu den Tresoren zu erhalten, bevor an diesem Morgen jemand in der Bank ankommt. Es ist offensichtlich, dass Olive abgelehnt hat. Vielleicht wusste er nichts von ihrer Knieverletzung, und als sie sich weigerte, reagierte Gavin wütend, wie er es in der Vergangenheit bei Marion getan hatte, aber dieses Mal hatte er eine geladene Waffe“, sagte Detective White.

KAPITEL 11
DER PROZESS

Det. Black betrat die Säle des Gerichtsgebäudes, eines großen Kalksteingebäudes aus dem späten 19. Jahrhundert. In den Hallen hingen Schilder, die die Besucher dazu aufforderten, ihre Stimme leise zu halten.

Das Gebäude mit den Steinwänden und den gewölbten Decken klang wie eine Echokammer. Die Verhandlung wegen des versuchten Mordes fand im dritten Stock statt und die Gefangenen wurden durch einen Sicherheitsaufzug nach oben gebracht.

Det. Black stand mit Marion und der Bezirksstaatsanwältin Brenda Gordon im Flur und wartete, als sich die Türen zum Aufzug öffneten. *„Mist“*, rief Brenda, als Gavin den Aufzug verließ. *„Ich hatte gehofft, dass wir im Gerichtssaal saßen, bevor er hier ankommt.“*

„Marion“, rief Gavin *„Ruf meine Mutter an. Sag ihr, dass du mich wegen versuchten Mordes ersten Grades verhaften ließt.“*

Det. Black trat vor, um ihm die Sicht auf Marion zu versperren und sagte ihm, er müsse ruhig sein und es sei ihm nicht gestattet, mit Marion zu sprechen.

Gavins Antwort war in allen Hallen zu hören:

„Halt die Klappe, Schlampe!“

Die Justizvollzugsbeamten versuchten Gavin in den Gerichtssaal zu bringen, weil sie dachten, die Trennung zwischen ihm und dem Opfer würde ihn beruhigen.

Er schimpfte jedoch weiter, während er schrie:

„Du verdammte Fotze!“ als er weggeschleppt wurde.

Es klang wie im Grand Canyon, als seine letzten Worte in der Luft hingen. Det. Black war sich nicht sicher, für welchen der drei die Schlusserklärungen galten aber der vorsitzende Richter hörte sich alles an.

Der Ton für die Anhörung war festgelegt. Gavin nahm mit der Hilfe seines Anwalts schließlich seinen Platz ein, um sich zu den Anklagen zu äußern. Die Anhörung dauerte mehrere Stunden

– kurz für einen Fall dieser Größenordnung aber es gab nur sehr wenige Zeugen.

Detective Black legte die Einzelheiten des Verbrechens und ihre Aussage dar, nachdem die ersten Beamten bei ihrer Ankunft im Haus mit der Erläuterung ihrer Erkenntnisse fertig waren.

Det. Black zeichnete das Bild eines gewalttätigen, manipulativen und kontrollierenden Mannes. Sie zeichnete auch in „Marion“ ein sehr düsteres Bild einer gebrochenen Frau. Wenn es jemals eine Frau gab, die zeigen konnte, wie das „Battered Wife Syndrom“ aussah, dann war es Marion.

Es schien, als würde der Richter alle 15 Minuten die Aussage unterbrechen, um Gavin unter Kontrolle zu bringen. Der technologische Fortschritt war noch nicht perfekt genug, um ihn aus einem anderen Raum beobachten zu lassen.

Da es sich hierbei um eine vorläufige Anhörung handelte, nicht um einen Prozess, waren keine Geschworenen anwesend. Ziel war es festzustellen, ob genügend Beweise vorlagen, um den Fall vor Gericht zu bringen. Bisher handelte es sich lediglich um Aussagen von Polizeibeamten zu deren Observationen in der Wohnung und um Aussagen während der Ermittlungen.

Gavin protestierte und beharrte darauf, dass er sie nur zum Schweigen bringen und nicht töten wollte. Er hatte kurz nach seiner Verhaftung eine Erklärung abgegeben, in der er aussagte, dass Marion ihn so sehr gequält hätte, dass er sie nur noch schlagen und KO schlagen wollte. Vor seiner

Anhörung hatte er sogar einem Wartungsarbeiter im Gefängnis ein Geständnis abgelegt.

Der Wartungsarbeiter arbeitete gerade an den Sanitäranlagen, als Gavin ein Gespräch mit ihm begann. Gavin hatte ihn von KFC erkannt, wo er an der begehbaren Tiefkühltruhe gearbeitet hatte.

Der Arbeiter fragte unschuldig: *„Warum bist du hier?“* obwohl er auf die Antwort nicht vorbereitet war. Gavin wirkte stolz, als er antwortete: *„Mordversuch an meiner Frau.“*

Der Arbeiter war sich nicht sicher, wie er reagieren sollte

„Was?" Gavin erklärte, dass er versucht hatte seine Frau zum Schweigen zu bringen, weil sie so eine nörgelnde Schlampe war.

Der Arbeiter war so schnell er konnte fertig und ging nach oben zum Gebäude der Polizeiverwaltung, ohne genau zu wissen, wem er es sagen sollte aber er musste jemandem erzählen, was gerade passiert war.

Der Arbeiter war mit vielen der Beamten befreundet und einer ließ ihn in die Ermittlungsabteilung, um jemanden zu finden, mit dem er reden konnte. Es war Mittag und die meisten bis auf einen waren draußen. Er arbeitete sich um die Abteilung herum, in der sich alle Kabinen in der Mitte des Raums befanden, bis er zu einem der vier privaten Bürobereiche kam.

Zuerst war der Ermittlungshauptmann. Die Tür war geschlossen, niemand drinnen. Als nächstes der Ermittlungsleutnant, wieder war die Tür geschlossen und niemand drinnen. Als nächstes kam der Sergeant der Drogen-Task-Force und seine Tür war immer geschlossen, da sie hauptsächlich nachts arbeiteten. Als letztes gab es einen Bereich in der Ecke mit zwei großen Computerregalen, einem Schreibtisch mit fünf Monitoren, die sich über den 1,80 Meter hohen Schreibtisch erstreckten und einem weiteren Schreibtisch mit zwei Monitoren wie der Rest der Detectives.

Dies war die Abteilung für High-Tech-Verbrechen und lag außerhalb der fünf Videobildschirme

für den Rest des Büros sichtbar. Die Fälle, die in dieser Abteilung bearbeitet wurden, betrafen oft Kinder und die schrecklichen Dinge, die Menschen ihnen antaten. Der Arbeiter steckte seinen Kopf hinein und sah, dass jemand drinnen arbeitete.

Det. White antwortete: *„Hey, was führt dich hierher? Was haben wir kaputt gemacht?“* Mark, der Wartungsarbeiter, kannte Brad und er lachte, hielt dann aber inne, als hätte er einen Geist gesehen.

Mark zeigte auf den Monitor auf dem Schreibtisch, auf dem ein Foto von Gavin Johnson zu sehen war. *„Ich hatte gerade ein Gespräch mit diesem Mann“*, sagte er.

Er fuhr fort, zu erklären, wie Gavin ihm gestanden hatte, dass er versucht hatte, seine Frau zu töten, um sie zum Schweigen zu bringen.

Sogar Gavin schwieg im Gerichtssaal, als Mark seine Begegnung erklärte. Hier war es ein Fremder, dem er gestanden hatte und jetzt war Det. White an der Reihe, Stellung zu beziehen.

Detective White kam in den Gerichtssaal und stellte die Computermonitore mit Lautsprechern vor dem Richter und jedem Anwalt auf. Er begann damit, zu erklären, wie die Beamten

an die falsche Adresse gesendet wurden. Dies hätte zum Tod von Marion führen können aber so wie die Lage war, war so viel Zeit nötig, um Gavins Geständnis in seinen eigenen Worten auf der 911-Aufnahme festzuhalten.

Während des Kampfes hatte Marion die Notrufnummer 911 gewählt und das Telefon auf den Boden fallen lassen. Während des Anrufs war der Ton schrecklich, welchen Det. White für den Saal abspielte.

„Wie man hört, gab es im Hintergrund einen Streit und durch den Lärm waren kleine Teile zu erkennen.“

Der Verteidiger stand auf und stellte den Antrag, die Aufzeichnung NICHT als Beweismittel zu akzeptieren.

„Dies ist eindeutig ein Streit, bei dem mein Mandant als Mitstreiter teilgenommen hat aber die in diesem Streit gesprochenen Worte sind nicht zu verstehen.“

Mrs. Gordon stand auf, um dem Verteidiger zuzustimmen. *„Wir können nicht verstehen, was auf dieser Aufnahme gesagt wurde, aber bitte lassen Sie den Detective weiter erklären, bevor Sie über die Aufnahme entscheiden.“*

Der Richter sagte: *„Ich würde gerne hören, was der Detektiv zu sagen hat, bevor ich urteile. Bitte fahren Sie fort, Detective“*, sagte er und sah Det White im Zeugenstand an.

„Ich stimme zu, dass es sehr schwierig ist, die gesprochenen Worte deutlich zu hören“, erklärte Det. White. *„Als ich mir das anhörte, war es sehr schwer zu verstehen, was gesagt wurde. Aus diesem Grund habe ich diese Aufnahme gemacht,*

die Stimmen vom Hintergrundgeräusch getrennt und dann die Lautstärke der Stimmen erhöht, bis sie eine wahrnehmbare Lautstärke hatten. Jetzt lasst uns das noch einmal spielen.“

Gerade als er auf den Knopf klicken wollte, stand der Verteidiger erneut auf und erhob Einspruch gegen die Manipulation des Tons. Der Richter fragte Det. White, ob er dem Audio, etwas hinzugefügt hat. White antwortete: NEIN.

„Ich habe übermäßige Geräusche nur weggenommen, damit wir verstehen konnten, was gesagt wurde“, antwortete White.

Der Richter antwortete: *„Ich werde es zulassen.“*

Als nun die Aufnahme abgespielt wurde, waren die Stimmen klar und es wurden schreiende Worte mit Gavin und Marion gewechselt:

(Marion) *„Warum hast du eine Flasche Chloroform?“*

(Gavin) *„Ich schwöre bei Gott, du wirst so schnell bewusstlos sein.“*

(Gavin) *„Danach wirst du im verdammten See aufwachen“*

(Marion) *„Wo hast du diese Flasche her?“*
(Marion) *„Die Leute werden davon erfahren“*

(Gavin) *„Du bist gegangen und bist nach Junction City gegangen. Du bist nie zurückgekommen.“*

Anschließend setzte Det. White seine Aussage zum Durchsuchungsbefehl des Familiencomputers und zum Kauf des Chloroforms durch Gavin fort, um zu beweisen, dass es sich um eine geplante Aktion handelte. Er hatte weitere Beweise aus dem Computer, in dem er geplant hatte, seine Identität zu ändern, um nach dem Tod seiner Frau zu verschwinden.

Damit musste der Richter erneut eine Pause einlegen, als Gavin schrie: *„Das ist MacGyver-Bullshit. Das können Sie nicht zulassen.“*

Als der Richter zurückkam, gab er eine kurze Erklärung ab, in der er zustimmte, dass es genügend Beweise dafür gebe, dass ein Attentat auf Marion verübt worden sei und dass Gavin die Person gewesen sei, die eine Strategie geplant habe, um sie zu töten. Gavin Johnson würde daher wegen versuchten Mordes ersten Grades vor Gericht stehen.

Die Anklageschrift wurde verlesen und der Prozess eröffnet. Gavin drohte nun ein versuchter Mord an seiner Frau sowie der Mord an Olive Stumpp.

Gavin beteuerte immer noch seine Unschuld. Niemand wusste warum. In einem Gespräch mit seinem Anwalt und dem Staatsanwalt wurde er gefragt, warum er sich gegen die Anklage wehre, während ihm die Menge an Beweisen über den Kopf schwebe.

Im Fall des versuchten Mordes war es offensichtlich, dass Gavin derjenige war, der Marion in der 911-Aufnahme sagte, er würde sie mit Chloroform niederschlagen und in den See werfen, damit es wie Selbstmord aussah.

Det. White ging die Beweise noch einmal durch. *„Im Mordfall hatten wir die verwendete Waffe sichergestellt und sie aus Gavins Familienhaus in Arkansas zurückgeholt.“* Der Anwalt sagte, sein Mandant stelle Fragen zu Jimmy Niles. Dann wurden die Ermittler darauf aufmerksam gemacht, dass Gavin Kopien der Polizeiberichte von der Entdeckung hatte und er erfuhr, wie der Fall zum Cold Case geworden war.

In den Wochen vor dem Prozess hatte Gavin andere Insassen angeworben, die in seinem Namen Briefe verschickten. Marion war das Ziel der meisten seiner Briefe und er versuchte, sie einzuschüchtern, in seinem Namen auszusagen.

Die Briefe schienen von einem Mann mit gespaltener Persönlichkeit oder möglicherweise von einem psychopathischen Mörder wie aus dem Lehrbuch zu stammen. Sie waren süß und erinnerten an romantische Zeiten während ihrer frühen gemeinsamen Zeit. Er versuchte, sie mit Freundlichkeit zu manipulieren, obwohl er ihr im selben Brief sagte, sie müsse ihm von Angesicht zu Angesicht in die Augen sehen, wenn er mit ihrer Aussage vor Gericht aus dem Gefängnis entlassen würde.

Die Ermittlungsabteilung erhielt vor dem Prozess einen seltsamen anonymen Brief. Der Brief wurde ohne Absenderadresse aus Lincoln, Nebraska, abgestempelt und an die Ermittlungseinheit der Riley County Police geschickt.

Der handgeschriebene Brief war ein Geständnis, das sich über die Polizei lustig machte, weil sie den falschen Mann verhaftet hatte, der Olive Stumpp getötet hatte. In dem Brief wurde erklärt, dass Jimmy Niles tatsächlich der Mörder war und dass die Person, die den Brief schrieb, sein Komplize war.

Als Beweis lieferte der Autor Einblick in das Tötungsmotiv der Rache an der Familie Stumpp für Probleme, die in der Leonardville-Gemeinde verursacht wurden. Marvin war ein Frauenheld, und Olive war prüde, weil sie Grundbesitzern Kredite verweigerte, um ihre Familienunternehmen am Leben zu halten. Der Autor fuhr fort, dass dies eine gemeinsame Anstrengung vieler Bürger der Gemeinde sei, für die Jimmy Niles engagiert wurde, um die Wurzel des Übels, Olive Stumpp, zu beseitigen.

Der Autor erklärte, dass er das Auto am Morgen des Mordes gefahren sei, während Niles ihm erklärte, wie er dem Kerl, von dem er die Waffe gekauft hatte, etwas anhängen wollte.

Der Brief endete mit der Feststellung, dass sich im Kofferraum des Autos, das er fuhr, Blut befände und die Ermittler herausfinden könnten, wer er war und wo sich das Auto befand.

Am nächsten Tag war Marion bei einem ihrer regelmäßigen Besuche bei der Polizei,

erschöpfter als sonst und verlangte nach einem Gespräch mit Det. White.

Marion erklärte den Ermittlern, dass sie von Gavin bedroht wurde und Angst hatte, dass er aus dem Gefängnis entlassen würde. Sie erklärte, dass Gavin ihr in einem Brief, den sie entgegen seiner einstweiligen Verfügung erhalten hatte, mitteilte, dass er gegen Kaution aus dem Gefängnis entlassen werde. Er verlangte, dass sie ihm bei seiner Verteidigung gegen den Mordanklage hilft und auch den Fall des versuchten Mordes fallen lässt.

Sie erzählte, dass Gavin andere Häftlingskameraden, die gerade aus dem Gefängnis entlassen wurden, anwies, ihr zu folgen. Marion hatte Angst um ihr Leben und das ihrer Tochter. Auch andere Insassen schickten ihr Briefe von Gavin, in denen stand, dass er sie töten lassen würde, wenn sie ihm nicht helfen würde.

Det. White leitete sofort einen beispiellosen Durchsuchungsbefehl ein, der alle drei Tage erneuert wurde, und forderte den Richter auf, jegliche Post abzufangen, die mit dem Häftling Gavin Johnson in Verbindung gebracht werden könnte.

Die Ermittlungen begannen sofort am ersten Tag mit dem Sammeln der Post. Ermittler fanden einen Brief von Gavin an seine Eltern und Briefe an Marion. In den Briefen an seine Eltern beteuerte er seine Unschuld. Andere Briefe wurden an Häftlinge weitergegeben, die sie Briefen an ihre Familien beifügten, die sie dann per Post an Marion schickten. Dies waren die bedrohlicheren Briefe, die ihr erklärten, wie sie vor Gericht aussagen sollte aber keiner, der ihr Leben bedrohte.

Der Brief, den Marion von einem anderen Häftling abgefangen hatte, enthielt die Anweisung, einen Brief aufzuheben, der im Zaun des Gefängnisses feststeckte, an einem Ort, der von den Wärtern nicht leicht beobachtet werden konnte. Gavin hatte keinen Zugang zum Hof. Eine Stunde pro Tag verbrachte er draußen in einem Innenhof, nur um Sonnenlicht zu tanken.

Der Häftling, der den Brief in den Zaun steckte, war überzeugt, dies zu tun, um zusätzliches Essen von Gavin zu erhalten.

Die Ermittler warteten bis spät in die Nacht, als niemand sehen konnte, was im Hof vor sich ging.

Sie holten den Brief zusammengefaltet und legten ihn unter einem

Teil des Zauns, der gerade groß genug ist, um ihn anzuheben.

Die Handschrift war dieselbe wie die des anonymen Briefes, den sie zuvor aus Nebraska erhalten habe. Dieser Brief sollte den Anweisungen zufolge von Nebraska aus verschickt werden. In diesem Brief beschuldigte der Verfasser die Polizei, ihn zu ignorieren und er hatte weitere Beweise dafür, dass Jimmy Niles der Mörder war und dass mehrere wohlhabende Geschäftsleute in Leonardville den Mord finanziert hatten, um andere Geschäftsprojekte und an Olive Stumpp vorbei zu genehmigen.

Der Autor erklärte auch, wie Niles ihm erzählte er hätte die Mordwaffe dem Mann zurückgegeben, bei dem er sie gekauft hatte und hatte seiner Frau Marion Tipps für die Tötung einer Frau in Leonardville hinterlassen, in der Hoffnung, sie würde es der Polizei erzählen.

Det. White hatte nun die neuen Briefe in der Hand und verglich die Handschrift und andere Faktoren der Briefe. Wie erwartet war die Handschrift dieselbe wie in den Briefen, die an Gavins Eltern geschickt wurden, was er nicht leugnen musste. In diesen Briefen beteuerte Gavin größtenteils seine Unschuld und verlangte mehr Geld auf seinem Konto, um seine Gefängnisschulden zu begleichen. Das zusätzliche Geld, das er brauchte, wurde wahrscheinlich für die Lebensmittel benötigt, mit denen er seine Mithäftlinge für den Briefversand bezahlte.

Die Detectives konfrontierten Marion mit den Briefen aus Nebraska. Sie fing an zu weinen, wie sie es immer tat, aber dieses Mal entschuldigte sie sich auch. Sie erklärte, dass sie solche Angst davor hatte, dass Gavin aus dem Gefängnis entlassen würde, dass sie den Brief abschicken musste, um ihm zu zeigen, dass sie half und er sie nicht töten würde.

Als Det. White versuchte zu erklären, warum Gavins Kaution so hoch angesetzt war, dass er sich selbst dann nicht zahlen konnte, wenn seine Eltern die Familienfarm verkauften. Marions einzige Antwort war: *„Sie verstehen das nicht.“*

Nach 10–15 Minuten gelang es den Ermittlern,

sie soweit zu beruhigen, dass sie erklären konnten, warum sie solche Angst hatte. Gavin hatte ihr Leben bedroht, wenn sie ihm nicht geholfen hatte.

Marion erklärte, dass sie nur diesen einen Brief verschickt habe und dass alle anderen von den für ihn arbeitenden Insassen verschickt worden seien.

Aus diesen Briefen ergaben sich zusätzliche Anklagepunkte zu dem wachsenden Verfahren gegen Gavin. Mit der Hinzufügung des Verstoßes gegen eine gerichtliche Anordnung des „Kontaktverbots“ wären es nun Einschüchterung von Zeugen und zusätzliche kriminelle Drohungen.

Wochen später kam das Gericht in einer fast geheimen Sitzung erneut zusammen und dieses Mal saß Gavin in völliger Stille und ohne Publikum im Gerichtssaal, vor dem er spielen konnte.

Letztendlich wurde im Fall des versuchten Mordes eine Vereinbarung über eine Freiheitsstrafe von 16 Jahren getroffen.

„*Was war sein Spiel?*“ Det. White überlegte, wie dieser Verhaltenswechsel und der Mangel an Kampfbereitschaft zustande kamen. Es dauerte nur einen Tag, bis ihm zumindest ein Teil seiner Antwort vorgelegt wurde.

Als die neuen Anklagepunkte vorgelegt wurden, versuchte der Verteidiger, seinen Einfluss aus dem Wissen, dass Gavin ins Gefängnis kommen würde, zu seinem Vorteil zu nutzen.

Der Verteidiger behauptete, dass wegen des Mordes an Olive Stumpp die falsche Person im Gefängnis sei. Trotz der Beweise in diesen neuen Anklagen versuchte Gavin, ein Alibi zu erfinden und in Jimmy Niles einen zweiten Verdächtigen zu schaffen. Er erklärte, sein Mandant habe Tage damit verbracht, die Fallakten zu lesen und die Hinweise auf Jimmy Niles seien korrekt. Gavin behauptete, er habe die Waffe an Jimmy Niles verkauft. Am Tag vor seiner Reise nach Arkansas hatte Niles ihn kontaktiert, um die Waffe zurückzugeben, mit der Begründung, dass sie ihm nicht gefalle.

Gavin behauptete in Wahrheit, hätte er nur die Hälfte des Geldes für die Waffe zurückgegeben und sie in Arkansas gelassen, weil er wusste, dass Marion sie nicht mit dem Baby im Haus haben wollte.

Gavin blickte auf die harten 40 zusätzlichen Jahre, die ihm gerade durch den Versuch, Marion zu töten, geschenkt worden waren.

Im darauffolgenden Monat stand die Familie Stumpp vor Gericht und wurde nun Zeuge der Taten und Possen dieses geistesgestörten Mörders aus erster Hand. Als das Gericht endgültig entschieden hatte, verkündete der Richter, dass die Verteidigung im Fall des Mordes an Olive Stumpp eine Änderung des Klagegrundes vornehmen wolle.

FAKTENBERICHT

(Erklärung vorgelesen bei der Anhörung durch den Staatsanwalt)

(Die vollständige Sachverhaltsdarstellung, wie sie in öffentlicher Sitzung verlesen wurde, ist in Anhang 1 aufgeführt)

„Frau Staatsanwältin, Sie können Ihre Sachverhaltserklärung vorlesen, die Sie dem Gericht anstelle einer Zeugenaussage vorlegen möchten“, sagte der Richter. Die Staatsanwältin begann zu erklären wer Olive Stumpp war und wie ihr Morgen am Tag ihres Todes verlief, ging mit dem Gericht die Details durch, bevor sie sich Marvin zuwandte. Sie seufzte einen Moment, bevor sie das Gericht dadurch führte, wie er die Frau entdeckte, mit der er sein gesamtes Erwachsenenleben verbracht hatte. Ihre Aussage schilderte detailliert die Ermittlungen und die Aussagen der Zeugen, die Gavins Fahrzeug auf der Landstraße abgestellt sahen, als er sein Opfer verfolgte. Sie spekulierte, dass das ultimative Ziel darin bestand, die Bank auszurauben und dass Gavin irgendwie in der Lage sein würde, Olive Stumpp dazu zu bringen, ihn zur Bank zu bringen, bevor diese öffnete und Zugang zum Tresorraum zu erhalten, um den Raub zu begehen.

Der Richter und die Gerichtstribüne hielten an jedem Wort fest, während Gavins angewiderter Gesichtsausdruck mit jedem Detail größer wurde.

Gavins Anwalt sah aus wie ein verzweifelter Hausbesitzer, der versucht, mit seinem Hund zu ringen und dabei die Schnauze zuhält, damit er den Nachbarn nicht beißt.

Detail für Detail führte sie ihr aufmerksames Publikum durch die Ermittlungen und verknüpfte die Zeugenaussagen mit den Ergebnissen der polizeilichen Ermittlungen. All dies hängt mit dem Geständnis zusammen, das Gavin Marion unter Alkoholeinfluss gegeben hat und dessen Einzelheiten nie der Öffentlichkeit zugänglich gemacht wurden.

Am Ende weinte die Galerie und war empört über die Verbrechen, in die sie nun eingeweiht waren. Der Anwalt konnte den Wutausbruch von Gavin nicht mehr unterdrücken und mit Hilfe des Gerichtsvollziehers und zweier weiterer Gerichtsbeamter für zusätzliche Sicherheit wurde Gavin in ein Kammerbüro verlegt.

Die Szene mit umgestürzten Stühlen und in alle Richtungen geschleuderten Papieren wurde von dem Anwalt, der mit Gavins Verteidigung beauftragt war, langsam aufgeräumt. Wie kann ein Anwalt nachts schlafen, nachdem er ein solches Monster verteidigt hat? Man wusste, dass es Details aus Gavins Gedanken gab, die er dem Anwalt mitteilte, um ihn an die Möglichkeit seiner Unschuld glauben zu lassen. Dieselben Details zeigten dem Anwalt auch, warum er neben ihm saß und wozu er in seinen Wutausbrüchen fähig war.

Kurz nach einer Szene aus „Hanibal Lector“ wurde Gavin zurück in den Gerichtssaal gebracht und an den Tisch der Verteidigung gesetzt, dieses Mal jedoch mit zwei Beamten direkt hinter ihm, die bereit waren, beim ersten Anzeichen eines weiteren Aufstands zum Angriff überzugehen.

KAPITEL 12
FALL ABGESCHLOSSEN

Hier ist Jennifer Speidel von Channel 5 KSNT News mit einem Sonderbericht live vom Bezirksgericht Riley County."

„Ich bin heute für diesen Sonderbericht hier, da die Gerichtsverhandlung von Gavin Johnson gerade zu Ende gegangen ist. Wir hoffen, Ihnen einige Live-Exklusivinterviews mit dem Richter, den Ermittlern, Zeugen und vielleicht sogar ein Wort von Gavin Johnson selbst bringen zu können.“

„In dieser Geschichte geht es um einen Mörder, der seine Strategie zur Tötung einer unschuldigen Frau namens Olive Stumpp geplant und ausgeführt hat. Als ich heute vor Gericht war, habe ich das Verfahren und die Beweise, die die Staatsanwälte vorgelegt haben, miterlebt. In letzter Minute nach der Entscheidung änderte Gavin Johnson sein Plädoyer in „Kein Einspruch“, um eine Chance auf Berufung und eine geringere Strafe zu bekommen.“

Der Richter verlas die Anklage:

Im Fall 99-CR-35632, Mord 1. Grades an Olive Stumpp.

Im Fall 03-CR-6722, versuchter Mord 1. Grades an Marion Johnson.

Im Fall 03-CR-7495: Nachahmung eines Polizisten, Detective Gregory.

Im Fall 03-CR-7868: Einschüchterung einer Zeugin, Marion Johnson.

Nachdem der Richter die Anklage verlesen hatte, befahl er Gavin Johnson, aufzustehen.

„In den Fällen des versuchten Mordes an Marion Johnson, der Nachahmung eines Polizisten, Detective Gregory, und der Einschüchterung einer Zeugin, Marion Johnson, hatte die Verteidigung eine Einigung erzielt. Dieses Gericht hält diese Vereinbarung für akzeptabel und der Angeklagte wird hiermit zu 16 Jahren Haft in der staatlichen Justizvollzugsanstalt verurteilt.“

„Nun zum Mord an Olive Stumpp: Wie plädieren Sie?“ Gavin murmelte leise und wurde dann von seinem Anwalt dazu gedrängt, zu antworten. Mit sanfter, fast sanftmütiger Stimme antwortete er: *„Kein Einspruch“*.

Mrs. Speidel setzte ihre Berichterstattung fort. *„Mit dem Plädoyer „Kein Einspruch“ verlangte der Richter, die Beweise aus Zeugenaussagen in Form einer eidesstattlichen Erklärung des Staatsanwalts anzuhören.“*

„Mrs. Gordon beendete ihre Präsentation mit expliziten Fakten der wichtigsten Zeugen, darunter Detektive, Nachbarn, Strafverfolgungsbehörden und Familienangehörige, zu jedem der dem Gericht vorgelegten Verbrechen. Hier ist jetzt Frau Gordon.“

„Mrs. Gordon, was denken Sie über den Ausgang des Falles, die harten 40 Jahre für den Stumpp-Mord und 16 für den Mordversuch“, fragte Jennifer Speidel.

„Ich freue mich über die unermüdliche Untersuchung, die uns heute hierher geführt hat. Kansas ist ein Staat ohne Todesstrafe. Der Richter verhängte den nächstbesten Elfmeter: Harte 40, was bedeutet, dass es 2044 dauern wird, bis Gavin Johnson wegen Mordes an Olive Stumpp auf Bewährung entlassen werden kann. Im Jahr 2044 würde er dann seine aufeinanderfolgende Haftstrafe wegen des Attentats auf Marion für die nächsten 16 Jahre

antreten. Wir werden von Gavin Johnson nichts mehr sehen oder hören, bis er 95 Jahre alt ist“, sagte Mrs. Gordon.

Die Reporterin bewegte sich. *„Detective Black, könnten wir kurz Zeit haben, Ihnen ein paar Fragen zu stellen?“* Sie verfolgte den Detective und versperrte ihm den Weg.

Det. Black nahm Blickkontakt mit dem Polizeichef auf, als sie ein anerkennendes Nicken für das Gespräch mit der Reporterin erhielt. Im Allgemeinen wurden die Ermittler davon abgehalten, mit den Medien zu sprechen.

„Detective, was hätten Sie als leitende Beamtin in dieser zweiten Phase der Ermittlungen zum Cold Case anders gemacht?“

Sie antwortete: *„Ich weiß nicht, ob ich etwas anders gemacht hätte, als die Beweise herausstellten, nachdem Gavin versucht hatte, Marion zu töten, weil sie vom Stumpp-Mord wusste.“*

Sie fuhr fort. *„Marion ist eine Frau, die im Laufe der Jahre Hilfe für den Schaden brauchen wird, den Gavin angerichtet hat. Ich bin sehr stolz auf meine Kollegen, die uns geholfen haben, die konsistenten emotionalen Aussagen von ihr zu durchsuchen und die Teile zu finden, die wir brauchten, um den Zusammenhang mit dem Stumpp-Mord herzustellen.“*

„Mein Partner, Detective White und ich haben viele Stunden damit verbracht, die

Ermittlungsnotizen von drei Jahren zu ungelösten Fällen durchzugehen, um die Zusammenhänge herauszufinden. Ich bin froh, dass wir es schaffen konnten. Wir haben der Familie Stumpp den Schlussstrich gegeben, den sie verdient hat.“

„Hätten Sie etwas anders gemacht?“

Detective Black antwortete: *„Mein einziger Wunsch wäre, dass wir mit dem Fall schneller vorangekommen wären, wenn Detective White an der ursprünglichen Untersuchung beteiligt gewesen wäre. Er hat eine einzigartige Art, die Beweise zu durchsuchen.“*

Marion kam in Sicht, als sie die Stufen des Gerichtsgebäudes hinunterging.

„Marion, kann ich Ihnen ein paar Fragen stellen?“ Die Kamera bewegte sich auf Marion Johnson.

„Marion, wie denken Sie über den Ausgang Ihres Falles?“

Marion war sichtlich erschüttert und zitterte, Tränen liefen ihr übers Gesicht.

„Ich hoffe nur, dass er nie rauskommt. Er wird mich töten!“ Dann zog Mrs. Gordon Marion weg, um die Fragen zu beenden.

„Detective White, könnten wir Ihnen ein paar Fragen stellen?“

Der Detective schaute den Chef um Zustimmung an, nahm aber nur Blickkontakt mit dem Ermittlungshauptmann auf, der missbilligend den Kopf schüttelte.

Detective White antwortete: *„Leider kann ich derzeit keinen Kommentar abgeben.“*

White warf dem Kapitän einen Blick zu. *„Ich werde für einen weiteren Mordprozess gebraucht.“*

Dies weckte die Neugier des Reporters. Arbeitete White an einem anderen hochkarätigen Fall? Stand die Verhaftung und Verurteilung von Gavin Johnson mit einem weiteren Mord im Jahr 2003 in Zusammenhang?

Die Menge löste sich auf und Jennifer Speidel blieb neben einem Reporterkollegen, Logan Tyler, stehen.

Er sah Mrs. Speidel, eine renommierte Journalistin, mit frustriertem Blick an. Logan sagte: *„Wenigstens hast du dadurch ein paar Interviews bekommen.“*

Logan hatte Mühe, sich von der alltäglichen Rolle als Angestellter des örtlichen Manhattan Mercury zu lösen, der über verlorene Hunde, Todesanzeigen, Jubiläumsankündigungen und Geburten im Krankenhaus berichtete. Alles wichtige Informationen für den Mercury, um die Leserschaft in der Community zu erhöhen, aber Logan wollte Ermittlungsarbeit leisten. Er hatte Fragen zu diesem Mordfall, so viele Fragen.

Warum ging Marion nicht früher zur Polizei, trotz all der Misshandlungen, denen Gavin sie fast täglich aussetzte?

Warum dauerte es fünf Jahre, bis die Ermittler den Fall abgeschlossen hatten, obwohl es so viele Hinweise darauf gab, dass Gavin ihr Täter war?

Was ist die wahre Geschichte von Kevin, Marions Sohn? Warum lebte er nicht bei Marion, anstatt in Texas zu leben und in Mexiko zur Schule zu gehen? Logan sagte, er habe einen kurzen Blick auf ein Kind im Gerichtssaal geworfen. Könnte das Kevin gewesen sein? Er ist erst 16 Jahre alt und verschwand, sobald sich die Türen des Gerichtssaals öffneten.

Detective Black und Detective White waren sicherlich erleichtert, den Fall zu lösen, aber sie hatte auch Fragen. Sie hatten beide das Gefühl, dass Gavin Johnson das Verbrechen begangen hatte, als Aufzeichnungen zeigten, dass er im November 1999 ein Bankkonto bei Olive Stumpp bei der Leonardville State Bank eröffnete, um es Tage später zu schließen.

Dann ist da noch die Frage von Marion Johnson.

Marion erzählte fast täglich eine sehr entscheidende Geschichte über die Misshandlungen, denen sie von ihrem Ehemann Gavin sowohl körperlich als auch verbal ausgesetzt war. Die Polizei hörte jahrelang ununterbrochen Geschichten von Marion, doch erst 2003 kam Marion mit neuen Informationen zu den genauen Einzelheiten des Verbrechens an Mrs. Stumpp zu den Ermittlern zurück. Gavin hatte ihr gedroht, dass er ihr dasselbe antun würde, wenn sie jemals jemandem die Einzelheiten preisgeben würde.

Es war ein tragischer, sinnloser Mord an einer unschuldigen Bankier in einer Kleinstadt. Das Leben hat sich durch Geld für immer verändert.

Logan wollte mehr über Kevin, Marions Sohn, und seine Verbindung zur größeren Geschichte erfahren.

Kevin Ruez, der Stiefsohn von Gavin Johnson, weiß möglicherweise mehr Informationen, als die Ermittler ursprünglich dachten. Logan Tyler hatte eine Woche Urlaub vor sich und beschloss, einen Roadtrip nach Texas zu machen, um die Geschichte dieses jungen Mannes zu erfahren, der mittlerweile 16 Jahre alt ist. Dies könnte die Pause sein, die Logan brauchte, um in die investigative Berichterstattung einzusteigen.

KAPITEL 13
SCHLECHTE SAAT

Das Flugzeug landete in Brownsville, Texas.

„Nun, das ist so nah wie möglich“, dachte Logan. *„Verdammt, es ist hier aber schwül!“*

Logan hatte viele Gedanken: *„Die Flughafensicherheit nach dem 11. September sorgt dafür, dass die Reise ewig dauert. Sobald ich aus dem Flugzeug steige, schwitze ich sofort. Ich wäre auch nach Kansas gezogen, wenn ich bei dieser Hitze hier gelebt hätte!“* Dies waren nur einige der Dinge, die ihn vom Zweck seiner Reise ablenkten. *„South Padre Island ist in der Nähe, vielleicht kann ich einen Abstecher zum Strand machen und sehen, was es an positiven Dingen in Texas gibt, der Strand hört sich schön an.“*

„Bedauerlicherweise habe ich nur einen kurzen Urlaub, um etwas über Kevin zu erfahren und wie er in den Mord passt, den sein Stiefvater begangen hat. Zweiunddreißig

Meilen bis zur Grenzstadt Santa Maria, Texas, 578 Einwohner, das dürfte interessant sein.“

Als guter Reporter holte er sein handliches Aufnahmegerät hervor; Kevin Ruez wurde am 10. Januar 1988 in Santa Maria, Texas, geboren. Er war einer der wenigen Zeugen im Mordprozess um Olive Stumpp und konnte den Mörder Gavin Johnson in Arkansas platzieren, wo die Mordwaffe gefunden wurde.

Logan fand bei seinen Nachforschungen die Adresse und Namen von Kevins Verwandten in Santa Maria, um mehr herauszufinden.

Kevin war das Bild eines perfekten kleinen Jungen, der einen tiefen Respekt vor seiner Abuelita und dem Flip-Flop, den sie zur Disziplinierung benutzte hatte. Seine Eltern hielten als Paar nicht lange durch. Sein Vater war mexikanischer Nationalität und hatte ohne offizielle Papiere Schwierigkeiten, eine gute Arbeit zu finden. Er ließ diese Frustration am jungen Kevin und seiner Mutter Marion aus. Er war ihnen gegenüber nicht körperlich gewaltätig, aber in der Art und Weise, wie er mit ihnen sprach, beschimpfte er sie sehr verbal, weshalb Kevin den Schutz seiner Abuelita suchte, der einzigen Person, mit der sein Vater niemals in Konflikt geraten würde.

Das Leben in Santa Maria war einfach. Er und seine Freunde waren alle damit aufgewachsen, die Hühner zu hüten und Obst zu verkaufen,

bis sie zur Schule gehen konnten. Als sie in die Schule kamen, dauerte es nicht lange, bis Abuelita darauf bestand, dass der junge Kevin in Mexiko zur Schule ging. Die amerikanischen Schulen brachten ihm seine Herkunft nicht bei und da er ein halber Gringo war, machten sich die anderen Jungen über ihn und sein ruhiges Wesen lustig.

Kevin ging jeden Morgen mit Abuelita zur Schule in Mexiko. Abuelita hatte einen texanischen Führerschein und hatte in ihrer Jugend mehrere Freunde bei der US-Regierung. Sie halfen ihr, ihre offiziellen Papiere zu bekommen und sorgten dafür, dass sie in den USA lebte, um sie vor Gefahren zu bewahren.

Kevin wusste nie wirklich, was Abuelita mit der Regierung machte; vielleicht war es nur eine Geschichte. Santa Maria war eine Grenzstadt und eine der Städte, in denen es eine Brücke über den Fluss nach Mexiko und La Palma gab, wo er zur Schule ging.

La Palma war eine Touristenstadt mit Dutzenden Geschäften, in denen Decken, Schmuck, Lebensmittel und sogar Welpen verkauft wurden, mit einer großen Kirche und einer von Männern bewachten Schule, die nur den Kindern und Nonnen Zutritt gewährte.

Kevin hat in Mexiko viele Freunde gefunden, und die meisten von ihnen waren eifersüchtig auf Kevin, weil er jeden Abend nach Amerika zurückkehrte. Sie baten ihn, ihnen Dinge aus Amerika mitzubringen, hauptsächlich billiges amerikanisches oder, sollte man sagen, chinesisches Spielzeug. Auf jeden Fall machte es ihn populär.

Die Schule bestand darauf, dass die Schüler Uniformen trugen. Mädchen trugen dunkelblaue Röcke, weiße Socken und eine weiße Bluse. Die Jungen trugen dunkelblaue Hosen und ein weißes Hemd mit Kragen. Einige trugen sogar eine rote Krawatte. Erst außerhalb der Schulmauern wurde von der Uniform abgewichen.

Kevin wurde bekannter, als er auf dem Markt in Santa Maria einen Zigarettenautomaten entdeckte.

Seine Freunde gaben ihm Geld, um die amerikanischen Zigaretten zu kaufen, was sie alle cool aussehen ließ.

Er erfuhr, dass Kevin im Alter von 10 Jahren mit seiner Mutter für den Sommer nach Kansas gezogen war, um seinem missbräuchlichen Vater zu entkommen. Damals lernte er Gavin kennen.

Gavin war der Einfluss, der Kevin letztendlich auf die dunkle, böse Seite bringen würde. Letztendlich schickte Gavin Kevin zurück nach Santa Maria, als er bei der Planung und Inszenierung seiner Fälschungskriminalität im Weg stand.

Kevin war 12 Jahre alt, als Abuelita aufhörte, ihn über die Brücke zu begleiten, ihr Gesundheitszustand verschlechterte sich und der Spaziergang war einfach zu viel für sie, um ihn jeden Tag zu bewältigen.

Der Besuch der American Detectives war für Kevin im Alter von 14 Jahren ein Wendepunkt. Er war in Mexiko unter dem Radar der Banden geblieben und jede Nacht nach Hause nach Santa Maria gefahren. Kevin war ein süßer Junge, bis die Banden ihn entdeckten.

Kevin wurde als „Nachwuchs“ für die mexikanischen Kartellbanden rekrutiert, als sie bemerkten, dass er die Brücke überquerte, um die katholische Schule in Mexiko zu besuchen.

Es begann damit, dass sie ihm 100 Dollar gaben, nur um ein kleines Paket nach Hause über die Grenze nach Santa Maria zu tragen, wo er es einem Mann gab, von dem es hieß, er sei sein Onkel.

WOW! 100 Dollar waren mehr Bargeld, als er jemals gesehen hatte und er hatte keine Ahnung, wie er es ausgeben sollte. Weihnachten stand vor der Tür und als unschuldiger Mensch kaufte er Geschenke für seine Abuelita, seine Familie und zusätzliches Essen für die Feiertage.

Abuelita befragte ihn zu dem Geld und vermutete, dass die Drogenbanden Böses taten. Sie verfolgte ihn eine Woche lang mit diesem Flip-Flop, bis er ihr von dem Onkel erzählte, den er nicht kannte.

Zu diesem Zeitpunkt machten ihn die neuen Freunde in Mexiko mit dem Geschmack von Methamphetamin (Meth) bekannt, als Teil seines Entgelts für das Tragen von Paketen von der Schule nach Hause. Sie gaben ihm eine Sorte Crystal Meth, die wie Bonbon-„Pop Rocks“ aussah.

Als er älter wurde, begann Kevin, mehr Meth zu konsumieren. Er nahm mehr Meth als Zahlungsmittel als Geld für die Fahrten über die Grenze und sein Verhalten verschlechterte sich. Er belog Abuelita zunehmend und stahl. Er verbrachte immer mehr Zeit in Mexiko mit seinen neuen „Freunden“, die diese Aktionen beeinflussten.

Sein Vater kam zu diesem Zeitpunkt mit Hilfe der Kirche und den sterbenden Wünschen von Abuelita mit seiner Wut klar, konnte Kevin jedoch nicht dazu bringen, mit ihm in die Kirche zu gehen, um ihn von den neuen Freunden wegzubringen.

Kevin lernte von der Bande viele schlechte Angewohnheiten kennen, die ihm Angst machten. Das mexikanische Kartell setzte häufig Macheten ein, um gefangene Personen zu enthaupten, die sich in ihr Geschäft einmischten. Es wurden Geiseln genommen und Leichen zerstückelt, alles nur, um die Kontrolle über die Stadtbewohner und die Kartellmitglieder selbst zu behalten. Für Kevin wurde es langsam unheimlich. Kevin war bereit, nach Hause zu ziehen und bei seiner Mutter in Kansas zu leben, um dieser Situation zu entkommen, bevor sie ihn tötete.

Mit 16 Jahren, als der Prozess in Kansas vorbei war, schickte Kevins Vater Kevin zurück zu seiner Mutter, die Alyssia nun allein großzog und nur noch eine Hülle einer Frau war, die sie einst war.

Logan, der aus Santa Maria zurückkehrte, erzählte dem Mercury-Redakteur seine Geschichte über diesen unruhigen Jugendlichen, der im Haus eines Mörders lebte und über sein drogenabhängiges Leben in Mexiko.

Der Herausgeber las es durch und überflog die Geschichte fast. „Es hat einfach nicht das, was wir suchen

Logan, keinen Haken, nichts, was das Publikum fesseln könnte und sie reinzieht“, kommentierte der Herausgeber. Logan gab seine Geschichte nicht auf, sondern legte sie beiseite und fügte Notizen über Kevins Verbrechen hinzu, die es in die Schreibunterlage der Polizei schafften aber der Herausgeber hatte Recht. Es war nur eine schluchzende Geschichte über ein Kind mit einem beschissenen Leben.

KAPITEL 14
KREIS DER GEWALT

Kevins Leben als Sechzehnjähriger in Kansas begann genau so, wie er es sich vorgestellt hatte. Seine Mutter war ein Korb voller lebender Gefühle.

Tag für Tag gab sie ihr Bestes, um alles zusammenzuhalten. Kevin verbrachte seine Zeit damit, durch die Straßen zu laufen, neue Freunde zu finden und das Landleben in Kansas zu genießen. Es war weit entfernt von dem Drogenboss, der in der mexikanischen Grenzstadt lebte.

Kevin wandte sich vom Drogenhandel auf Anweisung des Kartells ab und verzichtete auf jegliche elterliche Weisung oder Unterstützung. Er wollte das Geld, das er durch seine Bemühungen verdiente, vom Kartell erhalten, aber in Kansas war das einfach nicht dasselbe. Kevin folgte unwissentlich den Fußstapfen seines Stiefvaters Gavin und beging kleine Diebstähle.

Er schloss Autos auf oder stahl alles, was er glaubte, an seine Freunde oder ein Pfandhaus verkaufen zu können.

Det. White hätte die Musterbildung erkennen müssen, als er sah, dass Kevins Name täglich in den Löschberichten über Verbrechen oder einfach nur in Berichten über verdächtiges Verhalten auftauchte. Er hätte an diesem dunklen, nebligen Frühlingsmorgen, ein Jahr nachdem Kevin nach

Kansas gezogen war, wirklich etwas in Kevins Augen sehen sollen.

Kevin war an einem Tatort aufgetaucht, nur ein paar Blocks vom Wohnwagen seiner Mutter entfernt. Det. White war zu einem Wohnwagen gerufen worden, in dem ein 22-jähriger Mann versuchte, seinen Lebensunterhalt alleine zu bestreiten.

Charles Phillips war ein guter Schüler der Manhattan High School, der wie so viele nach seinem Abschluss eine Anstellung im Footlocker Distribution Center in Junction City gefunden hatte. Für einen jungen Mann war es ein toller Job, anständiges Geld zu verdienen aber der Nachteil war, dass er immer noch in Manhattan lebte, fast 30 Meilen entfernt. Er blieb in Manhattan, weil seine Freundin Julie die Kansas State University besuchte und früher zum Unterricht musste, sodass sein Pendelverkehr der Preis war, den er für ein hübsches Mädchen zahlte.

Julie hatte 911 angerufen, als sie vom Unterricht nach Hause gekommen war, und gesehen, dass Charles' Auto immer noch in der Einfahrt stand. Sie rief an, nicht weil er nicht zu Hause war, sondern wegen dem was sie darin vorfand. Ihr Wohnwagen war als junges Paar, das gerade ein Leben begann, nur sehr dürftig eingerichtet aber als sie den Wohnwagen betrat, erwartete sie als letztes, ihren Freund zu sehen, der mit einem umgestürzten Stuhl zu seinen Füßen am Deckenventilator hing.

Der einzige Hinweis, der noch übrig war, war eine vage Notiz in Charles' Hand: *„Es tut mir leid."* Julie konnte nichts darüber sagen, für was sich Charles entschuldigte und der Fall wurde als offensichtlicher Selbstmord abgeschlossen.

Was hat Detective White in diesem Fall übersehen? Warum war Kevin am Tatort? Er wohnte nur ein paar Blocks entfernt aber gab es einen Zusammenhang mit seiner Anwesenheit dort? So wie es war, stellte sich diese Frage damals nicht aber vielleicht wäre es für Kevin anders ausgegangen, wenn es so gewesen wäre.

Kevin war 18 Jahre alt, lebte noch zu Hause bei seiner Mutter und versuchte verzweifelt, einen guten Job zu finden. Kevin versucht, seine Mutter und Alyssia in ihrem kleinen Wohnwagen vergangener Misere glücklich zu machen. Ausgerechnet Kevin wird bei KFC eingestellt, ohne zu wissen, dass seine Mutter und Gavin zuvor dort gearbeitet haben.

Derzeit arbeitete Det. White weiterhin an den Hauptverbrechen in Zusammenarbeit mit den Falldetektiven und versuchte, die obskuren forensischen Verbindungen zu finden, die ihm sonst entgangen wären.

Mit der Detektivarbeit änderten sich die Zeiten rasant. Die detektivische Arbeit vor Ort begann einer jüngeren Gruppe von Polizisten mit unterschiedlichen Vorgehensweisen zu weichen. Sogar die Befehlskette änderte sich. Viele Jahre lang arbeiteten Detectives als Unabhängige, nutzten ihr jahrelanges Wissen und folgten ihrem Bauchgefühl.

Detective White hatte seit seiner Ernennung zum Detective einige Male den Vorgesetzten in der Ermittlungsabteilung gewechselt. Lt. Jay war mit Sicherheit der Leutnant, der sein Bestes tat, um Whites lockere Geschützhaltung in Schach zu halten. Leutnant Jay half White dabei, sich darauf zu konzentrieren, die Fälle zu beenden und gleichzeitig diejenigen loszulassen, die ungelöst bleiben würden.

Nach Lt. Jay war Lt. Hank, den Det. White schon seit vielen Jahren kannte, sogar aus der Zeit, als beide gemeinsam in der Drogenabteilung arbeiteten: Det. White in Junction City und dann Det. Hank in Manhattan.

Hank war am meisten darauf bedacht, Detective White im Auge zu behalten, als er das High-Tech Abteilung für

Kriminalität entwickelte. Er ließ White seinen Schreibtisch in eine Ecke stellen, wo andere seine Bildschirme nicht sehen konnten.

Hanks Bedenken wurden wöchentlich wiederholt, als er fragte, wie Brad in der Lage sei, Fälle zu bearbeiten, in denen es um unschuldige Freiheiten von Kindern ging, ohne verrückt zu werden.

Die Antworten von Det. White waren immer die gleichen. *„Ich sehe keine Kinder, wenn ich den Fall bearbeite. Ich sehe Beweise und konzentriere* *meine Bemühungen darauf, eine Verbindung zum Täter herzustellen. An dem Tag, an dem ich anfange, die Fälle als Kinder zu sehen, werden Sie mich weinend in einer Ecke finden.“*

Dieser letzte Schritt bei der Umstrukturierung der Ermittlungsabteilung war eine die Det. White nie sehen wollte.

Det. White hatte mit Captain Dubbs einen Champion in der Abteilung, einen Marineveteranen mit einem Händchen für Führung. Seine Anweisungen waren einfach: *„Lass mich gut aussehen“*, *„Mach mich stolz“*, und wenn wir diese Regeln befolgte, stand er IMMER hinter uns. Als wir eine größere Verhaftung vornahmen, war das eine Abteilungsleistung, und der Hauptmann erntete die Ehre und teilte die Ehre dann mit, als er seine Pressemitteilung veröffentlichte. So gefiel es ihm, und wir gaben ihm gerne den Job, denn wenn es mal schief ging, war er auch da, um dafür zu sorgen, dass es uns nicht zu schaffen machte.

Es war seine Abteilung und seine Verantwortung. Bis zum heutigen Tag weiß ich, dass ich ohne seine Führung bei der Entwicklung der High-Tech Crime Unit niemals in der Lage gewesen wäre, die Fälle zu vertreten, die ich vorgebracht habe. Die Zeiten großer Führungskräfte gingen zu Ende, als die übermäßig Gebildeten und Unerfahrenen befördert wurden.

Die Zeiten sind anders. Jetzt geht es nur noch um die Aufklärung von Fällen und nicht um die

Aufklärung von Straftaten. Ich möchte mich entschuldigen, wenn gegen Sie jemals ein Verbrechen unaufgeklärt blieb. Möglicherweise liegt es daran, dass die Strafverfolgungsbehörden ihr Ziel dahingehend geändert haben, ob geringfügige Fälle gelöst werden oder nicht!

In der Ermittlungsabteilung gab es einen neuen Hauptmann und bei ihm ging es ausschließlich um die Aufklärung von Fällen und nicht um die Aufklärung von Verbrechen. Seine Bemühungen bestanden darin, die alte Garde zu verdrängen, um Platz für seinen ausgewählten Offizier zu machen. Ja, Männer mit den gleichen Zielen.

Det. White bearbeitete seine Fälle weiterhin ohne Rücksicht auf die Klärung von Fällen, aber erwartungsgemäß wird dies sein Verhängnis sein.

Es war ein typischer Tag in der Ermittlungsabteilung, als ein Freund der Familie zur Polizei kam und nach Det. White fragte. White hörte zu und ging zur Rezeption, um zu sehen, wer nach ihm fragte, da er keinen Termin für Interviews vereinbart hatte.

Er fand seine entfremdeten Freunde mit einem verzweifelten Gesichtsausdruck am Tresen. Es war ein paar Jahre her, seit sie miteinander geredet hatten, weil ihre jeweiligen Kinder ein Problem hatten, das außer Kontrolle geraten war, und am Ende redete niemand mehr. Jetzt fanden Det. White sie am Tresen und brauchten seine Hilfe und die Probleme der Vergangenheit sind augenblicklich vergessen.

Det. White erfuhr, dass ihre älteste Tochter verschwunden war und sie hatten keine Ahnung oder den Aufenthaltsort davon, mit wem sie zusammen war, als sie vermisst wurde. White holte zwei weitere Detektive hinzu, um den ersten Fall zu bearbeiten, während er das tat, was er am besten konnte: die Forensik.

Shelly war jetzt in der High School und hatte alle neuen Freunde, seit er sie kannte, aber das Muster ist normalerweise das gleiche. Es war jemand, von dem sie wusste, dass sie mit ihm gegangen war oder mit ihm weggelaufen war. Die Detectives gingen die Details ihres Lebens und Shellys Leben durch, während Det. White nach einer Möglichkeit suchte, sie aufzuspüren.

Shelly hat jetzt ein Brennertelefon, da ihre Eltern ihr normales Telefon reguliert haben. Von diesem zweiten Telefon erfuhren die Ermittler nur durch Zufall, da ihr normales Telefon wie angewiesen zu Hause gelassen wurde, als sie in der Schule war. MHS

erlaubte keine Mobiltelefone in der Schule, da es mehrere Vorfälle gegeben hatte, bei denen Schüler unangemessene Bilder machten und diese teilten und so unwissentlich Kinderpornografie produzierten. Zu diesem Zeitpunkt ging es darum, sie über ihre Taten aufzuklären und nicht um eine Strafverfolgung.

Durch Shellys Freunde konnten die Ermittler die Telefonnummer auf dem von ihr beschafften Brennertelefon in Erfahrung bringen. Det. White tat, was er tat, und erstellte eine Zeitleiste mit Anrufen und Ereignissen, die von ihren Freunden und ihrer Familie über einen neuen Freund in ihrem Leben erklärt wurden. Niemand scheint den Namen dieses neuen Freundes zu kennen aber Shelly war von ihm verzehrt und begann, sich von allen zu distanzieren, sogar von ihren jüngeren Schwestern.

Sie hatte geplant, mit ihm durchzubrennen und anhand der Informationen auf dem neuen Telefon konnten sie sehen, mit wem sie vor ihrem Verschwinden gesprochen hatte.

Ihre Eltern waren entsetzt, als sie erfuhren, dass ein Freund, den sie fast ihr ganzes Leben lang kannten, derjenige gewesen sein könnte, mit dem Shelly weggegangen war und mit dem sie zuletzt gesprochen hatte.

Für den Zweck dieser Geschichte bezeichnen wir ihn einfach als den Täter, da er keinen Namen verdient.

Det. White kannte ihn und hatte den Täter mehrmals mit Shellys Familie getroffen. Der Täter hatte sogar eine Zeit lang bei ihnen gelebt aber die Mädchen haben nie angemerkt oder angedeutet, dass er seltsam oder pervers sei, um irgendjemandem einen Grund zu geben, seine Verbindung zu den Mädchen in Frage zu stellen.

Der Täter stellte eine tiefere Verbindung zu Shelly her, die 15 Jahre jünger war als er. Shelly teilte niemandem ihren Altersunterschied mit, was ihre Verbindung zueinander war oder worüber dieser neue Freund mit ihr sprach. Alle tappten im Dunkeln.

Det. White wusste, dass die Uhr tickte. Als sie nicht von der Schule nach Hause kam, verschwand Shelly praktisch aber sie erfuhren schnell, dass sie es nie zur Schule geschafft hatte.

Ihre Eltern, bewaffnet mit neuen Erkenntnissen über den Täter, waren wütend und sagten, dass der Täter die Stadt einige Jahre zuvor verlassen hatte und außer einem gelegentlichen Anruf nicht viel von ihm gehört hatten. Der einzige Hinweis, den sie liefern konnten, war, dass er nach Hause zurückgekehrt war, das irgendwo im Süden lag. Mississippi, Georgia oder Alabama, sie wussten wirklich nicht, wo.

Det. White begann damit, Shellys neues Telefon aufzuspüren und zeigt die Anrufe auf der Timeline an

bis zu ihrem Verschwinden. Anscheinend begannen die Gespräche sechs Monate zuvor auf ihrem normalen Telefon mit Anrufen spät in der Nacht, jedes Mal etwa eine Stunde lang, wobei Shelly die kostenlosen Nachtgespräche nutzte, um zu vermeiden, dass eine Rechnung ihre Eltern misstrauisch machte.

Es dauerte nicht lange, bis die Anrufe auf diesem Telefon aufhörten und bis in die letzten zwei Wochen mit der gleichen Häufigkeit mit dem neuen Telefon begannen. Zu diesem Zeitpunkt sprach Shelly mehrmals am Tag mit ihm. An dem

Morgen, als sie vermisst wurde, hörten die Anrufe auf.

„Sechsunddreißig Stunden, wo könnte sie sein?“ Wir begannen spät mit der Suche, da das Telefon unbekannt war und Shelly in den letzten Monaten alles so verschwiegen hatte.

Die Mobilfunktechnologie strebte nach weiteren Möglichkeiten, sich mit der Welt zu verbinden, um den Strafverfolgungsbehörden die Verfolgung kriminellen Verhaltens zu ermöglichen.

Mit einem Durchsuchungsbefehl und Informationen zur Anrufmethode wurde eine Liste aller Anrufe auf dem neuen Telefon eingeholt. Jedes Mal, wenn ein Anruf getätigt wird, wird das Gerät mit einem Mobilfunkmast verbunden, um den Anruf an den Telefondienst weiterzuleiten. Es gibt

eine Reihe von Antennen an jedem Turm, die in eine bestimmte Richtung zeigen. Wenn das Telefon also eine Verbindung zum Turm herstellt, haben wir eine Richtung.

Wenn sich der Anrufer bewegt, werden die Verbindungen an andere Türme weitergeleitet, wodurch der Standort klarer wird. Schließlich können die Beamten dank der Verbindung zu drei oder mehr Türmen bis auf einen Grad genau lokalisieren, wo sich das Telefon befand, als der Anruf getätigt wurde.

Als Shelly die Stadt verließ, überprüfte sie ihre Voicemail und damit konnten die Detectives ihren letzten Punkt klären. Offenbar war sie auf der Autobahn, die aus der Stadt nach Süden führte und hatte kurz nach der Schule an einer Raststätte angehalten.

Die Detectives befürchteten das Schlimmste, als sie sich dem hohen Grasfeld der Prärie von Kansas näherten. Die Suche im Grasland wird nicht einfach sein und wir beteten, dass wir keine Leiche finden würden. Als Det. White an der Raststätte ankam, wusste er, dass der Standort des Telefons innerhalb von 100 bis 200 Metern in jede Richtung liegen konnte, aber als er Det. Rhino sah, breitete sich in seinem Magen eine Grube aus. Rhino zog einen Schutzanzug und eine Atemschutzmaske an.

Es schien, dass in dieser Gegend etwas tot war. Der Geruch von verwesendem Fleisch erfüllte die Luft, aber woher?

Der junge Captain bellte: *„Was machen Sie hier draußen? Sie müssen Fälle klären“*

White wurde diesem Fall nicht zugewiesen. Er sprang ein, weil er Shelly für die Familie (als Freund) finden wollte und wusste, dass er helfen konnte. Seine Bemühungen mit Shellys Telefon haben sie bis hierher gebracht aber der Captain hat ihn wegen eines Falls verfolgt, den er nicht geklärt hatte.

Offenbar war der Fall einer erwachsenen Tochter, die die Kreditkarte ihrer Mutter gestohlen und ohne Erlaubnis ein paar hundert Dollar abgehoben hatte, wichtiger als das Leben eines Mädchens.

Det. White hatte die Tochter identifiziert und die Mutter konfrontiert, um zu sehen, ob sie Anklage erheben würde. Nachdem sie sich geweigert hatte, Anzeige zu erstatten, weigerte sich die Bank, das gestohlene Geld zurückzuerstatten. Als die Mutter dies hörte, beschwerte sie sich bei der Abteilung für interne Angelegenheiten und forderte, dass ihre Tochter wegen Gelddiebstahls verhaftet werde, damit sie ihr Geld von der Bank zurückbekomme.

Det. White sprach mit dem Staatsanwalt, der der Mutter bestätigte, dass sie nicht bereit sei, eine Strafanzeige zu unterzeichnen und ohne die Kooperation der Mutter könnten sie den Fall nicht strafrechtlich verfolgen.

Der Captain bestand darauf, dass Det. White einen Antrag auf Erlass eines Haftbefehls einreichte, obwohl der Staatsanwalt nicht vorhatte, den Fall strafrechtlich zu verfolgen.

Der Captain konzentrierte sich auf die Aufklärung der Hausfälle und stellte Detective White ein Ultimatum. *„Sie klären diesen Fall mit einer Verhaftung oder lassen einen Haftbefehl ausstellen, oder ich schicke Sie wieder auf Patrouille.“*

White war nicht daran interessiert, einen Fall weiterzuverfolgen, der niemals strafrechtlich verfolgt werden würde, nur um der Mutter zu helfen, ihr Geld von der Bank zurückzubekommen. Es passierten wichtigere Dinge und Shellys Leben könnte von seiner Hilfe abhängen.

Während sie die Suche im Grasland fortsetzten, erfüllte der Gestank die Luft, als die Detectives sich auf die Suche nach der Quelle machten. Zum Glück fanden sie nur ein paar Meter von der Fahrbahn entfernt ein totes Reh aber warum hörten die Anrufe und Tracking-Informationen hier auf?

Die Hitze des Tages forderte allmählich ihren Tribut, als ein junger Streifenpolizist, der bei der Suche half, rief, er habe etwas gefunden. Der Beamte ging am Straßenrand Richtung Süden aus der Stadt heraus, als er ein kaputtes Mobiltelefon fand. Det. White konnte den Service am Telefon von Shelly mit der EIN (Seriennummer) auf dem Telefon zuordnen.

Sie hatten also ihr Telefon aber wo ist Shelly und warum hat sie ihr Telefon weggeworfen?

„Mist", war sich die Detektivschar einig. Det. White ging sofort zurück zur Polizei, um weitere Haftbefehle auszustellen. Die neuen Haftbefehle gingen schnell durch und am nächsten Tag gingen erste Informationen ein, aber dieses Mal verfolgten sie den Täter über sein Telefon.

Bei den ersten Anrufen konnten sie zeigen, dass er in Mississippi gewesen war aber war er nach Kansas gereist? Die Adresse in Mississippi war ein Wohnwagen auf dem Grundstück seiner Familie in einem ländlichen Teil von Mississippi. Die

Anrufe kamen alle von diesem Ort aus und klingelten ständig an demselben Turm, der sich nie bewegte, bis zu dem Tag, bevor Shelly vermisst wurde. Det. White konnte nachweisen, dass er tatsächlich nach Kansas gereist war, als wäre er ohne anzuhalten direkt durchgefahren. Als er in Kansas ankam, blieb sein Telefon bei der Adresse von Walmart stehen, wo man vermutete, dass er etwas Schlaf und Vorräte für die Rückreise bekam. Am Morgen von Shellys Verschwinden erhielt er einen Anruf auf ihrem Telefon, dann nichts mehr, bis es am Nachmittag in Missouri Richtung Süden zu klingeln begann. Det. White folgte dem Ping, bis er wieder in Mississippi ankam, wo er auch eintraf

In einer koordinierten Aktion mit dem örtlichen Sheriff in der Gegend konnten sie Shelly und den Täter am Wohnwagen ausfindig machen. 72 Stunden waren vergangen, seit sie aus Manhattan, Kansas, verschwunden war, und in 72 Stunden kann so viel passieren.

Ermittler erfuhren, dass der Täter Shelly seit Monaten darauf vorbereitet hatte, mit ihm nach Mississippi zu ziehen, mit dem Versprechen auf ein besseres Leben und seiner verkündeten Liebe zu ihr.

Die Realität war, dass er jede ihrer Bewegungen und Handlungen kontrollierte. Unmittelbar nachdem er sie vom Schulparkplatz abgeholt hatte, begann er, Forderungen zu stellen. Er wies sie an, alle Verbindungen zu ihrer Vergangenheit abzubrechen, was bedeutete, das Telefon aus dem Fenster zu werfen.

Als sie am Wohnwagen ankamen, fesselte er sie mit einem Seil und sperrte sie im Wohnwagen ein. Er erzählte ihr, wie er sie zu seiner Frau machen und sie zur Arbeit einsperren würde. Wir können nur spekulieren, was die „Arbeit“ gewesen sein könnte aber Shelly wusste, dass es nicht angenehm sein würde. Shelly und die Familie waren den Detectives äußerst dankbar für die Bemühungen, und sie würden nie erfahren, was Det. White geopfert hatte, um es möglich zu machen.

Als bei KFC Feierabend war, versuchte der junge Frittenkoch, sich mit den Teilzeit-College-Mädchen anzufreunden, die in der Nachtschicht arbeiteten. Die Mädchen lachen ihn nur aus, *„Du bist kein Mann“*, würden sie ihm sagen. Mit seinen 1,80 m und einem Gewicht von 110 kg war er nicht klein, aber sein Verhalten und sein Gesicht ähnelten einem 12-jährigen Jungen, der keine Ahnung hatte, was er mit einem Mädchen anfangen sollte.

Kevin konzentrierte seine Bemühungen darauf, sich mit dem Nachtpublikum anzufreunden, das jeden Abend auf dem Parkplatz herumhing. Die „Gothic"-Menge akzeptierte ihn und nachdem er ein paar Nächte lang mit ihnen getrunken hatte, wurde er stärker in ihre Gespräche einbezogen.

Die Gespräche drehten sich um das Thema Marihuana oder Meth. Als Kevin das hörte, richteten sich seine Ohren auf wie bei einem kleinen Welpen. Während seines Aufenthalts in Mexiko genoss er Meth und es gefiel ihm, wie es sich dabei anfühlte. Seine neu gewonnene Freundschaft führte ihn auf einen vertrauten Weg. Er gab seine Arbeit auf, um Autos aufzubrechen, bis er weder einen Job noch ein legitimes Einkommen mehr hatte, um seiner Mutter zu helfen.

Es dauerte nicht lange, bis er nicht mehr bei seiner Mutter willkommen war. Seine Drogenabhängigkeit, sein Diebstahl und seine Wutausbrüche waren für sie unerträglich, also warf sie ihn raus.

Kevin wusste nirgendwo hin, also beschloss er, unter dem Wohnwagen zu leben, in der Hoffnung, dass seine Mutter nicht wusste, wo er war, sonst hätte sie die Polizei gerufen, um ihn abtransportieren zu lassen.

Kevin freundete sich schließlich mit Jake Adams in dem Einkaufszentrum an, in dem sie Videospiele spielten, und Adams erzählte ihm, dass er nach einem Mitbewohner suche. Adams wusste, dass Kevin keine Jobs mehr hatte, gab ihm aber die Chance, einen Job zu finden und als sein Mitbewohner weiterzumachen.

Jetzt war Kevin dabei, sein Leben wieder in den Griff zu bekommen. Er hatte kein Geld und seine Gothic-Freunde redeten nicht so viel mit ihm. Er wollte versuchen, einen anderen Job zu finden und sein neuer Freund Jake gab ihm eine Bleibe. Er war optimistisch. Die Beziehung zu seiner Mutter Marion war durch all den Ärger, den er mit seinen Gothic-Freunden verursacht hatte, durch Diebstahl und Rauschen, angespannt. Kevin hatte mehrere Versuche unternommen, mit ihr zu reden und seine kleine Schwester zu besuchen aber jedes Mal kam es zu einem Schreikampf, und Marion drohte, die Polizei zu rufen. In Marions Augen sah sie in Kevin zu viel von Gavin. Obwohl er nicht Gavins Kind war, hatte er den Mann, zu dem Kevin geworden war, stark beeinflusst.

Kevin konnte keine Arbeit finden, aber er hatte einen Freundin Melissa eine Kellnerin von Bob's Diner, die ihm half, damit er Jake etwas für die Miete bezahlen konnte, obwohl Jake das gesamte Essen kaufte und Jakes Eltern die Stromrechnung bezahlten.

Diese Vereinbarung hielt nicht lange, bis Jakes Eltern Druck auf ihn ausübten, einen neuen Mitbewohner zu finden. Es war nicht so, dass sie Kevin nicht mochten, sie hielten ihn für süß und naiv aber die Tatsache, dass er nicht arbeitete oder beim Bezahlen der Rechnungen half, ließ ihnen keine andere Wahl. Am 9. Juni 2007 hatte Kevin Melissa gebeten, vorbeizukommen, und als sie vorfuhr, traf er sie draußen. Er erklärte, dass er ein paar seiner Sachen verkaufen müsse, um etwas Geld für Jake zu haben. Er ging schnell zurück in den Wohnwagen und kam mit einer schönen Decke der Kansas State University und einem Kissen von der Couch zurück. Sie fand das seltsam aber dann war er mit etwa 125 DVDs und einer PlayStation-Spielekonsole wieder aus dem Wohnwagen zurückgekehrt. Er bat Melissa, ihn zum Manhattan Pawn Shop zu bringen, wo er die meisten Gegenstände für 110,00 $ verpfändete.

Die beiden fuhren nach Junction City, wo sie den größten Teil des Tages in einem billigen Hotel, dem Homestead, feierten. In dieser Nacht trafen sie auf

andere Freunde von Melissa, bis sie sagte, sie müsse zur Arbeit nach Manhattan zurückkehren. Die drei Jungs feierten bis in die frühen Morgenstunden und tauschten Geschichten über ihre kühnsten Diebstähle aus und erzählten, wie nah sie kurz davor waren, erwischt zu werden. Selbst für ein billiges Hotel galten einige Standards und als die drei zu betrunken, zu laut und unhöflich gegenüber dem Personal waren, wurden sie gebeten, das Hotel zu verlassen.

Irgendwie schafften sie es zurück nach Manhattan und setzten Kevin am Wohnwagen seiner Mutter ab, wo er mit dem Kissen unter den Wohnwagen kroch, um dort zu schlafen. Um 3 Uhr morgens hatte die nächtliche Kälte ihren Tribut gefordert und die KSU-Decke, die er gestohlen hatte, reichte einfach nicht aus, um ihn warm zu halten.

Er beschloss, zu Jakes Wohnwagen zurückzukehren, als wäre nichts passiert. Er wusste nicht, dass Jake die Polizei gerufen hatte, um den Diebstahl zu melden. Jake hatte berichtet, dass er vermutete, dass sein Mitbewohner der Dieb war, da er ihn am Tag zuvor gebeten hatte, das Zimmer zu verlassen, da er nicht in der Lage war, die Miete zu zahlen.

Kevin ging zur Tür, ging dann aber weg, beschämt darüber, was er dem Freund angetan hatte, der nichts anderes getan hatte, als ihm zu helfen.

Die kalte Luft änderte seine Meinung und er klopfte an die Tür. Nach dem dritten Klopfen öffnete sich die Tür. Zunächst öffnete

Jake die Tür nur ein paar Zentimeter, um zu sehen, wer da war und dann sprach Kevin und bestand darauf, dass Jake ihn hereinließ, weil er fror. Jake öffnete die Tür ganz und wurde zu Kevins Überraschung von Jake mitten ins Gesicht getroffen.

Um 8:30 Uhr beschloss Officer Tony Docka, dass er seine Schicht mit der erneuten Durchsicht des Diebstahlberichts beginnen würde, den er am Tag zuvor von Jake Adams erhalten hatte. Jake hatte ihm gesagt, dass er eine Seriennummer für die gestohlene PlayStation-Konsole habe und wenn er die PlayStation finden könnte, würde eine

Seriennummer sie und möglicherweise auch den Verdächtigen eindeutig identifizieren.

Das Viertel war im Allgemeinen ein ruhiger Wohnwagenpark, etwas außerhalb einer Gegend mit kleineren Häusern. Als Officer Docka auf die Straße abbog, sah er, wie der Jeep des Opfers in die entgegengesetzte Richtung davonfuhr, begleitet von jemandem, der viel größer als Jake war. In der Hoffnung, mit ihm zu reden, dachte er, dass er ihn vielleicht einfach einholen und ihm die Fragen stellen könnte, die er brauchte, um seinen Bericht fertigzustellen.

Der Jeep erhöhte seine Geschwindigkeit und fuhr mehrmals durch die Nachbarschaft, bis Officer Docka nicht mehr erkennen konnte, in welche Richtung er gefahren war. Es handelte sich nicht um eine polizeiliche Verfolgungsjagd, sondern um eine sehr merkwürdige und vorsätzliche Tat, um die Polizei zu überlisten, dachte Docka. Er kehrte gerade rechtzeitig zum Wohnwagen zurück, um zu sehen, dass der Jeep zurückgekehrt war und der Fahrer, der ein rotes Hemd getragen hatte, in das Waldgebiet zwischen zwei Vierteln ging und sein Hemd in ein blaues wechselte.

Je mehr Officer Docka darüber nachdachte, desto mehr schien es, als ob die Person, die er gesehen hatte, mit der Beschreibung des Verdächtigen, Kevin Ruez, übereinstimmte. Officer Docka rief das Telefon des Opfers an, das direkt zur Voicemail weitergeleitet wurde und klopfte dann an die Tür des Wohnwagens. Keine Antwort.

Officer Docka rief Jakes Vater an, der beim Polizeibericht anwesend gewesen war und fragte, ob jemand anderes den Jeep fuhr. Er antwortete, dass niemand sonst damit fahren dürfe, dass seine Versicherung es nicht erlaube. Officer Docka blickte auf den Jeep, während er mit Mr. Adams sprach, und bemerkte ein

Mobiltelefon im Jeep sowie Plastikbehälter und etwas, das wie eine Menge schmutziger Wäsche auf der Rückbank aussah. Mr. Adams, besorgt um die Sicherheit seines Sohnes, beschloss, zum Haus zu gehen, um nach seinem Sohn zu sehen.

Als Mr. Adams ankam, sah er Officer Docka, der gerade seinen Vorgesetzten angerufen hatte, um ihm zu erklären, was passiert war, und ihm wurde mitgeteilt, dass Mr. Adams der eigentliche Mieter sei

und sich Zutritt zum Wohnwagen verschaffen könnte, um die Sozialhilfe seines Sohnes zu überprüfen.

Sie versuchten, die Tür zu öffnen aber sie war verschlossen. Officer Docka fand ein ungesichertes Fenster, um sich Zutritt zu verschaffen. Der Sergeant traf am Tatort ein und half dem Beamten durch das Fenster, die Tür aufzuschließen. Mr. Adams und der Beamte gingen durch den Wohnwagen und stellten fest, dass dort ein Chaos herrschte, konnten jedoch niemanden darin finden. Abschließend sagte Mr. Adams, er glaube nicht, dass weitere Gegenstände mitgenommen worden seien, der Fernseher stünde noch im Wohnzimmer und ansonsten gäbe es nicht viel Wertvolles, das man mitnehmen könnte.

Der Sergeant ging und überließ es dem Beamten, weiter mit dem Vater zu sprechen. Sie schauten beide in die Fenster des Jeeps und Mr. Adams erlaubte ihm, die unverschlossene Beifahrertür zu öffnen.

Officer Docka nahm das Handy und fragte, ob es seines Sohnes sei, worauf Herr Adams mit „Nein" antwortete. Der Beamte drückte auf den Knopf, um die restlichen Türen zu öffnen, während er sich den Inhalt im Rücksitzbereich etwas genauer ansah. Das meiste davon sah aus wie weiße Müllsäcke, schmutzige Bettwäsche und Wäsche. Als er an der Heckklappe ankam, sah er eine Flüssigkeit am Boden eines der Beutel.

Er dachte immer noch, dass es Müll war. Mit seinem ASP-Stab schob er eine Tüte beiseite und sah etwas, das wie Blut auf einer Decke aussah, die eine Plastiktüte bedeckte. Als er den Deckel der Tragetasche öffnete, sank sein Magen zu Boden, noch besorgter, dass der Vater herumlaufen würde, und schloss die Luke.

Officer Docka dankte Mr. Adams und bat ihn, nach Hause zu gehen. Er würde ihn später anrufen, nachdem er seinen Sohn gefunden hatte.

Officer Docka war jetzt in Panik. Dafür war er nicht ausgebildet und es machte ihm Angst. Er rief den Sergeant über Funk an und teilte ihm mit, er solle zum Tatort zurückkehren, er habe einen 10-40-Code, was ein Code für eine Leiche sei.

Der Sergeant kam zurück und fragte, wo er die Leiche gesehen habe. Der geisterweiße Beamte zeigte auf den Jeep. Er begleitete den Sergeant zum Jeep, öffnete die Heckklappe und hob den Deckel, um einen abgetrennten Arm und einen Kopf zum Vorschein zu bringen, bei dem es sich vermutlich um Jake Adams handelte.

Die beiden riegelten den Tatort mit Gelb ab, das Band flatterte im Wind und riefen das CSI-Team.

Das Team reagierte mit einem der Situation angemessenen Gefühl der Dringlichkeit. Sie hatten nun einen Mörder auf freiem Fuß und nur wenige Informationen, mit denen sie arbeiten konnten.

CSI bemerkte, dass es, als sie den Wohnwagen zum ersten Mal betraten, genau wie Officer Docka, keine offensichtlichen Anzeichen eines Verbrechens gab aber als sie anfingen, das Licht anzuschalten und genauer hinzuschauen, wurde die Szene hässlich. Officer Docka führte sie durch das, was er gesehen hatte, als er nach Jake Adams suchte.

Er erklärte, dass sie Taschenlampen benutzt hätten und als sie nun das Licht anschalteten, sei ein Blutstropfen auf seine Uniform gefallen. Woher kommt das? Sie blickten beide auf und sahen, dass die gesamte Decke mit Blut bemalt war, das nun auf den Boden und auf das scheinbar saubere Bett tropfte. Dort auf dem Bett befand sich kein Bettzeug und es war zu viel Blut, um so sauber zu sein. Deshalb zogen sie die Matratze zusammen und stellten fest, dass die gegenüberliegende Seite mit Blut durchnässt war, größtenteils an einer Stelle, als ob dort die Leiche gelegen hätte.

Als sie den Flur hinunter in das andere Zimmer gingen, gingen sie am Badezimmer vorbei und er erklärte, dass er während der Suche nach Jake nicht im Badezimmer nachgesehen hatte.

Der Badezimmerboden war mit Handtüchern bedeckt und die Badewanne hatte einen rosa

Farbton, wo versucht wurde, eine Verschmutzung, vermutlich Blut, zu beseitigen.

Ermittler durchsuchten die Gegend und jeden Zentimeter des Hauses, fanden aber keine wirklichen Hinweise darauf, wen sie suchten. Der einzige Hinweis, den sie hatten, war, dass Jake den Einbruch gemeldet hatte, nachdem er Kevin Ruiz gesagt hatte, dass er ausziehen müsse. Officer Docka beschrieb die Person, die den Jeep fuhr, als eine große Person, mehr nicht, da er nie nahe genug herankam, um zu erkennen, ob es sich um einen Mann oder eine Frau handelte.

CSI Det. Gregory erhielt die grausamste Aufgabe, den Jeep zu bearbeiten und den Inhalt zu dokumentieren. Der Jeep wurde zur Polizei geschleppt, um dort eine Wartungsbucht zu räumen.

Die Bucht wurde dann bei verschlossenen Türen mit Plastik und weißen Planen ausgekleidet, sodass nichts gestört wurde.

Detective White ging zügig zur Garage, um weitere Informationen zu holen, da ihm mitgeteilt worden war, dass im Jeep ein Mobiltelefon gefunden worden sei. Det Gregory in der Garage schnappte laut nach Luft, als er begann, den Inhalt aus dem Jeep zu holen und zwar dort, wo Officer Docka die Tasche mit dem Kopf fand. In jeder Tasche befand sich ein anderer Teil und mit Hilfe des Gerichtsmediziners wurden sie auf den Blättern ausgelegt und dokumentiert. Sie bauten ein Fleischpuzzle, und zum Glück hatte keiner von ihnen Jake Adams jemals getroffen also war er genau das, ein Puzzle. Das emotionale Trauma, mit jemandem, den Sie kennen, an einem grausamen Fall wie diesem zu arbeiten, könnte Narben hinterlassen, die niemals heilen würden.

Det. White hielt inne, als er die Bucht betrat. Es war nur ein kurzer Blick auf das, was Det. Gregory tat, um eine Flut von Erinnerungen auszulösen. Seine Gedanken rasten zurück in den Irak, als er durch die Gebiete fuhr, die von den amerikanischen Einsätzen schwer bombardiert wurden. Nichts war beunruhigender als das Blutbad auf der Autobahn zur Hölle, die früher die Autobahn war, die aus Kuwait herausführte. Die amerikanischen Streitkräfte hatten bombardiert als die irakische Republikanische Garde

Truppen in den Irak und nach Kuwait und aus diesen wieder heraus bewegte. Nachdem der erste Vorstoß in den Irak abgeschlossen war, hatte sich die irakische Republikanische Garde nach Bagdad zurückgezogen. Die 1. Luftfahrteinheit wurde nach diesem ersten Vorstoß in das Gebiet knapp außerhalb der Grenze zu Kuwait umgeleitet und musste alle Flugzeuge landen. Der Wind hatte sich verändert und der Rauch der brennenden Ölfelder erfüllte die Luft. Der Rauch war so dicht, dass das Tageslicht zu einem schwachen Schein wurde und es eher wie eine Nacht wirkte, in der der Mond durch die Wolken lugte. Dieser Zustand hielt tagelang an und die Mission seiner Einheit änderte sich, wenn auch nur für ein paar Tage.

Dann wurde Sergeant White beauftragt, den Weg zurück nach Kuwait freizumachen und mit Bodeneinheiten zusammenzuarbeiten, bis die Flugzeuge ihre Mission wieder aufnehmen konnten. Bodentruppen zogen mit großer innerer Tapferkeit einen Körper nach dem anderen aus den Fahrzeugen, die auf der Autobahn verteilt waren und die Körper im Mittelstreifen säumten. Pioniereinheiten folgten und schoben die Fahrzeuge nach links und rechts, um die Fahrbahn für den alliierten Verkehr auf dem Weg nach Kuwait freizumachen.

Sergeant White erhielt seine Aufgabe, und es war keine angenehme. Alle Mitglieder seines Zuges waren hochrangige Unteroffiziere und

Warrant Officers, die an normalen Tagen Testpiloten und Flugzeuginspektoren waren. An diesem Tag wurden sie als Sanitäter damit beauftragt, Leichen zu identifizieren. Nicht wer sie als Person waren, sondern lediglich die Identifizierung, ob es sich um Zivilisten, Soldaten oder Unbekannte handelte, indem man ein einfaches farbiges Etikett am Körper anbrachte. Grün, Rot oder Gelb.

Detective White in der Garagenbucht wandte sich ab, um den Blickwinkel der gesammelten Beweise zu verlassen, um die Bilder aus seinem Kopf zu holen, was ihm den Magen umdrehte. Er rief Det. Gregory zu, das Handy aus dem Jeep zu holen, um nicht erneut in die Bucht gehen zu müssen.

Det. Gregory gab ihm das im Jeep gefundene Handy, da der Vater sagte, es gehöre nicht seinem Sohn. Sie hofften, dass es dem Verdächtigen gehöre. Sie hatten Recht, Det. White konnte schnell einen Durchsuchungsbefehl erwirken, um an das Telefon zu gelangen, und stellte fest, dass es Kevin Ruiz‘ Mutter Marion gehörte. Die Textnachrichten und Namen am Telefon stammten von Personen, von denen bekannt war, dass sie mit Kevin in Verbindung standen, aber nichts deutete darauf hin, dass es sich um eine geplante Aktion handelte.

Für Kevin wurde ein APB (All Points Bulletin) ausgestellt, wobei jede verfügbare Einheit in der Gegend wusste, dass er zu Fuß unterwegs war.

Der Körper wurde langsam zusammengesetzt. Füße und Beine wurden vom Rumpf, den Armen und auch den Händen getrennt. In dem Eimer, in dem sich eine der Hände befand, befand sich auch der Penis und die Hand schien den Penis zu umklammern.

Der Kopf, der zuerst in einer Tasche mit dem linken Arm gefunden wurde, war im Bereich der

Augen und der Stirn so stark verletzt, dass es sehr schwierig war, zu erkennen, wie Jake ausgesehen haben könnte. Det. Gregory verglich Jakes Führerscheinfoto mit dem Gesicht vor ihm. Haare, Augenfarbe und die allgemeine Form seines Gesichts lassen darauf schließen, dass es sich um Jake handelte aber der Gerichtsmediziner musste die offizielle Identifizierung vornehmen. Det. Gregory hielt inne, als er den Kopf oben auf das Puzzle legte. Da war etwas in seinem Mund. Der Gerichtsmediziner öffnete seinen Mund, nur um ein Stück Fleisch zu finden. Er betrachtete es genau, dann fuhr seine Hand mit dem Fleisch über den Bereich der verstümmelten Genitalien und verkündete, dass dies Jakes Hodensack sei.

Die Fahrzeuge der Suchpatrouille überschwemmten das Gebiet um den Tatort und ein Verdächtiger, von dem sie jetzt glauben, dass er Kevin Ruiz war, wurde gesehen, wie er sich von dem Jeep mit der zerstückelten Leiche von Jake Adams entfernte. Kevin ging in ein

Waldgebiet hinter dem ursprünglich tragenden Anhänger. Er trug ein rotes Hemd und wechselte es dann in ein blaues, als er außer Sichtweite von Officer Docka ging. Das rote Hemd wurde in der Gegend gefunden, bedeckt mit Schweiß, aber ohne Blut. Seltsam, warum hat er sein Hemd gewechselt?

Hunde bellten in alle Richtungen und halfen der K9-Einheit, die gerade vor Ort war und versuchte, eine Witterung aufzunehmen, nicht weiter. Sie folgten dem Duft durch das kleine Waldstück in die nächste Nachbarschaft bis zu einer Ecke, dann schien er zu verschwinden. Die K9-Einheit umkreiste das Gebiet stundenlang, konnte aber aus der Ecke heraus keine Richtung bestimmen, fast so, als hätte ihn ein Komplize an dieser Stelle aufgegriffen.

Det. White erhielt diese Informationen und beschloss, in eine andere Richtung zu suchen, um ein mögliches alternatives Telefon zu finden. Er wandte sich an Mr. Adams, der nun über den möglichen Tod seines Sohnes informiert worden war, während dessen Identifizierung noch aussteht. Er fragte, welches Telefon Kevin aus dem Jeep hätte mitnehmen können und beiden wurde klar, dass es

das gleiche Telefon und die gleiche Nummer war, die Officer Docka angerufen hatte, als er versuchte, Jake zu erreichen. Mit der Zustimmung von Jakes Vater begann Det. White mit der Suche nach dem vermissten Telefon.

Det. White pingte das Telefon an und es war in Bewegung. Zunächst war ein Ort in der Nähe des Tatorts angegeben worden, seitdem waren jedoch fast 4 Stunden vergangen. Das Telefon hatte eine Nummer angerufen, die ihm bekannt vorkam, die dem Vater jedoch nicht bekannt war. Det. White erkannte, dass es Melissas Nummer war, aber der Anruf dauerte nur zwei Sekunden, nicht lange genug für ein Gespräch. Eine Minute später erfolgte ein zweiter Anruf und diese Nummer war im System, da sie einem örtlichen Taxiunternehmen gehörte. Der nächste Ping am Telefon zeigte einen Standort an, der nur zwei Blocks von der Polizei entfernt war. Hat er sich gestellt? Der Ping erfolgte an der Kreuzung, die zur Polizei führte. An dieser Stelle gibt es nicht viel. Panera Bread, ein Waschsalon, eine Sportbar. Wenn Sie nach rechts gehen, gibt es die Polizei, und wenn Sie nach links gehen, gibt es ein Kino.

Welchen Weg ist er gegangen? Das Telefon war offline. Kommt er herein, um sich zu ergeben? Dieser letzte Ping war erst vor 20 Minuten. Wir brauchen mehr Informationen. Der Detektiv wandte sich schnell an seinen Leutnant, der die Suche koordinierte. Innerhalb weniger Minuten wurde das Gebiet von Streifenwagen und Detektiven überschwemmt, die in Zivil in der Nähe der Kreuzung von Tür zu Tür gingen und nach Zeugen suchten. Der Dispatcher des Taxiunternehmens war keine große Hilfe. Sie konnte lediglich angeben, dass er auf dem Parkplatz in der Nähe des Waschsalons aus dem Auto gelassen worden war, gab aber den Namen und den Ort an, an dem der Fahrer zu finden war, da er gerade sein nächstes Fahrgeld abholen wollte.

Ein Streifenpolizist entdeckte den Taxifahrer, als er mit einer süßen kleinen alten Dame auf dem Rücksitz aus dem örtlichen Dillion's-Lebensmittelgeschäft herausfuhr. Ich bin mir sicher, dass er die alte Dame zu Tode erschreckt hat, als er das Licht und die Sirene einschaltete, um sie zum Anhalten zu bewegen, bevor sie die Straße erreichte.

„Bitte seien Sie nicht beunruhigt, Ma `m", sagte er zum Beifahrer, *„wir müssen kurz mit Ihrem Fahrer sprechen."*

Der Fahrer, ein nigerianischer Flüchtling in den USA, der vor zwei Jahren vor einer feindlichen Übernahme seines Dorfes geflohen war, war ein regelmäßiges Gesicht der Polizei. Er gab oft Tipps zu seinen Passagieren, weil er befürchtete, sie könnten in kriminelles Verhalten verwickelt sein. Er erklärte, dass er den Fahrgast

in der Nachbarschaft aufgesammelt hatte, er war durchnässt mit Schweiß und er sagte, dass er und ein Freund Fußball gespielt hätten. Er nahm den Fahrgast mit zur Kreuzung, wo die Polizei ihm sagte, er solle anhalten, stieg aus und bezahlte es in bar.

Der Beamte fragte: *„Wohin hat er Ihnen gesagt, dass Sie gehen sollen?"* Der Fahrer erklärte, der junge Mann habe gesagt, er wolle zum Wohnwagenpark hinter dem Kino gehen, wisse aber die Adresse nicht, und habe ihm dann gesagt, er solle an der Kreuzung anhalten, die zur Polizei führt.

Zu diesem Zeitpunkt sagte der Fahrer, er hätte den Anruf erhalten, diese süße Dame abzuholen, und ließ ihn dort zurück. *„In welche Richtung ist er gegangen?"*

„Links", sagte er, „in Richtung Wohnwagenpark.“

„Was hat er getragen?"

„Ein blaues Hemd und Jeans, glaube ich.“

„Kann ich diese Dame jetzt nach Hause bringen, Sir?“, fragte er.

Der Beamte sammelte seine Kontaktinformationen für eine Aussage am Ende seiner Schicht ein und ließ ihn fortfahren.

Det. White konnte weder zu Kevin noch zu Jake in der Wohnwagensiedlung, in die er gegangen sein könnte, eine Verbindung finden. Det. White versuchte es mit der Telefonsuche

nochmal. Es sind 20 Minuten vergangen, seit das Telefon das letzte Mal einen Ping registriert haete. Zu seiner Überraschung gab es einen weiteren kurzen Anruf, nur ein paar Sekunden, wieder nicht lang genug für ein Gespräch aber dieser Anruf galt Marion Johnson. Jetzt hatten wir einen anderen Standort im Ping aber dieses Mal war es sehr beunruhigend. Er war im Kino, wo wir noch viel mehr potenzielle Opfer hatten, wenn er sich zum Kampf entschloss.

Det. Black ging mit einem Foto von Kevin zum Ticketschalter und fragte, ob er ein Ticket gekauft hätte.

„Ja, zum Hostel II.“, antwortete die

Mitarbeiterin.

„Wann ist es vorbei?“

„In etwa 45 Minuten“, sagte sie.

Nun entwickeln die Ermittler einen Plan, sich im Schatten des Theaters zu verstecken und darauf zu warten, dass er sich so weit wie möglich von der Öffentlichkeit entfernt.

Der Abspann läuft und zu ihrer Überraschung geht er mit dem Verlassen der ersten Gruppe. Sie folgen vorsichtig und melden sich per Funk an das taktische Team draußen, um bereit zu sein. Als er das Kino verlässt, wird er ohne Zwischenfälle oder Kampf in Gewahrsam genommen und ist fast erleichtert, dass er erwischt wurde.

Geständnis

Ein mit Tränen gefülltes linkes Auge von Kevin, wo er gerade geschlagen worden war. Jake war nicht so groß, aber verdammt, das tat weh, dachte Kevin. In diesem Moment wusste er, dass Jake auf der Spur war, was er getan hatte. Kevin war mit seinen 1,80 Meter viel größer als Jake mit seinen 1,70 Meter und drängte sich wahnsinnig durch den Schlag, den er gerade ins. Auge bekommen hatte, in den Wohnwagen.

Jake schlug in seiner Verzweiflung noch ein paar Mal zu, während er rückwärts durch den Wohnbereich des Wohnwagens gezwungen wurde. Kevin schlurfte durch das Wohnzimmer, trat auf einem Hammer auf den Boden und als er sah, was es war, bückte er sich, um ihn aufzuheben. Ein letzter Schlag von Jake landete auf Kevins Ohr und ließ es klingeln, schien aber ansonsten kaum dazu beizutragen, die Verfolgung aufzuhalten. Jake zog sich in sein Zimmer am Ende des Flurs zurück, Kevin folgte ihm. Der Versuch, die Tür zu schließen und zu verbarrikadieren, blieb erfolglos. Kevin war zu groß und drückte es leicht auf.

Im dunklen Raum schwang Kevin den Hammer und schlug auf etwas ein, in der Hoffnung, dass es Jake war, der ihn für die Schläge büßen ließ, die er ihm ins Gesicht versetzt hatte.

Kevin schwang erneut den Hammer. Diesmal wusste er, dass er Jake am Kopf traf und schlug

immer wieder, bis er hörte, wie Jake rückwärts ins Bett fiel.

Zufrieden, dass er genug Schaden angerichtet hatte, um seinen Standpunkt zu vertreten ging Kevin ins Wohnzimmer und zündete sich auf der Couch ein paar Zigaretten an. Er saß in dem abgedunkelten Raum und hörte nur die Geräusche des Windes draußen und ein neues, unbekanntes Geräusch. Kevin hörte genau zu und erkannte, dass es Jake war. Kevin stand auf, sein Kopf summte von den Schlägen, die Jake ihm versetzt hatte und er hörte ein Klingeln im Ohr. Kevin kehrte ins Schlafzimmer zurück, aber dieses Mal schaltete er das Licht ein und erkannte, was er mit diesen wilden Schlägen im Dunkeln angerichtet hatte.

Er sah Jake nun mit dem Gesicht nach oben auf dem Bett an, seine Arme und Beine zuckten wild und sein Gesicht war nicht zu erkennen. Er hatte Jake mehrere Male mit dem Hammer am Kopf getroffen und ihm zugesetzt, und Jake kämpfte um jeden Atemzug. In Panik ging Kevin in die Küche, holte ein großes Messer und kehrte ins Zimmer zurück. Da er sicher war, dass Jake sterben würde, entschuldigte er sich sanft bei Jake und stach ihm einmal in die Brust.

Zu seiner Überraschung drang das Messer nicht sehr tief in seine Brust ein, also setzte er beim zweiten Stoß viel mehr Kraft ein. Es schien, als hätte er Jake bis zum Anschlag durchbohrt. Aber es hat seinen Zweck erfüllt, Jake

hörte auf zu zucken und er hörte auf zu atmen.

Jake war tot.

Kevin kehrte erneut ins Wohnzimmer zurück, um eine Zigarette zu rauchen und darüber nachzudenken, was er als nächstes tun würde.

Früher an diesem Tag erzählte er Melissa, dass er den neuen Film „Hostel II" sehen wollte und erinnerte sich an eine Szene aus dem ersten Film. Im Film zerschneiden sie einen Körper in Stücke, um ihn zu entsorgen und nicht erwischt zu werden. Irgendwie dachte Kevin, dass dies ein guter Plan wäre, was mit Jakes Körper geschehen sollte.

Kevin sammelte alle Behälter ein, die er finden konnte. Ein großer blauer Plastikbehälter, ein Eimer und ein paar Müllsäcke müssten ausreichen.

Er zog Jakes Körper auf Decken ins Badezimmer und in die Wanne und achtete dabei darauf, keine Blutspur auf dem Weg zu hinterlassen.

Wie soll er anfangen? Nachdem er bei KFC gearbeitet hatte, hatte er ein paar Hühner zerschnitten und war der Meinung, dass die Gelenke eines Menschen ähnlich sein sollten.

Er begann am Handgelenk mit dem gleichen Messer, mit dem er ihm ins Herz gestochen hatte, aber es schien zu groß für den Job zu sein. Er nahm ein kleineres und schärferes

Messer und war in der Lage, sich durch das Handgelenk zu arbeiten, wie er es sich vom Huhn vorgestellt hatte. Er machte mit dem anderen Handgelenk weiter und griff dann zu den Schultern und dann zu den Füßen. Er legte die Teile in die Behälter, während er daran arbeitete, Jakes Körper klein genug zu machen, um ihn im Big Blue River zu zerstreuen, bevor er in den Kansas River mündete.

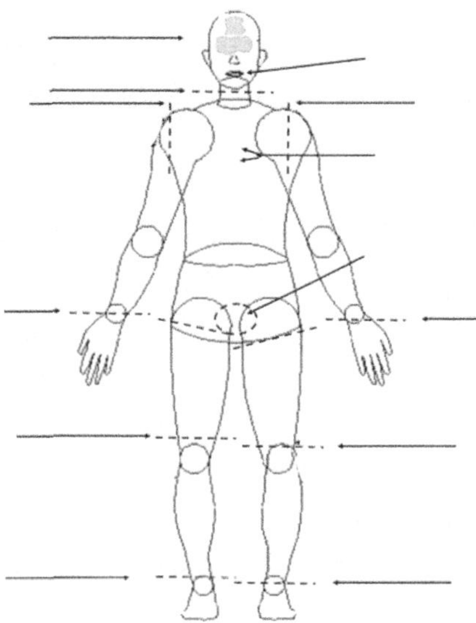

Es gab einen perfekten Ort, an dem er campte, als seine Mutter ihn rausschmiss, bevor es am Ende der Knox Lane kalt wurde. Dort bewegte sich das Wasser schnell und es gab mehrere tiefe Löcher voller Welse, die aus den Teilen eine Mahlzeit machen konnten.

Als er an der Leiste ankam, um ihm die Beine abzuschneiden, wurde er homophob und beschloss, seinen Penis und Hodensack abzuschneiden. Er nahm den Penis und warf ihn in den Eimer, aber den Hodensack beschloss er, Jake in den Mund zu stecken. Das Abschneiden der Beine an der Leistengegend und an den Knien erforderte viel Kraft. Er gab die Idee den Rumpf in zwei Hälften

zu schneiden auf. Zuletzt nahm er den Kopf. Er war angewidert von dem, was er Jake angetan hatte. Er war sein Freund und hatte ihm eine

Unterkunft gegeben, obwohl er wusste, dass Kevin kein Geld hatte.

Kevin brauchte einen Moment, um ihn anzusehen, aber er war schon so weit gegangen. Wenn er es nicht schaffte, wurde er erwischt. Er begann mit der Bearbeitung des Nackens, stellte jedoch fest, dass es sehr schwierig war, die Wirbelsäule zu durchtrennen. Er musste wieder zum großen Messer greifen und es wie eine Machete benutzen, um den Kopf vom Rumpf abzutrennen.

Kevin hielt einen Moment inne, während ihm der Schweiß über die Nase lief, und sah sich um. Überall im Badezimmer war Blut. Das Einzige, was verhinderte, dass es zu einem völligen Durcheinander kam, war das inzwischen blutgetränkte Bettzeug, mit dem er die Leiche ins Badezimmer geschleppt hatte. Kevin ging zurück ins Schlafzimmer, suchte nach Blut und wischte es auf, während er mit dem Badetuch ging. Im Schlafzimmer war das einzige Blut, das er bemerkte, auf dem Bett, also drehte er einfach die Matratze um und sagte, es sei in Ordnung.

Zufrieden, nachdem er das Badezimmer gewischt und alles in Müllsäcke gepackt hatte, war er bereit, die Leiche zu entsorgen.

Er fand ein paar Kleidungsstücke in seinem alten Zimmer und wechselte sein Hemd, das jetzt blutüberströmt war,

jedoch nicht seine Hose, die nur ein paar Flecken zu haben schien. Kevin lud die Container in den

Jeep und deckte die Container und Müllsäcke voller blutiger Handtücher und Kleidung mit anderer Wäsche zu, die er im Haus gefunden hatte.

Gerade als er losfuhr und sich auf den Weg zum Fluss machte, bemerkte er, dass sich nun ein Polizeiauto hinter ihm befand. *„Scheiße, was soll ich machen?“* dachte er, behielt aber irgendwie seine Fassung und fuhr einfach um den Block herum und versuchte, seinen Schwanz loszuwerden, ohne es aufzufallen zu lassen.

Ihm wurde klar, dass er, wenn er die Nachbarschaft verließe, im Freien stünde und nirgendwo hinlaufen konnte also beschloss er, den Jeep stehen zu lassen und zu Fuß davonzugehen.

Er ging zurück zum Wohnwagen, parkte den Jeep und schnappte sich Jakes Telefon in der Konsole, verwechselte es mit seinem, während er lässig davonging und sein schweißdurchnässtes Hemd wechselte.

Kevin setzte sich auf den Bordstein und holte das Telefon aus der Tasche. *„Scheiße, das ist nicht mein Handy.“* Dachte er, während er darum kämpfte, jemanden zu finden, den er anrufen konnte. Die einzigen Nummern, die er sich eingeprägt hatte, waren Melissa und seine Mutter. Er wählte Melissas Nummer, legte aber sofort wieder auf

als es anfing zu klingeln. *„Was würde er ihr sagen? Warum benutzte er Jakes Telefon?“*

Er hatte keine Antworten. Dann fing er an, durch die Nummern zu scrollen, die Jake in seiner Kontaktliste hatte, und fand eine Nummer für ein Taxi. „*Das wird funktionieren*“, sagte er laut, während er den Knopf zum Wählen drückte.

Es dauerte nicht lange, bis das Taxi ankam aber wohin? Das war das nächste Problem. Bei dieser Frage rasten seine Gedanken aber alles, woran er denken konnte, war, was er Jake gerade angetan hatte. Dies führte zu dem Gedanken, der ihn dazu veranlasste, die Leiche im Film-Hostel auseinanderzuschneiden und dem Fahrer zu sagen, er solle ihn zum Wohnwagenpark beim Kino bringen.

Kevin ging zum Kino aber der Film hatte bereits begonnen, also beschloss er, in der Lobby zu sitzen und auf die nächste Vorstellung zu warten.

Nach dem Film hatte er wirklich keinen Plan, was er tun sollte, und seine Entscheidung wurde ihm abgenommen, als er draußen vom SWAT-Team empfangen wurde. Erleichtert folgte er ihren Befehlen und ging friedlich zum Transporter. Ein kleines Taschenmesser mit integrierter Schere war das Einzige, was er bei sich hatte, außer dem Mobiltelefon und den restlichen 15,50 Dollar Bargeld von dem Geld, das er Jake abgenommen hatte.

Bei der Polizei sah er das bekannte Gesicht von Det. Black als sie den den Raum betrat und war erneut erleichtert, da er sie kannte und ihr erzählen konnte, was passiert war.

So beiläufig wie jedes Gespräch, führte er sie durch die Ereignisse, die zum Mord führten und durch alles, was er tat. Am Ende begleitete er sie die Treppe hinunter zum Gefängnis, wo er eingesperrt werden sollte und irgendwie wirkte er bei all den hartgesottenen Kriminellen so fehl am Platz. Er hatte das Gesicht eines kleinen Jungen und ein entsprechendes Verhalten, war aber dennoch in der Lage, solch ein Gewaltverbrechen zu begehen.

KAPITEL 15
TOD

Asa-Reporter Logan Tyler hatte Kevin Ruez verfolgt und sich Notizen gemacht, als sein Name in der Schreibunterlage der Polizei auftauchte und wusste, dass das eine Teil was ihm fehlte, sich eines Tages zeigte. Er wusste tief in seinem Inneren, dass er eine Geschichte mit sich hatte aber er konnte die Lücken einfach nicht schließen. Die Geschichte war da, er wusste sie, er konnte sie fühlen aber er konnte sie einfach noch nicht sehen.

Seit Logans Reise nach Mexiko waren zwei Jahre vergangen und die Geschichte hatte sich stark verändert. Kevin saß nun allein und mittellos hinter Gittern im Gefängnis in Manhattan, Kansas. Nicht wegen der Bagatellverbrechen, die er begangen hatte, nicht wegen seines kometenhaften Aufstiegs in der Drogenszene seit seiner Kindheit in Mexiko, sondern weil er in die Fußstapfen seines berüchtigten Stiefvaters Gavin Johnson getreten war.

Kevin ist auch ein Mörder und nicht nur ein Mörder, sondern einer, über dessen mörderischen Weg aufgrund der Art und der Mittel des Mordes, mit dem er sie begangen hat, nur sehr wenige Details bekannt wurden – eine Reihe schrecklicher Terroranschläge, bei dem selbst die Mutigsten Männer dieser Welt bei diesem Anblick zittern würden.

In den Tagen vor seinem Prozess führte Kevin mehrere Gespräche mit seinem Anwalt. Obwohl er gestanden hatte, tat sein Anwalt sein Bestes, um die Umstände der drohenden Gefängnisstrafe seines Mandanten zu mildern. Bei einem solchen Besuch hörte der Anwalt eine Geschichte von unbeschreiblicher Grausamkeit, die er einfach nicht verstehen konnte und er wusste sofort, dass es klug wäre, auch die Ermittler von der Geschichte erfahren zu lassen.

Detective Black erhielt die Nachricht und koordinierte den Besuch mit Kevin im Gefängnis in Anwesenheit seines Anwalts. Angesichts der Terroranschläge, die er begangen hatte, bestand das Gefängnispersonal darauf, dass das Treffen innerhalb der Gefängnisräume und nicht oben in den normalen Verhörräumen stattfinden sollte. Da der Anwalt anwesend war, würde das Gespräch als nichtprivilegierte Diskussion gelten. Also stellte der Detektiv eine Kamera auf, um das Gespräch

aufzuzeichnen. Sie hatte keine Ahnung, was er sagen würde aber der Anwalt war von den Kommentaren so verblüfft, dass er darauf bestand, dass der Detective es aus erster Hand von Kevin hören würde.

Es ist 10:30 Uhr. Der Moment der Wahrheit rückt immer näher.

Detective Black ruft im Kontrollraum des Gefängnisses an und bedeutet der Kamera, dass es Zeit ist, Ruiz in das Anwaltszimmer zu bringen. In diesem Raum saßen Anwälte oft mit ihren

Mandanten zusammen, um ihre jeweiligen Fälle zu besprechen. Es war kein sehr großer Raum – gerade groß genug für einen kleinen Tisch und einen Stuhl auf jeder Seite. Der Stuhl und der Tisch des Insassen waren mit dem Boden verschraubt. Ich schätze, der Designer des Raumes muss genug Polizeifilme gesehen haben, um zu wissen, dass man den Insassen nicht trauen kann und dass die Sicherheit ihrer Anwälte genauso wichtig war wie die Sicherheit jedes Mitglieds der Gefängniseinrichtung.

Wenn der Insasse ein ausreichender Unruhestifter war, wurde er in einen separaten Raum mit einem Plexiglasfenster zwischen ihm und seinen Anwälten gebracht und ein Wärter stand an der Tür, um die Interaktion zu überwachen. Überraschenderweise verhielt sich Kevin sehr fügsam.

Allen Widrigkeiten zum Trotz gelang es Detective Black, einen dritten Stuhl im Raum unterzubringen. Der Anwalt

erklärte, dass die Geschichte seines Mandanten, Kevins Geschichte, keinen Einfluss auf seine Anklage haben wird, dass sie ihm aber helfen könnte, seine Strafe zu reduzieren oder zu verbessern.

Eine Kamera richtete sich auf Kevin, als er den Mund öffnete und zu reden begann. Kevin begann: *„Det. Black, ich bin froh, dass Sie hierher gekommen sind, um sich das anzuhören. Ich bin* *mir nicht sicher, ob mir irgendjemand sonst glauben würde.“*

Der Detective sagte kein Wort. Sie verschränkte die Arme und starrte Kevin an – begierig darauf, zu erfahren, warum es so wichtig war, zu kommen und hoffte, Hinweise zu finden, die Licht in mehrere ungelöste Fälle bringen könnten, die ihrer Abteilung zugewiesen waren.

Sie hörte sich die Geschichte an und war ebenso erstaunt, dass sie genauso erschreckend war, wie der Anwalt es beschrieben hatte. Detective Black dachte über die Informationen nach, die Kevin ihr gerade gegeben hatte, ein weiteres von Gavin Johnson gestandenes Verbrechen. Sie fragte Kevin, ob er wisse, wovon Gavin rede. Kevin antwortete: *„Nein, ich dachte nur, er wollte mir all die Jahre Angst machen, aber nach dem, was er meiner Mutter angetan hat, glaube ich, dass es wahr sein könnte.“* Anschließend fragte sie, ob er es jemals wieder erwähnt oder ihm eine Ahnung gegeben hätte, wann es passiert sei.

Wieder sagte er, er könne sich kaum an die Geschichte erinnern, bis er im Gefängnis saß und nichts als Zeit hatte

zum Nachdenken und der Anwalt stellte ihm eine Frage dazu, wie Gavin ihn als Kind verletzt hatte. Er erklärte, dass er nichts über das Sterben des Babys wisse aber davon ausgegangen sei, dass es sich um etwas Wichtiges handele, das er dem Anwalt unbedingt mitteilen müsse.

Der Anwalt wandte sich an Detective Black und fragte. *„Hat das etwas zu bedeuten? Wurde ein Baby getötet?"*

Bevor sie antwortete, machte Detective Black eine lange Pause: *„Ich werde mir das ansehen, ich bin mir nicht sicher"*, sagte die Detective, als sie die Tür öffnete und sie hinter sich zuschlug, sodass sie ihr privates Treffen beenden konnten.

Detective Blacks Gedanken rasten: *„Könnte es sein?"*, dachte sie. War dies der Fall? Det. White hatte vor so vielen Jahren eine Beziehung mit Gavin Johnson? Er hatte ihr gesagt, als es im Rahmen der Hintergrundermittlungen zu Gavin zur Sprache kam, dass es ihm nie wirklich recht gewesen sei, den Fall wegen eines Unfalls abgeschlossen zu haben. Da er damals ein Neuling war, konnte er nichts tun und jetzt hatte er vielleicht Recht, als er etwas vermutete. *„Wenn es wahr ist, müssen wir Gavin Johnson einen weiteren Mord vorwerfen."*

Detective Black ging in das Ermittlungsbüro und fragte die Sekretärin, wo Detective White sei.

„Er ist unten im Asservatenraum", antwortete sie.

Als Det. Black die Treppe hinunter ging, traf sie Det. White auf dem Weg nach oben. *"Wie ist es gelaufen? Was hatte Kevin zu sagen?"*

Sie antwortete: *„Du wirst es nicht glauben, Gavin hat Kevin gestanden, dass er ein Baby getötet hat, das Baby von vor 20 Jahren"*, sagte sie.

„Heilige Scheiße, wie können wir das bestätigen?" , hatte er geantwortet.

EIN PAAR TAGE SPÄTER...

Det. Black & Det. White versuchte beide, mit der Mutter des Babys zu sprechen. Sie suchten zu Beginn der Ermittlungen nach weiteren Informationen, wurden allerdings schnell abgewiesen. Die Mutter hatte ihr Leben weitergeführt und wollte nichts damit zu tun haben, die Vergangenheit und ihr totes Baby auszugraben. Dies war auch bei ihrem zweiten Versuch der Fall, obwohl sie dieses Mal ein Geständnis Dritter hatten, das Gavin direkt mit dem Tod ihres Babys in Verbindung brachte. Der Schmerz war zu groß und die 20 Jahre, die

vergangen waren, reichten immer noch nicht aus, um sie dazu zu bringen, ihre Meinung zu sagen und die Schrecken noch einmal zu durchleben.

Bald erreichte die Geschichte von Kevins grausamem Mord AP Wire , wobei Artikel mit Informationslücken

in der Lokalzeitung auftauchen. Es gab nur wenige Details zum Mord und weniger zu den früheren Morden, an denen die mörderische Verbrecherfamilie beteiligt war. Logan Tyler, ein aufstrebender Newcomer in der Welt des investigativen Journalismus, war von der Zeitung Manhattan Mercury zu kleinen Beiträgen bei den Nachrichten von Channel 2 übergegangen.

Endlich hatte er eine Pause bekommen, indem er kleine Ermittlungsberichte verfasste, in denen es hauptsächlich um Dinge aus den Löschberichten der Polizei ging und er nach weiteren Informationen suchte. Logans Berichte hatten in der Art und Weise, wie er sie in seinen zweiminütigen Abschnitten präsentierte, einen vertrauten Stil angenommen. Als Logan von Kevin Ruez‘ und seinem Geständnis hörte, wusste er, dass er eine berichtenswerte Geschichte hatte. Logan kramte seine Notizen hervor und wandte sich an Detective White, um mehr über die Geschichte aus der Erfahrung des Detectives herauszufinden.

Sonderbericht

Hier berichtet Logan Tyler Channel 2 aus Manhattan, Kansas. Wir berichten heute hier live vor dem Gerichtsgebäude mit der

Geschichte von drei Menschen, die durch die Hand einer Verbrecherfamilie ihr Leben verloren haben, ihrer abscheulichen Verbrechen und wie wir nach 20 Jahren voller Spekulationen und Ermittlungen endlich der Wahrheit näher kommen könnten.

„Wie der verstorbene Paul Harvey sagte, hier ist der Rest der Geschichte ...

In den frühen Morgenstunden eines kalten Januarmorgens im Jahr 1992 tat ein kleines Baby seinen letzten Atemzug. Wir werden sie einfach Baby X nennen, da sie nie in der Lage war, ihr Leben zu leben.

Als Baby X schlafen ging, wussten weder sie noch ihre Mutter, dass sie einen Mörder im Haus hatten. Dann, im Alter von 6 Monaten, wachte sie weinend aus einer schmutzigen Windel und Hunger auf, nur um in ihrem kurzen Leben von einem neuen Gesicht gestillt zu werden. Man sagte, dass Baby X erstickend an einem Penny gefunden, welcher aus ihrem Hals gefischt wurde, jedoch erlag sie diesem Vorfall und starb bevor sie im Krankenhaus ankam. Ein junger, angehender Streifenpolizist, Brad White, nahm diesen Anruf entgegen, und der Fall schien nie richtig zu sein aber dennoch wurde der Fall als Unfall abgeschlossen.

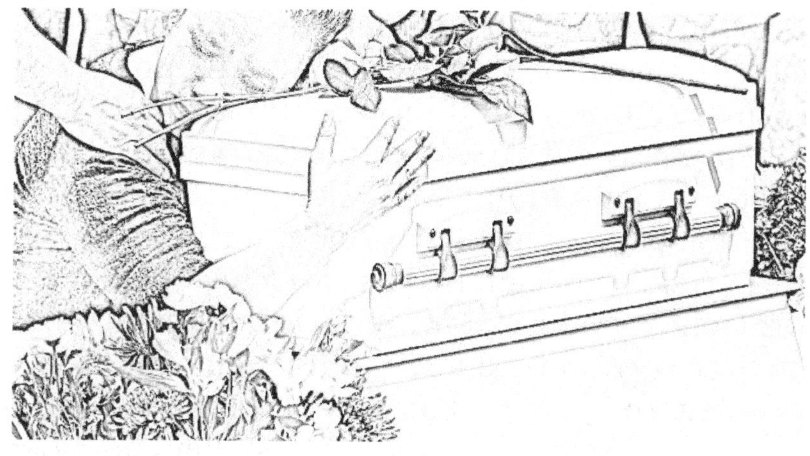

Jetzt spulen wir vor ins Jahr 2007, und Polizisten hören sich die Geschichte vom Tod eines Babys aus einer völlig neuen Perspektive an. Kevin Ruiz aus Manhattan, Kansas – ein Berufsverbrecher, der wegen seiner eigenen Verbrechen im Gefängnis sitzt, hat gestanden, dass er es für wichtig hielt, dass die Detektive, die seinen Stiefvater verhafteten, Bescheid wussten.

Als Kevin noch ein kleiner Junge war, wurde Gavin Johnson Ruiz' Stiefvater, als er Ruiz' Mutter heiratete. Die Bürger von Riley County kennen seinen Namen seit seiner Verhaftung im Jahr 2003 wegen der Ermordung der 63-jährigen Olive Stumpp aus Leonardville, Kansas im Jahr 1999.

Stumpp wurde und erschossen im Keller ihres Bauernhauses in Leonardville aufgefunden. Ihr Tod blieb fast vier Jahre lang ungelöst, bis Gavin Johnson versuchte, seine Frau zu töten, die die einzige Person war, die wusste, dass er Stumpps Mord begangen hatte. Gavin hatte ihr einige Jahre zuvor in einer betrunkenen Schimpftirade die Einzelheiten des Mordes gestanden, um sie zu erschrecken und sie ihm gegenüber unterwürfig zu halten. Gavins Geständnis im verängstigten Geist seiner Frau war der Beginn seines Untergangs. Gavins Plan, seine Frau zu töten, war ein perfektes Beispiel dafür, welche Ebenen der Geist eines wahren Mörders durchlaufen muss, um der Gerechtigkeit zu entgehen. In Gavins ausgefeiltem Plan hatte er Monate damit verbracht, Zeugen zusammenzustellen und den Wunsch seiner Frau, sich umzubringen, erfunden. Er hatte im Internet Chloroform gekauft und versucht, sie damit bewusstlos zu machen. Seine Frau zeigte, dass sie noch immer Kampfgeist hatte, als sie die Notrufnummer 911 anrief und den Hörer fallen ließ, damit der Disponent die ganze Auseinandersetzung mithören konnte, in der er versuchte, sie bewusstlos zu machen.

Gavins Ego machte ihm bei dieser Gelegenheit einen Strich durch die Rechnung, als er Marion erzählte, dass er geplant hatte, sie bewusstlos zu machen und sie dann vom Tuttle-Creek-Staudamm zu stürzen, sodass es so aussah, als hätte sie Selbstmord begangen.

Die 911-Aufnahmen waren ein wichtiger Beweis dafür, dass Gavin ins Gefängnis kam und Marion endlich die Gelegenheit gab, ihre Geschichte zu erzählen.

Gavin Johnson verbüßt derzeit 40 Jahre ohne Bewährung wegen des Mordes an Stumpp und weitere 16 Jahre wegen des versuchten Mordes an seiner Frau, der Mutter von Kevin Ruiz.

Nun hoffen die Angehörigen des verstorbenen Babys und die mit dem Fall befassten Ermittler, dass Gavins Ego uns dabei helfen wird, einen weiteren ungelösten Fall zu lösen."

Logan legte in diesem Sinne eine Werbepause ein. Er hatte das Gefühl, dass er das Publikum in einem Cliffhanger zurückgelassen hatte, der sich nach „The Rest of the Story" sehnte.

Wenige Augenblicke später fuhr er fort...

„In einem Sonderbericht exklusiv hier auf Channel 2 haben wir Kevin Ruez zu Protokoll gegeben, wo er uns aus erster Hand über das Geständnis eines Mörders berichten wird. *„Ich glaube, ich war etwa 10 Jahre alt, als ich bei meiner Mutter und Gavin lebte. Ich erinnere mich, dass meine Mutter mit ein paar Freunden unterwegs war und ich mit Gavin zu Hause war. Wir haben gerade ferngesehen und alles war gut, bis er anfing, Bier zu trinken. Er begann ohne Grund wütend zu werden. Wir sahen uns WWE-Wrestling an und rangen auf dem Boden herum und machten falsche Bewegungen, bis er anfing, grob zu werden."*

„Ich habe ihm gesagt, dass er mich durch einen Beingriff verletzt hat und ich dachte, mein Bein würde brechen. Er ließ mich gehen.

Er nannte mich einen Weichei, sprang dann aber auf mich und drückte mein Gesicht auf den

Boden, bis ich anfing zu weinen. Es tat weh, sagte ich ihm, und dann fing er an, davon zu reden, dass er mich töten könnte. Er sagte, er wisse, wie er mich töten könne und niemand würde es jemals erfahren. Er schnappte sich eine Walmart-Plastiktüte vom Boden und wedelte damit vor meinem Gesicht und sagte: „Hör zu, ich muss dir nur diese Tüte übers Gesicht halten, damit du nicht atmen kannst.“

Gavin fuhr fort. „Wenn du tot bist, setze ich dich mit etwas Essen auf einem Teller an den Tisch und lasse es so aussehen, als ob du daran erstickt wärst, und du wärst gestorben.“ Gavin blickte mir in die Augen, und mit dem üblen Biergeruch in meinem Gesicht, der keine 15 Zentimeter entfernt war, sagte er: „Das habe ich schon mal gemacht. Ich habe ein Baby einfach so mit einem Brotbeutel getötet, nur weil das Baby mir im Weg stand, was ich wollte.“

Wir haben den Polizeibericht von jenem Morgen im Januar 1992 gefunden. Es kam von einer trauernden Mutter, die schluchzte, während die Polizei mit einer entspannten Person namens Gavin Johnson sprach. Johnsons offizielle Erklärung besagte, dass er beim Aufwachen das Baby weinte und dann würgte. Er rief die Sanitäter an, die wenige Minuten nach dem Anruf eintrafen.

Johnson sagte, es sei ihm gelungen, den Penny herauszufischen, der angeblich die Atemwege des Babys blockierte. Das Kind wurde ins Krankenhaus gebracht, starb jedoch, während die

Ärzte daran arbeiteten, es wiederzubeleben. Sie fanden Kratzer und Blutergüsse am Hals, die mit Johnsons Penny-Geschichte übereinstimmten.

Jetzt mit Ruiz' Erinnerung an Gavins Geständnis als neues Element kommt ein Brotbeutel hinzu, der zum Ersticken und Töten des Babys verwendet wird und die mögliche Inszenierung, die es wie einen Unfall aussehen lässt.

Kevin Ruiz verbüßt derzeit seine eigene Strafe aus einem Gerichtsverfahren aus dem Jahr 2007. Er wurde wegen Mordes ersten Grades, schweren Einbruchs und Wohnungseinbruchs wegen brutaler Ermordung seines Mitbewohners Jake Adams verurteilt.

In dieser Welt voller grausamer Menschen, denen es an Mitgefühl für das menschliche Leben mangelt, gibt es für sie einen besonderen Platz. Wir sind dankbar für die Arbeit und den Fleiß einiger unserer Strafverfolgungsbeamten, die vor nichts zurückschreckten, um den Familien und Angehörigen der Opfer ein Ende zu bereiten.

In einem Interview außerhalb der Kamera hatten wir das Vergnügen und die Gelegenheit, mit Detective Brad White zu sprechen. Det White ist derselbe Beamte wie bei der Ermordung von Baby X im Jahr 1992 und jetzt einer der Verantwortlichen

Ermittler der Morde an Olive Stumpp und Jake Adams 20 Jahre später. Er erklärte, wie demütigend es sei, diesen 20 Jahre alten Fall zu einem Abschluss zu bringen aber wie traurig es sei, den Tod und die Zerstörung zu sehen, die Gavin Johnson und sein Stiefsohn Kevin Ruez verursacht hätten. Ruiz‘ Geschichte wird keinen Einfluss auf die Anklage haben, mit der er derzeit konfrontiert wird aber sie hat diesen 20 Jahre alten Mord ans Licht gebracht, und hoffentlich wird KARMA das letzte Wort haben.

Logan schloss mit den Worten: „*Aufgrund besonderer Umstände wird Johnson nicht offiziell wegen des Todes von Baby X veruteilt. Wir hoffen, dass dieser Bericht zeigt, dass die Wahrheit ihren Weg findet und allen Opfern dieser mörderischen Familie zu einem Schlussstrich verhilft.*

Hier spricht Logan Tyler von Channel 2 News, und das ist der Rest der Geschichte: Gute Nacht.“

ANHANG 1
SACHVERHALTSERKLÄRUNG

(Erklärung vorgelesen bei der Anhörung durch den Staatsanwalt)

(Dies ist die tatsächliche Sachverhaltsdarstellung, die in öffentlicher Sitzung bei der Klageverhandlung verlesen wurde. Die Namen wurden geändert, um sie an dieses Buch anzupassen aber die Fakten sind real)

Am 15. Dezember 1999 um 6:37 Uhr verließ Marvin Stumpp, der in der Barton Road xxxx1, Leonardville, Riley County, Kansas, wohnte, sein Zuhause, um eine Buslinie zu betreiben. Als er ging, lag seine Frau Olive Stumpp in der Residenz im Bett, als er ins Schlafzimmer ging und ihr einen Abschiedskuss gab. Beim Verlassen der Wohnung durch die Nordtür (Hintertür) der Wohnung, die einzige Tür, die als Zugang genutzt wurde, schloss Marvin Stumpp den Riegel ab. Die Vorder- oder Südtür war durch ein Weihnachtsbaum blockiert

und wurde von der Familie nicht als Zugang genutzt. Olive Stumpp sollte gegen 8:15 Uhr auf Marvins Rückkehr warten, der sie dann zur Arbeit bringen würde. Olive Stumpp arbeitete bei der Leonardville State Bank und war für die Eröffnung der Bank und des Tresors verantwortlich. Sie erholte sich gerade von einer Knieoperation und ihr normales Fahrzeug war in der Werkstatt abgestellt worden. Aufgrund des

Schneefalls in der Nacht zuvor lag eine Schneedecke auf dem Boden.

Tom Ward fährt jeden Morgen die Barton Road entlang, um zur Arbeit zu gehen. Am 14. Dezember 1999 bemerkte er, dass er zwischen 6:30 und 6:45 Uhr ein kleines rotes Auto an der Nordseite der Barton Road geparkt hatte, direkt hinter dem Hügel westlich von Stumpps Wohnhaus, das bewohnt war.

15. Dezember 1999, ungefähr zwischen 6:30Uhr und 6:45 Uhr

Ward machte er sich im Geiste eine Notiz, dass er wieder das kleine rote Auto sah, welches unbesetzt westlich der Stumpp-Residenz stand und blickte nach Osten auf der Südseite der Straße auf der falschen Straßenseite, so dass die Vorderseite des Wagens der Stumpp-Residenz zugewandt war. Als Ward am Abend von der Arbeit zurückkam, war das Auto verschwunden.

Travis Hagerty reiste am 15. Dezember 1999 die Barton Road entlang, um an der Kansas State University an einem Finale um 7:30 Uhr teilzunehmen. Hagerty verließ sein Zuhause an diesem Morgen um 6:30 Uhr, sagte Hagerty, als er über den Straßenkamm kam. Er sah, wie ein Auto rückwärts in die Einfahrt von Gary Wilsons

Haus fuhr, das westlich der Stumpp-Residenz liegt. Hagerty bemerkte, dass die Scheinwerfer eingeschaltet waren und offenbar eine Person im Auto saß. Das Auto war ein kleineres rotes Auto. Hagerty sagte, es sähe einem Honda ähnlich.

Marvin Stumpp kehrte um 8:15 Uhr von seiner Busfahrt nach Hause zurück und parkte den Schulbus in der Einfahrt östlich des Hauses. Als er aus dem Bus stieg, bemerkte er eine Reihe seltsamer Fußabdrücke, die um die Ostseite des Hauses herum und zur Nordtür des Hauses führten.

Aus Neugier über die seltsamen Abdrücke ging Marvin zum Haus, um Olive zu finden. Als er an der Tür ankam, bemerkte Marvin, dass die Tür nicht mehr verschlossen war. Er durchsuchte das Haupt- und Obergeschoss des Hauses, konnte Olive jedoch nicht finden. Marvin überprüfte den Keller nicht sofort, da die Kellertür geschlossen war und das Licht im Keller nicht brannte. Marvin glaubte nicht, dass Olive in den Keller gegangen wäre

nach ihrer Knieoperation mit den Schmerzen, die sie dadurch verursacht hätte.

Um 8:20 Uhr rief Marvin die Leonardville State Bank an und fragte, ob sie zur Arbeit gegangen sei. Ihm wurde gesagt, dass sie nicht da sei. Dann ging er die Treppe hinunter in den Keller, um nach Olive zu suchen. Marvin fand Olive auf dem Rücken liegend, mit Blut am Kopf. Marvin fühlte ihre Hand, spürte, dass ihr sehr kalt war, und hob ihre Brille auf, die er nördlich ihres Kopfes gefunden hatte. Dann kehrte Marvin nach oben zurück und rief 911 an. Es wird aufgezeichnet, dass der Anruf um 8:25 Uhr einging

Officer Quinton reagierte, sicherte den Tatort und bat Marvin, das Haus auf gestörte oder fehlende Gegenstände zu überprüfen. Marvin schaute in eine Schublade, in der sie etwa 100 Dollar in Zwanzigern in einer Brieftasche aufbewahrten. Die Brieftasche fehlte und der Inhalt der Schublade war zur Seite geschoben worden. Ermittler wurden zum Tatort geschickt und von Quinton über die Fußabdrücke informiert.

Die Fußabdrücke wurden verfolgt und dokumentiert (die Karte mit den Fußabdrücken war beigefügt). Die Fußabdrücke zeigten, dass jemand das Stumpp-Grundstück betreten hatte, offenbar entlang einer kleinen Baumreihe nach Norden gegangen war und dann zurückgegangen war

weiter hinter dem Propangastank von Stumpp, der sich östlich des Hauses befindet. Der Tank ist etwa 6 Fuß hoch.

Die Spuren führen dann zur Südtür des Hauses, teilweise auf die Veranda und dann wieder hinunter um die Westseite des Hauses herum zur Nordtür des Hauses. Beim Verlassen der Nordtür führen die Spuren nach Norden aus dem Hofbereich heraus, in und über ein Feld, über den nächsten Kilometer Abschnitt mit Gras und offenen Feldern.

Auf dem Weg mussten die Beamten Baumreihen, Zäune und Büsche überwinden. Es gab einen kurzen Pfad der Spuren, der darauf hindeutete, dass die Person nach Westen ging, beginnend an der Barton Road, weiter durch das Feld in der Nähe des Pflegeheims und an der Alembic Road anhaltend.

Als die Beamten den Spuren folgten, kam es zu einem leichten Anstieg der Temperatur und dem Fahrzeugverkehr hatte dazu geführt, dass die Spuren auf den Straßen unbemerkt blieben. Die Spuren unterschieden sich im Muster, sodass die Ermittler sicher sein konnten, dass sie auf der Strecke denselben Spuren folgten.

Olive Stumpp wurde mit angewinkelten Beinen auf dem Betonboden des Kellers gefunden.

Sie trug ein grünes Langarm-Sweatshirt mit Weihnachtsmotiv und eine schwarze Stretchhose. Später stellte sich heraus, dass diese Dinge über ihrem Pyjama angezogen worden waren. Es wurde erklärt, dass Frau Stumpp im Schlafanzug nicht auf die Tür reagiert hätte. Es gab keine Anzeichen für einen gewaltsamen Zutritt zum Haus.

Gegen 17:30 Uhr wurden die Ermittler darüber informiert, dass die Röntgenaufnahmen im Mercy Health Center ergaben, dass Olive Stumpp in den Kopf geschossen worden war. Anschließend begannen die Ermittler mit der Suche im Keller nach Patronenhülsen. Das damalige Stumpp-

Haus wurde von den Beamten als vollgestopft beschrieben.

Die drohende Sorge um das Jahr 2000 ist dieser Residenz nicht entgangen. Im Keller des Wohnhauses, in dem sich Olive Stumpp befand, befanden sich überall Regale und Kisten. Im Keller wurden selbstgemachte Konserven und gekaufte Lebensmittel gelagert. Beim Keller handelte es sich nur um einen Teilkeller mit sehr begrenztem Platzangebot.

Olive Stumpp lag mit den Füßen am nächsten an den Stufen, die in den Keller führten, als ob sie beim Sturz auf die Stufen blickte. Die Ermittler fanden einen hölzernen Waschbeckentisch.

Dieser enthält viele Gegenstände und befindet sich im rechten unteren Teil des Kellers. Auf diesem Tisch befand sich eine Patronenhülse für eine 9-mm-Waffe.

Bei einer sorgfältigen Durchsuchung des Kellers wurde dann inmitten des Durcheinanders eine zweite Patronenhülse gefunden, die nur 60 cm von Olive Stumpps Kopf entfernt war. Die Ermittler fanden außerdem eine 1,25 Meter lange Markierung an der Wand, die am weitesten von der Treppe entfernt war, was auf eine Abprallspur hindeutete. (Wenn man davon ausgeht, wie sie gefunden wurde, wäre Olive Stumpp mit dem Rücken zu dieser Wand gewesen.) Die Patronenhülsen, die Kugel und der Abpraller wurden beim Auffinden fotografiert und dann gesammelt und als Beweismittel aufbewahrt.

Eine Autopsie wurde von Dr. Erik Mitchell durchgeführt. Dr. Mitchell entdeckte, dass Olive Stumpp zusätzlich zu dem Schuss in den Kopf auch in die obere linke Brust, 3 Zoll von der Mittellinie entfernt, geschossen worden war. Diese Kugel bewegte sich von vorne nach hinten, von links nach rechts und nach unten zu einem Ausgang, der aus dem Körper austrat. Diese Kugel durchtrennte die Aorta und den 7. Wirbel, durchquerte den Wirbelkanal und das Rückenmark, verließ die Wirbelsäule und verletzte die rechte untere Lunge, bevor sie ihren Körper verließ.

Aufgrund der Ausbildung und Erfahrung von Dr. Mitchell als Experte für forensische Pathologie stimmte die Wunde mit der Position von Mrs. Stumpp überein

als der Schuss auf sie abgegeben wurde und wo der Schütze zu diesem Zeitpunkt stand – auf der anderen Seite des Raumes und leicht erhöht vom Opfer.

Die Schusswunde würde dazu führen, dass Frau Stumpp zu Boden stürzte. Der zweite Schuss traf Olive Stumpp in ihrer linken Wange und gelangte in ihr Gehirn, wo er von Dr. Mitchell entfernt und Detective Rhino vom RCPD übergeben wurde.

Der Schuss in die obere linke Brust von Olive Stumpp würde nicht unmittelbar zum Tod führen. Somit wäre sie immer noch in der Lage, Lärm zu machen und sich zu bewegen. Aufgrund der beobachteten Blutung waren beide Schüsse zeitnah.

Die Ermittler suchten erfolglos nach Fingerabdrücken und jede andere Art von Spuren im ganzen Haus. Die Tagestemperatur wurde von Detective Rhino während der Untersuchung mit 25 bis 30 Grad Fahrenheit festgestellt. Aus den Telefonaufzeichnungen des Hauses ging hervor, dass um 7:30 Uhr ein Anruf von der Stumpp-Residenz an 785-xxx-xxxx getätigt wurde.

Diese Telefonnummer ging an die Security National Bank (heute bekannt als Landmark National Bank). Marvin Stumpp wusste keinen Grund, warum Olive diese Nummer angerufen hätte. Wer um 7:00 Uhr morgens

unter dieser Nummer anrief, erhielt eine Ansage mit den Öffnungszeiten der Bank.

Die RCPF-Untersuchung wurde mit der Überprüfung aller offenen Kontoinformationen der Leonardville State Bank und der im Schnee hinterlassenen Fußabdrücke fortgesetzt.

Die Schuhmuster aus dem Fußabdruck waren bekannt. Sie finden möglicherweise einen „verdächtigen" Schuh. Detective Rhino versuchte erfolglos, den Abdruck durch einen Abguss zu konservieren. Sowohl Rhino als auch die Detectives untersuchten den Abdruck und es schien, dass es sich um einen Wanderstiefel handelte. Bei der Betrachtung des Bereichs zwischen Ferse und Ballen des Abdrucks wurde ein Kreis mit einer „8" entdeckt. Bei näherer

Betrachtung konnte man neben der „8“ ein wehendes Banner erkennen. Das Banner enthielt Worte, die auf dem Aufdruck im Schnee nicht zu erkennen waren.

Es wurde festgestellt, dass das Muster von einer Schuhsohle stammte, die einzigartig für einen Stiefel der Marke Northwest Territory war, der von K-Mart vertrieben wurde. Das Muster enthielt einen Kreis mit einer 8 auf der Sohle, die sich vermutlich auf die Größe des Schuhs bezog. Das Banner trägt die Aufschrift „Northwest Territory“.

Ein Musterpaar der Stiefel des Verdächtigen wurde gekauft und für Plakate verwendet, in denen die Gemeinde um Hilfe gebeten wurde, um potenziellen Zeugen Informationen darüber zu geben, ob jemand ähnliche Stiefel trug.

Die Untersuchung ergab, dass Gavin und Marion Johnson seit 1999 in finanziellen Schwierigkeiten steckten. Gavin Johnson gab Geld aus und sein Bankkonto bei der Security National Bank wies negative Salden auf. Er zahlte jeden Monat minimale Zahlungen mit Kreditkarten. Zum Zeitpunkt des Mordes hatte das Konto der Security National Bank einen negativen Wert von -22,18 US-Dollar.

Die Johnsons bekamen im Oktober 1999 ein Kind und das Geld war knapp. Marion Johnson berichtete, dass Gavin ihre Tochter oft zum Einkaufen bei K-Mart mitnahm. Er arbeitete nicht regelmäßig und bestand darauf, dass seine

Frau bei ihrer Tochter zu Hause blieb. Aus den Beschäftigungsunterlagen ging hervor, dass er im Jahr 1999 vor Dezember sechs Jobs hatte, die er kündigte oder von denen er gekündigt wurde. Gavin arbeitete vom 11. November 1999 bis zum 28. Dezember 1999 nicht. Der Angeklagte hinterlegte regelmäßig Schecks von Thomas Howard Johnson, der später als sein Vater identifiziert wurde.

Am 5. April 1999 wurde Gavin vom RCPD als Fahrer eines roten viertürigen Pontiac-Fahrzeugs registriert. Dieses Auto war auf Arthur Dohr (Marion Johnsons Vater) zugelassen und war ein 1991er Pontiac 4-Türer Sunbird. Ein Foto wurde gefunden und von Marion Johnson als mit dem „kleinen roten" Auto übereinstimmend identifiziert, das sie 1999 besaßen. Marion, obwohl die Ermittler ein Foto des Autos gefunden hatten, das ihnen schon seit Jahren gehörte.

Dasselbe Foto wurde Tom Ward gezeigt, der das Auto als das Auto identifizierte, das er am 14. und 15. Dezember 1999 auf der Straße vor dem Stumpp-Haus gesehen hatte.

Marion Johnson erzählte den Ermittlern, dass Gavin im Januar 1999 während einer Diskussion darüber, eine Waffe im Haus zu haben, ein schwarzes Etui mit der Aufschrift „Ruger" herausnahm und Marion Johnson die Pistole zeigte. Diese Waffe wurde benutzt, um ihr Angst zu machen.

Eine Durchsuchung lokaler Pfandbriefe ergab, dass Gavin Johnson am 20. Dezember 1997 eine

Ruger 9mm SN#xxx-90033-Handfeuerwaffe von Pat's Pawn & Gun gekauft hatte. Die Waffe wurde im November 1999 erneut von Marion und Gavin besprochen. Gavin teilte Marion Johnson mit, dass er die Waffe zum Haus seiner Eltern in Arkansas bringen würde, da sie sie nicht bei sich zu Hause haben wollte.

Gavin Johnson eröffnete am 18. November 1999 zusammen mit Olive Stumpp ein Sparkonto bei der Leonardville Bank. Gavin Johnson arbeitete zu diesem Zeitpunkt nicht und es gab keinen Grund, warum er ein Konto in Leonardville eröffnen würde, da es über 25 Meilen von Manhattan, Kansas, entfernt war. Er lebte im Jahr 1999.

Der Beklagte zahlte 20,00 US-Dollar auf das Leonardville-Konto ein und reichte auf dem Konto Unterschriftenkarten mit seinem und Marions Namen ein. Am 19. November 1999 verpfändete der Beklagte die Ruger 9mm SN #xxx-90033 bei Mr. Money Pawn in Manhattan, Kansas. Der Angestellte/Eigentümer von Mr. Money, der die Transaktion aufzeichnete, erinnerte sich an Gavin Johnson und bestätigte, dass er Gavin im Austausch für 200,00 $ die Waffe abgenommen hatte

KBI-Prüfer Dennis McGee überprüfte die Kontounterlagen von Leonardville, die Pfandscheine von Mr. Money und die Kaufunterlagen für die Schusswaffe von Pat's Pawn & Gun. McGee kam zu dem Schluss, dass es höchstwahrscheinlich war, dass Gavin Johnson die Unterschriften auf jedem der Dokumente vorbereitet hatte, die als seine Unterschriften authentifiziert wurden.

Gleichzeitig stellte McGee fest, dass es starke Hinweise darauf gab, dass Marion Johnson die Signaturkarte für das Konto der Leonardville Bank nicht unterschrieben hatte. Marion Johnson bestritt, jemals in Leonardville gewesen zu sein, die Dokumente unterschrieben zu haben oder überhaupt von dem Konto gewusst zu haben.

Vier Tage später, am 23. November 1999, schloss der Beklagte das Konto bei der Leonardville Bank. Am 7. Dezember 1999 kehrte der Beklagte zurück, um seine Ruger 9mm SN #xxx-90033 beim Mr. Money Pawn Shop einzulösen.

Der Sachbearbeiter, der die ursprüngliche Transaktion abwickelte, erinnerte sich an Gavin und bereitete die Dokumente für die Rückzahlung des Pfands vor. Die von der ATF für den Kauf erforderlichen Formulare wurden am 7. Dezember 1999 ausgefüllt, der Beklagte konnte die Waffe jedoch erst am 11. Dezember 1999 tatsächlich zurückerhalten, da sich die vom FBI für den Kauf einer Waffe erforderliche Hintergrundüberprüfung verzögerte.

Aus den Unterlagen geht hervor, dass Gavin Johnson dem AAFES-Geschäft in Fort Riley einen Scheck vorgelegt hat, aus dem hervorgeht, dass er sich am 16. Dezember 1999 in der Gegend aufgehalten hat.

Dann war es für Gavin an der Zeit, eine Reise nach Arkansas zu unternehmen, um seine Eltern zu besuchen. Direkt TV-Account

Aufzeichnungen zeigten, dass der Dienst für Thomas H. Johnson (Vater des Beklagten) in 620 Johnson Lane, Rison, Arkansas, am 18. Dezember 1999 nach einer Selbstinstallation der Satellitenausrüstung begann.

Den Unterlagen zufolge hat Gavin am 21. Dezember 1999 eine Einzahlung auf sein Konto bei der Security National Bank vorgenommen. Der Scheck stammte von Thomas H. Johnson, wurde an Gavin Johnson geschrieben und datiert vom 20. Dezember 1999.

Kevin Ruez, der Stiefsohn des Angeklagten, wurde befragt und erinnerte sich daran, mit Gavin Johnson eine Reise nach Arkansas unternommen und die Satellitenschüssel installiert zu haben. Kevin wurde ein Bild der „Probestiefel" gezeigt, bei denen festgestellt wurde, dass sie in ihrer Beschaffenheit denen ähnelten, die die Abdrücke im Schnee hinterließen, der zur Stumpp-Residenz führte. Kevin wusste, dass die Stiefel die gleichen waren wie die, die Gavin trug, wenn er zur Arbeit ging.

Als Gavin Johnson von seiner Reise nach Arkansas zurückkam, erzählte er Marion, dass er seine Stiefel bei der Installation des Satelliten mit Zement ruiniert hatte, also ließ er die Stiefel in Arkansas. Marion Johnson besorgte dem Angeklagten ein weiteres Paar Stiefel als Ersatz für die Stiefel, die in Arkansas zurückgelassen worden waren. Sie erzählte den

Detectives in einem Interview im September 2003, dass Gavin Johnson Schuhgröße 8 ½ trägt.

Marion Johnson und der Angeklagte waren seit 1991 zusammen. Die eheliche Beziehung zwischen Johnson und Johnson war durch verbale Auseinandersetzungen und körperliche Gewalt im häuslichen Umfeld angespannt. Während sie bei der Arbeit war, beschimpfte Gavin Johnson Marion Johnson ständig beschimpft, indem er ihr am Telefon drohte, dass Gavin mit ihrer Tochter weggehen würde, bevor sie nach Hause kam.

Marion Johnson wurde von Gavin von allen Familienfinanzen ausgeschlossen. Sie wusste, dass Gavin keinen Job hatte, ihre Kreditkarte ohne ihre Erlaubnis benutzte und ihr nicht erlaubte, ihre Post zu bekommen. Gavin kontrollierte sowohl Marion als auch den Haushalt.

Ende März 2003 kam es zu einem Heimstreit zwischen den Johnsons. Nach dem Kampf ging Marion Johnson aus dem Haus für mehrere Stunden. Als sie nach Hause kam, fand sie Gavin mit dem Gesicht nach unten auf dem Teppich im Wohnzimmer liegen. Als sie sich ihm näherte, konnte sie Alkohol riechen.

Marion Johnson meldete den Ermittlern, dass Gavin plötzlich aufsprang und schrie , als wollte er sie erschrecken. Sie entdeckte einen 12er-Pack von weggeworfenen Bierdosen im Müll und erzählte ihm etwas über seinen Alkoholkonsum.

Gavin sagte ihr, sie solle sich „entspannen und dass es ihm gut gehe". Dann setzte er die frühere Meinungsverschiedenheit fort, indem er ihr sagte, dass er wisse, dass sie ihn für alles hasste, was er ihr angetan hatte. Sie würde ihn nie verlassen, da sie zusammen eine Tochter hatten, und sie würden zusammen bleiben.

Der Angeklagte sagte Marion Johnson, dass er sie loswerden würde, wenn sie jemals versuchen würde, ihn zu verlassen. Dann sagte er ihr, dass er es schon einmal getan hatte und nicht zögern würde, es noch einmal zu tun.

Marion meldete sich im September bei Officer Landon11, 2003, dass sie Angst vor Gavins Bedrohung für sie hatte. Nachdem Gavin ihr gedroht hatte, ging er zum Computer und rief ein Bild einer älteren Frau auf. Er sagte: „*Wenn du mich jemals verlässt, werde ich dir das antun, was ich ihr angetan habe.*"

Die Geschichte wurde von Marion fortgesetzt. Sie teilte dem Beamten mit, dass sie nicht glaube, dass Gavin sich im Internet angemeldet habe, um auf das Foto zuzugreifen. Sie stützte sich dabei auf die verstrichene Zeit und darauf, dass es länger gedauert hätte, wenn er sich ins Internet hätte einloggen müssen.

Gavin machte Marion weiterhin Angst, indem er ihr erzählte, dass ein Mann seine Frau töten und ungeschoren davonkommen könne. Anschließend erzählte er Marion weiter vom Stumpp-Mord. Nicht der Ehemann habe sie getötet, sondern dass er, Gavin Johnson, es getan habe.

Gavin bestand darauf, dass er Mrs. Stumpp getötet hatte. Marion sagte ihrem Mann, dass sie ihm nicht glaubte. Gavin teilte seiner Frau weiterhin Einzelheiten des Mordes mit. Der Angeklagte gab an, er sei bereits zuvor durch die Stadt (Leonardville) gefahren und wisse, dass der Ehemann der Frau einen Schulbus fahre. Gavin wusste, dass Olive Stumpp in der Bank arbeitete. Er beobachtete, wann ihr Mann, Marvin Stumpp, am Morgen losfuhr, um den Bus zu fahren. Gavin mochte Leonardville, weil es eine kleine ländliche Stadt war, die ihn an seine Heimat erinnerte.

Gavin parkte sein Auto und ging zu Olive Stumpps Haus, wo er an die Haustür klopfte. Mrs. Stumpp bedeutete Gavin, zur Hintertür zu gehen. Als Olive Stumpp die Tür öffnete, sagte ihr der Angeklagte, sein Auto sei kaputt und er müsse das Telefon benutzen. Als sie ihn ins Haus ließ, zog Gavin seine Waffe und bat Olive Stumpp um die Schlüssel zur Bank.

Marion hörte zu, während Gavin mit den Details fortfuhr. Folgendes teilte sie dem Beamten mit:

Mrs. Stumpp fragte Gavin, warum er das tue.

Gavin sagte: „*Gib mir einfach die Schlüssel zur Bank.*“ „*Wenn du meine Schlüssel nimmst, wird es dir das Leben schwerer machen*“, sagte Olive Stumpp. Gavin wurde wütend auf sie, da sie sich weigerte, ihm die Schlüssel zu übergeben.

„Wenn du aus der Tür gehst, werde ich niemals deinen Namen erwähnen und niemandem erzählen, dass du hier warst“, sagte Olive Stumpp.

„Diese Leute (Stumpps) lebten wie Kerle. Das Haus war wirklich unordentlich und vollgestopft und überall lagen Sachen herum.“, sagte Gavin zu Marion.

Gavin wies Olive Stumpp an, in den Keller zu gehen. Gavin beschrieb den Keller als einen Oma-Keller mit Konserven auf allen Regalen. Olive Stumpp flehte ihn an, zu stoppen und zu gehen.

Gavin erzählte Marion, dass sein ganzer Körper taub geworden sei, als er im Keller ankam. Er drehte sich um und schoss Olive Stumpp in die Brust. Er sagte, es habe kein sehr lautes Geräusch gemacht und es sei lediglich ein „Knall“-Geräusch gewesen, als er sie zum ersten Mal erschoss.

Olive Stumpp hatte ein Weihnachtsbaum-Sweatshirt und darauf hatte Gavin geschossen. Er sagte, er habe damit begonnen

die Treppen wieder hochzugehen, als er er sich umdrehte und ihr mit der Waffe ins Gesicht schoss.

Gavin deutete mit den Fingern auf seine linke Wange, als er Marion erzählte, wie er Olive ins Gesicht geschossen hatte. Er beschrieb, wie er nach oben ging, den Kühlschrank öffnete, die Milch herausnahm, sie wieder in den Kühlschrank stellte und das Haus verließ. Er erzählte Marion, dass er einen sehr langen Weg gelaufen sei, eine weite Strecke durch den Schnee, dann in sein Auto gestiegen sei und weggefahren sei.

Nachdem er Marion diese Geschichte über die Ermordung von Olive erzählt hatte, sagte Gavin ihr, sie solle ihren (Stumpps) Namen nie wieder erwähnen und niemandem erzählen, was er ihr erzählt hatte. Er sagte, es sei ein Witz gewesen, um ihr Angst zu machen.

Die Geschichte ging weiter mit Einzelheiten darüber, wie Gavin im Februar 2003, mehr als vier Jahre nach dem Stumpp-Mord, zu Pats Pfand- und Waffenladen zurückkehrte, um eine Ruger-9-mm-Pistole zu kaufen, die mit der identisch war, die er in Arkansas zurückgelassen hatte (für 407,73 US-Dollar). Die Ermittler stellten fest, dass die Seriennummer xxx-30176 war.

Einen Monat später, im März, verpfändete Gavin diese Waffe bei Wildcat Pawn für 200,00 $. Er kam nie zurück, um sein Pfand einzulösen, und die Waffe wurde verkauft.

Es wurde festgestellt, dass Gavin Johnson am 18. April 2003 ein weiteres Konto bei der Leonardville Bank eröffnete, um es dann am 29. Juli 2003 zu schließen.

Die Ermittler machten den Käufer der Ruger-Pistole ausfindig und sie wurde im September, sechs Monate nachdem Gavin sie bei Pat's verpfändet hatte, dem RCPD-Detektiv Doug

Wooden zum Testen übergeben. Die Pistole wurde an Gary Miller vom Sedgwick County Forensic Laboratory geschickt, um die abgefeuerten Patronen, Kugeln und Schüsse mit den Kugeln und Patronenhülsen am Tatort zu vergleichen. Sie passten nicht zusammen.

Die Ermittlungen führten die Ermittler dann nach Rison, Arkansas, um im Oktober einen Durchsuchungsbefehl im Haus von Howard Johnson, Gavins Vater, einzureichen. Der stellvertretende Herzog vom Sheriffbüro des Cleveland County, Arkansas, war bei der Vollstreckung des Haftbefehls behilflich.

Als Howard Johnson darüber informiert wurde, dass die Beamten einen Durchsuchungsbefehl hätten, um eine von Gavin zurückgelassene Waffe zu durchsuchen und zurückzuholen, kooperierte er bereitwillig mit der Antwort: *„Ist es die 9-mm-Waffe?“*

Die Ermittler bestätigten, dass es sich tatsächlich um die 9-mm-Kamera handelte, und Howard Johnson ging ins Schlafzimmer und holte eine Plastiktüte mit einer Plastikhülle unter dem Bett hervor.

Deputy Duke öffnete den Fall und fand eine 9-mm-Handfeuerwaffe von Ruger mit einer Seriennummer, die auf xxx-90033 endete. Er übergab die Waffe an Detective White und behielt sie zur Verwendung als Beweismittel in Riley County.

Gavins Vater, Howard Johnson, war sehr kooperativ und erzählte dem Beamten, dass Gavin Johnson die Waffe vor vier Jahren zu ihm nach Hause gebracht hatte und sagte ihm, er könne sie haben. Herr Johnson legte die Pistole in derselben Plastiktüte, die ihm Gavin gegeben hatte, unter das Bett und bewahrte sie dort die letzten vier Jahre auf.

Die Waffe wurde kurz nach der Geburt ihrer Tochter durch Marion Johnson in das Haus in Arkansas gebracht. Gavin besuchte Arkansas im Laufe der Jahre nur einmal und wurde von Marions Sohn Kevin Ruez begleitet. Kevin und Gavin blieben ein paar Tage und gingen, nachdem sie die Satellitenschüssel installiert hatten.

Howard Johnson sagte, Gavin habe die Waffe nie wieder erwähnt. Er teilte mit, dass für die Aufstellung des Satelliten schnell trocknender Beton verwendet wurde, ohne dass Gavins Stiefel verschüttet wurden.

Das Ruger 9mm mit der Seriennummer xxx-90033 wurde im Oktober 2003 an Gary Miller, Chef der Kriminalpolizei und Prüfer für Schusswaffen und Werkzeugmarken am Sedgwick County Regional Forensic Science

Center, geliefert. Gary Miller hatte über 28 Jahre Erfahrung in der Strafverfolgung und war dort angestellt als Prüfer für Schusswaffen- und Werkzeugmarken seit 1985 – 18 Jahre. Seine Erfahrung umfasste eine 16-monatige Ausbildung zum Feuerwaffen- und Werkzeugprüfer, einschließlich der Untersuchung von Schusswaffen, Munition, Vergleichen, Schuhen, Reifen, Werkzeugmarkierungen, Bruchvergleichen, Wiederherstellung von Seriennummern und Entfernungsbestimmung. Diese Informationen bewiesen bei jeder von Gary Miller durchgeführten Untersuchung seine Fachkompetenz.

Miller absolvierte außerdem eine Ausbildung zum Thema Schusswaffen beim FBI in Quantico, Virginia, bei der Association of Firearm and Tool Mark Examiners, bei der ATF, beim KBI und im Ballistik-Trainingskurs der Federal Ammunition Co. Als Experte für die Prüfung von Schusswaffen- und Werkzeugmarken sagte er mehrfach sowohl für die Anklage als auch für die Verteidigung aus. Eine Schusswaffe wird aus Metall geschnitten, das zur Herstellung der Teile gehobelt wird. Beim Schneiden des Metalls gelangen die abgetrennten Späne zurück unter das Schneidwerkzeug.

Dadurch entstehen markante Markierungen in der Schusswaffe selbst. Solche Markierungen ähneln einem Fingerabdruck eines Menschen. Jede Waffe hinterlässt eine einzigartige, unverwechselbare Markierung auf dem Geschoss oder der Hülse, die von ihr abgefeuert wird.

Wenn eine Waffe empfangen wird, um Geschoss und Gehäuse zum Vergleich und zur Identifizierung miteinander zu vergleichen, wird die Waffe probeweise in eine sichere Kammer abgefeuert, die mit Wasser gefüllt ist. Das Wasser ermöglicht das Auffangen des Probegeschosses sowie der aus der Waffe ausgeworfenen Hülsen.

Als die Beamten die Kugel und zwei Hülsen im Keller des Stumpp-Hauses fanden, wurde sie zusammen mit der Kugel, die am 27. Dezember 1999 aus Olive Stumpp entfernt wurde, an das Sedgwick County Lab geliefert.

Gary Miller untersuchte die Geschosse und Hülsen ursprünglich im Jahr 1999 mit einem Bericht vom 7. Januar 2000. Wie bereits erwähnt, wurden die Hülsen, Geschosse und die Ruger 9mm, Seriennummer #xxx-90033, von Detective Rhino an Gary Miller im Sedgwick geliefert County Regional Forensic Center aus dem Johnson-Haus in Arkansas am 27. Oktober 2003.

Alle Hülsen, Kugeln und die Ruger 9 mm wurden fast vier Jahre lang als Beweismittel aufbewahrt und sichergestellt.

Gary Miller untersuchte die Kugeln und Patronenhülsen noch einmal. Testbrände wurden mit dem Ruger 9mm SN #xxx-90033 durchgeführt. Beim Vergleich der Testpatronen mit den Kugeln und Hülsen, die bei Mrs. Stumpp und im Keller gesammelt wurden, bestätigte Gary Miller aufgrund seiner Ausbildung und Erfahrung, dass die Ruger 9mm SN#xxx-90033 die beiden im Stumpp gefundenen

Patronenhülsen verschoss Keller. Darüber hinaus wurden die Kugel, die Mrs. Stumpp entnommen wurde, sowie die Kugel, die im Keller in der Nähe ihres Körpers gefunden wurde, beide aus einer Ruger 9mm SN#xxx-90033 abgefeuert.

Die Überprüfung der Finanzunterlagen von Gavin Johnson im Jahr 2003 ergab, dass er immer noch ernsthafte finanzielle Probleme hatte. Die Johnsons waren in ein Insolvenzverfahren verwickelt, hatten hohe Guthaben auf ihren Kreditkarten und konnten nur Mindestzahlungen leisten.

Als die Verhandlung voranschritt, waren Gavins Füße dabei gemessen worden und es wurde ein Gipsabdruck seiner Füße angefertigt. Sein Barfuß gemessen 9 ¼“ bis 9 5/16“. Detective Black hat auch die Innenmaße der Northwest Territory-Stiefel der Größe 8 gemessen, die 10 3/8 Zoll messen.

Beispielsweise verwendete Detective Black auch ein Schuhmessgerät von Branick und sah, dass ein Stiefel der Größe 8 auf dem Gerät mit einem Standardlineal eine Länge von 10 Zoll hatte. Detective Ryan, ein Beamter des RCPD, trug Größe 8 und konnte problemlos seinen Fuß in die

Northwest Territory-Stiefel der Größe 8 stecken, die als Proben gesammelt wurden.

Während der gesamten Dauer der Ermittlungen von 1999 bis 2003 achtete RCPD darauf, viele Einzelheiten des Mordes nicht preiszugeben. Keine der Informationen über Olive Stumpps Sweatshirt, den Ort der Schüsse in ihrem Körper, den schlechten Zustand der Stumpp-Residenz oder die Reihenfolge der abgefeuerten Schüsse waren der Öffentlichkeit zugänglich gemacht worden.

Die Zeugenaussagen in dem Fall drehten sich um die Beweise, dass Gavin Johnson am 15. Dezember 1999 zur Stumpp-Residenz ging, nachdem er Marvin Stumpp dabei zugesehen hatte, wie er seinen Bus verließ.

Gavin Johnson hatte die Ruger 9mm mit der Seriennummer #xxx-90033 in seinem Besitz und wurde geborgen

vom Mr. Money Pawn Shop am 11. Dezember 1999, 4 Tage vor dem Mord.

Durch vorgetäuschte Hilfe verschaffte sich Gavin Zutritt zum Haus und verlangte von Olive Stumpp, ihm die Schlüssel zur Bank zu geben. Als sie sich weigerte, befahl er ihr, in den Keller des Wohnhauses zu gehen.

Der Autopsiebericht machte es unbestreitbar, dass Gavin sich, nachdem er Olive Stumpp in die obere linke Brust geschossen hatte, absichtlich umdrehte und ihr in die linke Wange schoss, um sicherzustellen, dass sie tatsächlich tot war.

Die Dokumente der Leonardville Bank bestätigten, dass sie wusste, wer er war, und bewiesen, dass er sie töten oder ermorden wollte, als er das Haus betrat.

GESCHICHTE DER DÜNNEN BLAUEN LINIE

Man glaubte, dass der Ursprung der Thin Blue Line auf der Thin Red Line, einer Formation des 93. Highland Regiments der britischen

Armee beruht, die sich in roten Uniformen in der Schlacht von Balaclava im Jahr 1854, in der sich die schottischen Highlander gegen einen Angriff der russischen Kavallerie behaupteten. Diese Aktion wurde von der Presse weithin bekannt gemacht und in Kunstwerken nachgebildet, wodurch sie zu einer der berühmtesten Schlachten des Krimkrieges wurde.

Die „dünne blaue Linie" ist ein Begriff, der sich typischerweise auf das Konzept der Polizei als „dünne blaue Linie" bezieht, die verhindert, dass die Gesellschaft in gewalttätiges Chaos versinkt. Das „Blau" in „dünne blaue Linie" bezieht sich auf die blaue Farbe der Uniformen vieler Polizeidienststellen. Die Idee dahinter ist, dass die Polizei als notwendige Präsenz Schutz vor jenen bietet, die unkontrolliert von gesellschaftlich akzeptablem Verhalten abweichen würden.

Das Konzept, dass wir alle größtenteils ehrliche, gesetzestreue Bürger sind, die nur dann in die Irre gehen, wenn ihnen keine Grenzen mehr gesetzt sind. Dies ist der Fall bei verschlossenen Türen und Schildern, die uns sagen, wer ANHALTEN oder FORTFAHREN soll.

Die Anwesenheit der Polizei ergänzt diese allgemeinen Regelwerke als eine Form der Orientierung und führte schließlich zu Gesetzen, die Strafen für diejenigen vorsahen, die sich nicht an die Regeln halten.

Die Aufgabe, diese Regeln einzuhalten, versetzt die Polizei in die Lage, bei Bedarf bewundert und gehasst zu werden, wenn sie den persönlichen Wünschen von Übeltätern im Wege steht. Die Erfüllung dieser Pflichten wird auf eine harte Probe gestellt, wenn die Gesellschaft die Aufgabe der Polizei als etwas anderes ansieht und sie anweist, bestimmte Straftäter laufen zu lassen und andere für die gleiche Straftat unfair zu bestrafen.

Wir alle wissen, dass Vorurteile eine lebendige Kraft sind, sie sind bei Menschen ALLER Hautfarbe meist auf erlerntes Verhalten in der Erziehung oder einflussreiche Themen in ihrem Leben zurückzuführen. Wir können nicht zulassen, dass engstirnige Individuen den Willen der Gesellschaft bestimmen, wir sind alle gleich und gestalten unser eigenes Schicksal.

Die „Thin Blue Line“-Flagge ist eine komplett schwarze Flagge mit einem einzelnen horizontalen blauen Streifen in der Mitte. Variationen der Flagge, oft unter Verwendung verschiedener

Nationalflaggen in Schwarz und Weiß mit einer blauen Linie durch die Mitte. Diese Flagge erlangte außerhalb der

Strafverfolgungsgemeinschaft kaum Beachtung, wo sie bis 2014 diejenigen kennzeichnete, die die Strafverfolgung unterstützten.

Die Welt der Strafverfolgungsbehörden veränderte sich, als Kritikerargumentierte, dass die „dünne blaue Linie“ eine „wir gegen sie“-Denkweise darstellt, die die Spannungen zwischen Beamten und Bürgern verschärft und die Interaktionen zwischen Polizei und Gemeinde negativ beeinflusst, indem sie die Polizei von der Gesellschaft insgesamt abgrenzt. Gruppen begannen, es als Symbol der Opposition gegen die Rassengerechtigkeitsbewegung „Black Live Matter“ zu betrachten.

Die Realität ist, dass wir alle Teil der dünnen blauen Linie sind, wir sind diejenigen, die sich selbstlos dafür einsetzen, diejenigen zu stoppen, die versuchen, anderen zu schaden. Die Schiedsrichter des Chaos gibt es in vielen Formen, ja sogar als fehlgeleitete Polizisten mit schlechter Ausbildung oder vorurteilsvoller Erziehung.

Wir müssen aufhören, Farbe als Ausrede zu benutzen und wieder lernen, was wir in unserer unschuldigen Jugend verloren haben. Wir sind alle gleich und unser Ziel ist es, in Frieden zu leben.

DANKSAGUNG

Ein besonderer Dank geht an Jennifer Speidel, die mir geholfen hat, meine Geschichten zu Papier zu bringen. Die Männer und Frauen der Luftfahrt

Ausbildungsbrigade in Fort Rucker, AL, 4/2 ACR (Panzerkavallerieregiment) Deutschland, F. co. 1st Aviation, BIG RED ONE, Kansas, der mir beigebracht hat, wie ich zu einem selbstbewussten, sorgfältigen Soldaten heranwachsen kann, der stolz für unser Land einsteht.

Kansas-Strafverfolgungsbeamte der Junction City Polizei, Sgt. Tim Brown, Jeff Childs, Arnold Foxx (RIP), Alex Johnson (RIP). Polizeibeamte der Polizei von Riley County in Kansas. Cpt. Gary Grubbs, Detective Allen Rhinker, Ryan Runyan und Carla Swartz dafür, dass wir immer befreundet waren, während wir die unaussprechlichen Schrecken ertrugen, die die Welt hervorgebracht hat.

Gemeinsam mit Ihnen habe ich gelernt, was für ein Offizier ich bin. Ich wollte es sein und nahm dies in meine Karriere im Privatsektor auf, um ungelöste Fälle zu lösen.

Gemeinsam möchte ich glauben, dass wir die Welt zu einem besseren Ort gemacht haben.

ÜBER DEN AUTOR

Brad Schlerf ist ein Veteran der amerikanischen Armee, pensionierter Polizist und Autor. Der Sohn freiwilliger Rettungssanitäter und Feuerwehrleute.

Brad begann seinen öffentlichen Dienst schon in jungen Jahren, indem er mit 14 Jahren selbst freiwilliger Feuerwehrmann und mit 15 Rettungssanitäter wurde. Als er 14 Jahre alt war, brachte ihm der Vater eines Freundes das Fliegen eines Segelflugzeugs bei, wodurch sein Interesse am Fliegen geweckt wurde. Anschließend trat er der US Army Aviation bei und diente dort acht Jahre lang, wobei er Einsätze an Orten wie der Grenze zwischen Ostdeutschland und der Tschechoslowakei, auf Staatsseite bei der Big Red One und der 1st Aviation Division sowie im Irak und Kuwait im Rahmen der Operation Desert absolvierte Sturm.

Nach seiner Rückkehr von Desert Storm arbeitete er als Flugzeugmechaniker für die Qualitätskontrolle bei Lockheed Martin. Brad nahm eine Stelle bei der örtlichen Polizei in Junction City, Kansas an. Er bearbeitete Fälle, in denen es um alles Mögliche ging, von gestohlenen Fahrrädern, zum Mord, baute die Gang Intelligence Unit auf und fungierte sogar als

Verbindungsmann zum FBI, um bei der Untersuchung des Bombenanschlags von Oklahoma City im Jahr 1995 zu helfen. Von dort wechselte er zum Manhattan Police Department in Riley County, Kansas, und nach einem Jahr Nach einigen kurzen Jahren wurde er zum Detektiv befördert. Mit dem RCPD baute Brad kurz nach der Geburt des Internets die High-Tech Crimes Investigation Unit auf und war in Zusammenarbeit mit einem Team aus Nerds, Anwälten, Richtern, White-Hat-Hackern und Beamten an den Anfangsstadien dessen beteiligt, was heute Computer-Forensik ist. Seine Aufgaben erstreckten sich auf alle schweren Verbrechen und er fungierte als Verbindungsmann zur Drogenfahndung DEA und nach den Ereignissen des 11. September 2001 zur JTTF (Joint Terrorism Task Force).

Nach seiner Pensionierung blieb Brad weiterhin im öffentlichen Dienst tätig. Er gründete sein eigenes Unternehmen, Forensic Solutions Inc., das über Abteilungen verfügt, die in den Bereichen Computerforensik, Sprachstressanalyse für Untersuchungen zu ungelösten Fällen und Datenwiederherstellung für den Alltagsmenschen tätig sind. Über seine Ermittlungen mit FSI wurde in 48 Hours, True Crime TV, A&E's Dead Again, NBC, Discovery Channel's Killing Fields und mehreren Fachzeitschriften berichtet.

Brad ist der Autor der Gotcha-Buchreihe, einer True-Crime-Trilogie, die auf echten Morden und Cold Cases basiert, die er während seiner Karriere als Detektiv aufklärte.

Brad ist verheiratet und Vater von drei wunderschönen Kindern. Brad hofft weiterhin, dass diese Welt die Probleme von Hautfarbe und Hass hinter sich lässt und erkennt, dass wir alle als EINES sind: Menschen.

Folgen Sie Brad:

BradSchlerf.com

Facebook/gotcha.author
Facebook/BradSchlerfAuthor

Facebook/gotchabooks
Instagram/gotchabooks
Twitter/gotchabooks
LinkedIn/gotchabooks
TikTok/gotchabooks

Demnächst

Buch 2

Gotcha – Ein perfekter Mord

Demnächst ...

Buch 3

Gotcha – Auf der Suche nach der Wahrheit

Demnächst erhältlich ... Besuchen Sie BradSchlerf.com

Made in the USA
Middletown, DE
08 April 2024